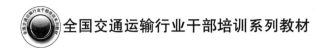 全国交通运输行业干部培训系列教材

交通强国建设概论

郭洪太 主 编
周万枝 闫光杰 副主编

人民交通出版社股份有限公司
北 京

内 容 提 要

本书为全国交通运输行业干部培训系统教材，紧扣《交通强国建设纲要》，分析了交通运输发展概况，梳理了交通强国建设的理论基础，阐述了交通强国建设的总体框架及交通强国基础体系建设、交通强国运输服务体系建设、交通强国创新体系建设、交通强国保障体系建设、交通强国治理体系建设，并对中国特色交通强国建设进行了展望。

本书主要供交通运输行业干部培训使用，也可供交通运输行业从业人员学习参考。

图书在版编目(CIP)数据

交通强国建设概论/郭洪太主编. —北京：人民交通出版社股份有限公司, 2021.7
ISBN 978-7-114-17263-2

Ⅰ.①交… Ⅱ.①郭… Ⅲ.①交通运输发展—研究—中国 Ⅳ.①F512.3

中国版本图书馆 CIP 数据核字(2021)第 079197 号

书　　名：	交通强国建设概论
著 作 者：	郭洪太
责任编辑：	张一梅
责任校对：	孙国靖　魏佳宁
责任印制：	张　凯
出版发行：	人民交通出版社股份有限公司
地　　址：	(100011)北京市朝阳区安定门外外馆斜街 3 号
网　　址：	http://www.ccpcl.com.cn
销售电话：	(010)59757973
总 经 销：	人民交通出版社股份有限公司发行部
经　　销：	各地新华书店
印　　刷：	北京市密东印刷有限公司
开　　本：	787×1092　1/16
印　　张：	11
字　　数：	222 千
版　　次：	2021 年 7 月　第 1 版
印　　次：	2021 年 7 月　第 1 次印刷
书　　号：	ISBN 978-7-114-17263-2
定　　价：	35.00 元

(有印刷、装订质量问题的图书由本公司负责调换)

本书编写组

主　编：郭洪太

副主编：周万枝　闫光杰

组　员：(按姓氏笔画排序)

丁　宇　王战权　刘岩艳　刘　波　孙忠华　李　凤

李连升　李丽丽　李佳裔　李莲莲　李振斌　张　焱

单丽辉　胡鑫宇　唐培培　常连玉　梁　泉　隋斌斌

韩杰尧　霍艳丽

前言 PREFACE

党的十九大作出了建设交通强国的重大战略部署。建设交通强国是党中央深刻把握新时代我国社会主义现代化强国建设总要求,是对交通运输发展的再定位,进一步明确了我国交通运输发展的历史方位和发展方向。2019年9月,中共中央、国务院印发了《交通强国建设纲要》(以下简称《建设纲要》),绘就了未来30年我国交通运输发展的宏伟蓝图。这是新时代交通运输发展的新使命,也是交通运输行业的行动纲领。

贯彻落实好建设交通强国的重大战略部署和《交通强国建设纲要》,是当前及今后一段时期交通运输行业的核心任务。通过强化相关内容的学习,把握其基本思想、重点内容,领会其精神实质、核心要义,明确具体任务和工作要求,形成行业上下思想统一、目标一致、同频共振、凝心合力,为建设交通强国作出应有贡献。

交通运输部管理干部学院(交通运输部党校)作为交通运输系统干部教育培训的主阵地和主渠道,做好中央精神的落实,是我们义不容辞的责任,让建设交通强国战略及《交通强国建设纲要》主要内容进党校课堂、进党校教材、进干部头脑,也是我们的使命所在。为此,我们组织编写了《交通强国建设概论》,作为干部教育培训参考教材,希望能够在宣传贯彻政策理论方面发挥一定作用,对广大干部学员的学习工作有所帮助。

本书共分九章。第一章由闫光杰、李佳裔、胡鑫宇编写,第二章由孙忠华编写,第三章由单丽辉、李丽丽编写;第四章由梁泉、刘波、李连升、韩杰尧编写,第五章由常连玉、丁宇编写,第六章由张焱、唐培培编写,第七章由王战权、李莲莲、李凤编写,第八章由隋斌斌、李振斌、霍艳丽、刘岩艳编写,第九章由周万枝编写。全书编写工作由郭洪太组织,周万枝和闫光杰统稿。

本书编写过程中搜集到的相关参考资料比较少,加之时间仓促,难免有不足之处,敬请广大读者批评指正。同时对编写过程中给予大力支持的各级领导及同事们表示衷心感谢!

本书编写组
2021年1月

目录 CONTENTS

第一章　交通运输发展概述	1
第一节　交通运输在经济社会发展中的地位和作用	1
第二节　我国交通运输发展的历程及成就	4
第三节　国外交通运输发展经验借鉴	8
第四节　新时代我国交通运输发展的形势和使命	11
第二章　交通强国建设的理论基础	17
第一节　习近平总书记关于交通运输重要论述的主要内容	17
第二节　习近平总书记关于交通运输重要论述对交通运输发展的重要意义	21
第三章　交通强国建设的总体框架	23
第一节　交通强国的基本内涵与主要特征	23
第二节　交通强国建设的价值取向与发展路径	25
第三节　交通强国建设的根本遵循	27
第四节　交通强国建设的战略目标	32
第五节　交通强国建设的主要任务	35
第四章　交通强国基础体系建设	41
第一节　交通基础设施体系建设	41
第二节　交通装备体系建设	56
第五章　交通强国运输服务体系建设	70
第一节　运输服务的内涵	70
第二节　运输服务体系建设的现状	71
第三节　运输服务体系建设的思路、原则与目标	73
第四节　运输服务体系建设的主要任务	76
第六章　交通强国创新体系建设	85
第一节　交通运输科技创新与发展	85
第二节　交通绿色发展	96
第三节　交通运输开放合作	103
第七章　交通强国保障体系建设	109
第一节　交通运输安全	109

第二节　交通运输人才队伍建设 ················· 127
第八章　交通强国治理体系建设 ················· 133
　　第一节　交通运输治理体系与治理能力概述 ··········· 133
　　第二节　综合交通法规体系建设 ················· 135
　　第三节　现代交通市场体系建设 ················· 137
　　第四节　交通文明建设 ····················· 141
第九章　中国特色交通强国建设 ················· 157
　　第一节　走中国特色的交通强国建设之路 ············ 157
　　第二节　充分发挥交通运输的战略引领作用 ··········· 160
　　第三节　交通强国建设战略突破 ················· 161
参考文献 ·························· 165

第一章 交通运输发展概述

交通运输是现代社会的血脉,是经济社会可持续发展的保证。厘清交通运输在经济社会发展中的地位和作用,借鉴世界发达国家交通运输发展经验,认清新时代我国交通运输发展的形势和使命,是学习领会好《交通强国建设纲要》精神的基础。

第一节 交通运输在经济社会发展中的地位和作用

交通运输是指借助交通网络及其设施和运载工具,通过一定的组织管理技术,实现运载工具在交通网络上流动以及运载工具上人与物空间位移的一种经济活动和社会活动。在国民经济中,交通运输业是专门从事运载货物以及承载旅客的社会生产、服务部门,包括公路、铁路、水路、航空、管道等交通运输方式。交通运输在很大程度上决定了一个国家经济社会的发展。

一、交通运输在经济社会发展中的地位

交通运输是将社会生产、交换、分配和消费等各个环节紧密联系起来的结合体,在经济社会发展中占有十分重要的地位。

(一)交通运输是社会物质生产的必要条件之一

交通运输具有生产的本质属性。交通运输的生产过程是以一定的生产关系联系起来的、具有劳动技能的人们使用劳动资料(如车、船、飞机及其他设施)和劳动对象(货物和旅客)进行生产的过程。按照一般生产力的劳动者、劳动资料和劳动对象三要素,交通运输生产的劳动者是具有劳动技能的从业人员,劳动资料是交通运输工具和交通运输设施,劳动对象是生产需要的原材料、待加工品、产品和旅客等,因此交通运输属于一般生产力的范畴。马克思把发展交通运输经济看作发展社会生产力的范畴,他说:交通运输"提供了一种生产力""改善交通运输工具也属于发展一般生产力的范畴""交通运输业是逐渐地靠内河轮船、铁路、远洋轮船和电报的体系而适应了大工业的生产方式"。[1] 可见,马克思把现代社会的生产力视为一个多层次的有机整体,并认为交通运输业将伴随着大工业生产方式的发展而发展。同时,随着社会的发展进步,社会化大生产中的分工越来越精细,交通运输业越来越成为社会物质生产必不可少的条件之一。可以假想,在

---

[1]《马克思恩格斯全集》第二十三卷,人民出版社1995年版,第421页。

当今现代经济社会发展中,如果没有交通运输,社会将会变成什么样,人们就只能生活在一个自给自足的落后的小范围内。地球的资源分配并不均衡,正是由于有了交通运输,才给人们提供了一种调度全世界资源的手段,现代社会化的物质生产才得以发展,同时促成了制造中心、商业中心和港口的形成,创造了高楼林立的城市和近郊区、远郊区,开创了个人和家庭的流动方式,改变了社会的、文化的和娱乐的方式。

(二)交通运输业是提供服务的物质生产部门

交通运输是人和物的载运和输送,是生产力体系内部各企业、各部门实现联系的纽带。随着社会的进步,社会化分工越来越精细,交通运输业逐步发展成独立的物质生产部门。马克思反复指出交通运输业属于产业部门,它与工业、农业、建筑等一样,具有独特的地位和作用,是产业系统的独立生产部门。正如马克思所分析的:"除了采掘工业、农业和加工工业意外,还存在第四个物质生产领域……,这就是运输业,不论是客运还是货运",运输业"形成一个独立的生产部门,从而形成生产资本的一个特殊的投资领域。"❶交通运输生产是在流通过程中完成的,是把产品从生产地运往消费地的活动。从整个社会生产过程而言,交通运输生产是在流通领域内的生产过程,并在其中完成。

交通运输业与一般产业部门相比,除了具有生产部门的共同属性外,还拥有自己的特殊性。交通运输业生产的产品,对旅客运输来说,是人的空间位移;对货物运输来说,是货物的空间位移。通过交通运输,将劳动对象运到场所效用最高的地方,就能发挥劳动对象的潜力,实现资源的优化配置,提高劳动对象的使用价值。显然,交通运输是以改变"人和物"的空间位置为目的的生产活动,其产品是无形的,不像工农业生产那样改变劳动对象的物理、化学性质和形态,而只改变劳动对象的空间位置,并不创造新的实物形态产品,所提供的效用是非物质形态的劳务,而不是实物形态的物质产品。因此交通运输业是提供服务的物质生产部门,从它的服务性质来看,属于第三产业,主要作用是为社会生产者及消费者服务,以满足他们的要求。

(三)交通运输是国民经济发展的一般条件

作为一个国家范围内各部门各地区经济的总和,国民经济包括工业、农业、建筑业、交通运输业、商业、服务业等部门。国民经济各产业部门之间存在相互消耗产品的关系,这种关系使各个产业部门形成了社会生产过程中的各个环节。各个环节的供给与需求之间有一定的比例关系,每一部门对其他部门的消耗比例关系,主要取决于一定的生产技术条件。国民经济内部各经济单位、各经济部门之间的纵横联系要依赖于交通运输活动,对生产领域和消费领域起着重要的中介作用。在投入产出中,其他部门对交通运输的消耗比例代表该部门的单位产出中需要多少单位交通运输业的投入。如果交通运输业的投入不够,即达不到其他部门的需求,就会影响其他部门的产出,从而影响整个国民经济的发展。因此,交通运输从来就不是一种消极的力量,国民经济的发展依赖于交通

---

❶ 《马克思恩格斯全集》第二十六卷,人民出版社1995年版,第444页。

运输发展。亚当·斯密在《国富论》中指出：一切改良中，以交通运输改良为最有实效。现代经济社会的发展，在很大程度上依赖于大量廉价而又快速的运输。若交通运输发展水平落后于国民经济发展，则必然会阻碍国民经济发展；若适应国民经济发展，则会促进国民经济发展；若能够适度超前于国民经济发展，则将会引领国民经济发展。

二、交通运输在经济社会发展中的作用

交通运输是国民经济的重要组成部分，对国民经济的发展发挥着基础性、服务性、先导性和战略性作用，是兴国之器、强国之基。

（一）基础性作用

基础性产业是指在一国的国民经济发展中处于基础地位，对其他产业的发展起着制约和决定作用，决定其他产业发展水平的产业群，它的产品通常会成为后续产业部门加工、再加工及生产过程中缺一不可的投入品或消耗品，具有不可再生性质。基础性产业是支撑经济社会运行的基础，它决定和反映着国民经济活动的发展方向与运行速度。交通运输作为社会物质生产部门，具有基础性产业的性质。一是社会生产、交换、分配和消费等各个环节必须要以交通运输作为基础。没有交通运输，就不可能发生各类经济活动。比如生产环节，没有交通运输把劳动者、劳动资料和劳动对象聚集在一起，劳动者就不可能运用劳动资料对劳动对象进行劳动，从而也就不可能有生产活动。再比如交换环节，没有交通运输把各类产品聚集到市场，也就不可能发生交换活动。二是经济中心形成需要以交通运输作为基础。马克思指出："交通特别便利的情况以及由此而加速的资本周转，反过来既使生产中心又使它的销售地点加速集中"❶，因此，交通运输推动了人口和资本的集中，从而形成经济中心。交通运输工具的发展，还会改变人口和资本集中的位置，进而改变经济中心位置。马克思指出："生产地点和销售地点的相对位置随着交通工具的变化而发生变化。"❷三是世界市场开拓需要以交通运输作为基础。马克思指出，"随着资本主义生产的进步以及由于交通运输工具发展而提供的可能性，由此引起了开拓越来越远的市场，简言之，开拓世界市场的必要性。"❸交通运输发展有利于开拓世界市场，实现经济全球化。

（二）服务性作用

服务业是指从事服务产品的生产部门和企业的集合，它是随着商品生产和商品交换的发展，继商业之后产生的一个行业。服务是交通运输的本质属性。交通运输服务业是服务业的重要组成部分，是以交通基础设施为基础，以运输生产活动为核心，以及所有为维护和保障运输生产活动顺利实施的服务活动的总和。交通运输服务业是交通运输相关产业活动的有机集合体，不仅包括传统的运输产业，还包括以运输产业为基础而衍生

---

❶ 马克思：《资本论》第二卷，人民出版社2004年版，第278页。
❷ 马克思：《资本论》第二卷，人民出版社2004年版，第278页。
❸ 马克思：《资本论》第二卷，人民出版社2004年版，第279页。

出的一系列交通服务行业。在现代科学技术、经济水平、经营方式和组织水平不断提高的情况下，势必出现新的交通服务产业活动。交通运输提供的生产性服务，面向国民经济的所有生产部门，服务过程贯穿于社会生产、流通的各个方面，是与国民经济其他生产部门关联度最高的行业之一。交通运输提供的消费性服务，与人民群众的生活息息相关，是惠及千家万户的普遍性服务，服务对象涵盖所有社会群体和个体。因此，交通运输服务业不仅满足了生产性服务的需求，而且最大限度地解决了人们生活的消费性服务需求。

(三) 先导性作用

先导性行业是指在国民经济体系中具有重要的战略地位，并在国民经济规划中先行发展以引导其他产业往某一战略目标方向发展的产业或产业群。国家要强盛，交通须先行。交通运输能够驱动生产要素流动，带动经济社会进步，对国民经济发展起着先导性作用。交通运输能从国家全局高度，先行于国民经济发展，从而促进国家强盛，拓展和增加国民福祉。自古以来，交通运输就在中华文明的绵延发展中，起到重要的先导性作用，京杭大运河承载和见证了数千年的历史演进，丝绸之路为中西文明的互鉴与交融架起互通互联的桥梁，促进了沿线国家经济发展乃至社会革命。交通运输的每一次重大革新，都深深影响到人类文明的进程。未来社会将由承载信息的互联网和承载实体的交通网双网支撑。与传统交通不同，未来交通与经济深度融合，将会激发经济社会发展的新动能，形成新业态和发展新模式。

(四) 战略性作用

战略是一种从全局考虑谋划实现全局目标的规划。它属于长远规划，远大目标，规划战略、制订战略、用于实现战略目标的时间往往是比较长的。影响全局、具有决定作用的问题，就是战略性问题。交通运输作为国民经济发展的先导性产业，对国民经济未来发展起到方向性的引领作用，代表着技术发展和产业结构演进的方向，对于国民经济发展具有全局性和长远性作用，自然成为国家重要的战略产业。交通运输发展的引领性战略作用，对内表现为交通运输不断应用先进科技，为经济社会发展提供更便捷、多样的现代运输服务；对外表现为借助交通运输技术、标准、人才等要素，不断扩大在国际上的影响力，强化中国的国际地位。国家战略的有效实施，有赖于交通运输业持续发挥支撑引领作用。多年来，我国交通运输在支撑经济发展和社会进步方面发挥了重要的基础性作用和服务性作用。进入新时代，交通运输业一方面要服务于我国建设社会主义强国和人民美好生活的需要，服务于世界贸易的需要，另一方面也要发挥好引领经济社会发展的战略性作用。

第二节 我国交通运输发展的历程及成就

一、我国交通运输发展的历程

新中国成立以来，我国交通运输面貌发生了历史性变化，交通运输对经济社会的关系实现了由"整体滞后"到"瓶颈制约",再到"总体缓解"和"基本适应"的历史性跨越,有力支撑了经济社会持续快速发展,为国家战略实施、经济快速增长、区域城乡协调发展、国土空间开发、生产力布局完善、产业结构优化等提供了基础支撑和先行引领,加速了我国的工业化、城市化、市场化和国际化进程。

(一)新中国成立后至改革开放前

新中国成立之初,交通运输十分落后,设施设备数量少、质量差、能力低,广大内陆地区普遍处于交通闭塞状态。全国铁路总里程为2.18万公里,且有一半处于瘫痪状态;通车能力的公路只有8.08万公里,民用汽车5.1万辆;内河航道处于自然状态;民航线只有6条;邮政服务网点较少。当时的主要运输工具还是畜力车和木帆船,运输效率低下。

新中国成立后,中央政府把"恢复交通、发展交通"作为重要任务,明确提出首先要创造一些基本条件恢复交通。经过三年的国民经济恢复期,被破坏的交通运输设备迅速修复,水陆空运输恢复。从1953年起,中央政府开始有计划地进行交通运输建设。在第一、第二个五年计划和国民经济调整期间(1953—1965年),国家投资向交通运输倾斜,改造和新建了一批铁路、公路、港口码头、民航机场等交通运输基础设施,提高了西部和边远地区的交通运输基础设施覆盖程度,疏浚了主要航道,新开辟了国际、国内水路和空中航线,扩大了邮政网络,增加了装备数量,提升了技术水平和服务能力。随着对外关系的逐步正常化,对外贸易迅速扩大,沿海港口货物通过能力不足,船舶压港、压货、压车情况日趋严重,周恩来总理于1973年初发出了"三年改变我国港口面貌"的号召,开启了第一次建港高潮。

由于这一时期的经济基础薄弱,各行各业都急需发展,交通运输属于非物质生产部门,投资严重不足,交通运输发展无法满足国民经济和社会发展需要。这一时期,正是我国交通运输发展的整体滞后阶段。

(二)改革开放后至"八五"时期末

改革开放后,我国经济开始步入持续、快速、健康发展的轨道,商品经济空前活跃,国民经济发生了深刻变化,反映到交通运输上表现为:外贸货运量急剧增长,货源结构发生了很大变化,百杂货和短途运输量显著增加,客运量大幅提升,各行各业对交通运输都提出了新的要求。在基础设施方面,公路里程少、标准低、路况差、断头路多、通过能力不足;港口泊位少,疏运能力不足,通信导航、船舶维修等设施不配套,内河没有得到充分开发利用。这一时期,交通运输成为国民经济发展中的瓶颈制约。

为缓解这一情况,交通运输部门加快了基础设施建设的步伐。1988年,沪嘉高速公路通车,实现中国大陆高速公路零的突破,高速公路建设开始大规模兴起。沿海港口开始了大型专业化码头的建设,步入高速发展阶段,但内河航道建设进展缓慢。铁路建设因受到国家严格管制,投资主体单一,直到20世纪90年代初,铁路建设资金才趋于稳定。民航部门也由军队管理改为国务院直属机构,开始了企业化改革历程。

(三)"九五"时期至"十一五"时期末

这一时期是我国交通运输深化改革、加快发展的关键时期,也是中国交通发展史上规模最大、发展最快、持续时间最长的黄金时期。随着社会主义市场经济体制的逐步建立和完善,经济社会持续稳定快速发展,人员、货物的流动明显加大,出现了多样化和快速增长的各类运输需求。其中,快速客车需求上升,高附加值的短小轻薄产品在货物运输需求结构中的比重逐渐加大,西部地区和农村地区运输需求呈现大幅增长趋势。

这一阶段,公路里程快速增长,技术等级明显改善,农村公路建设管理成效显著。大规模铁路建设形成高潮并逐步进入收获期,高速铁路建设取得突出成就。港口建设市场全面放开,沿海港口掀起又一轮建设高潮,深水泊位增加,吞吐能力增强,专业化水平不断提高,沿海主要港口的进港航道等级明显提高。随着内河航运建设基金的设立,内河水运投入力度显著增强,以"两横一纵两网"、内河主要港口外贸和专业化码头为重点的基础设施建设取得了显著成效。民航服务能力快速提高,形成了先进的安全理念、技术水平和基本完善的管理体制。邮政普遍服务业务量下降,快递业保持快速增长势头。运输服务发展较快,公路运输承担的市场份额逐步加大,水上运输专业化水平不断提高,交通运输的压力得到基本缓解。

(四)"十二五"时期以来

"十二五"时期以来,我国工业化、信息化、城镇化、市场化、国际化深入发展,人均国民收入稳步增加,经济结构转型加快。认识新常态、适应新常态、引领新常态是这一时期我国交通运输加快转型发展、提质增效的基本前提。

首先,交通运输发展速度从高速向中高速换挡,但仍保持着适度超前于经济发展。交通运输投资仍高位运行,投入更加精准;货运需求增长缓中有进,航空运输呈快速增长态势;客运需求不断深化,公路水路客运量增速放缓。其次,交通运输发展结构进一步优化,逐步实现从"总体缓解"向"基本适应"经济社会发展转变。"三大战略"的推进实施为交通运输发展提供了更广阔的空间,坚决打赢"脱贫攻坚战"促进交通运输公共服务均等化水平大幅提升,多种运输方式加快融合推动了综合交通运输体系的建立完善。再有,交通运输发展由依靠增加物质资源向深化改革、科技创新、对外开放转换,多元动力机制正在形成。

二、我国交通运输发展的成就

改革开放以来,在党中央正确领导下,经过几代交通人不懈努力,我国交通运输事业取得巨大进步。特别是党的十八大以来,在以习近平同志为核心的党中央坚强领导下,我国交通运输事业发展取得重大成就,许多指标走在了世界前列。我国已成为名副其实的交通大国,为建设交通强国奠定了坚实的基础。

(一)综合交通基础设施网络初步形成

我国综合立体交通基础设施网络已经形成,而且规模巨大,取得了历史性成就。2019年,铁路营业里程达到13.9万公里,高速铁路里程突破3.5万公里;公路总里程达到501.25万公里,高速公路里程突破14.96万公里;全国港口完成货物吞吐量1395083万吨,同比增长8.8%,规模以上港口万吨级泊位达2520个;定期航班航线总条数达5521条,定期航班通航机场数达237个;邮路总长度(单程)1222.7万公里,全行业拥有各类营业网点31.9万处,乡乡设所、村村通邮总体实现;快递业务量达630亿件,连续6年稳居世界第一。

(二)运输服务保障能力持续增强

2019年,我国完成营业性客运量176.04亿人,旅客周转量35349.06亿人公里;完成营业性货运量462.24亿吨,货物周转量194044.56亿吨公里,成为世界上运输最繁忙的国家之一。铁路旅客周转量、货运量居世界第一,高铁旅客周转量超过全球其他国家和地区总和。公路客货运输量及周转量均居世界首位,高速公路承担了全社会超过1/3的客运量和超过1/4的货运量。海运承担了90%以上的外贸货物运输量,港口集装箱吞吐量占全世界总量的1/3以上,为我国成为世界第一货运大国提供了有力支撑。民航运输旅客及货物周转量均居世界第二。快递业务量年均增长50%以上,跃居世界第一。运输服务对经济社会发展的支撑能力持续增强。

(三)交通运输科技创新及应用实现重大突破

改革开放以来,我国交通运输科技水平从跟踪追赶为主,进入跟跑、并跑、领跑"三跑并存"的新阶段。高速铁路、高速公路、特大桥隧、深水筑港、大型机场工程等建造技术达到世界先进水平,沪昆高铁、港珠澳大桥、洋山深水港、北京新机场等一批交通超级工程震撼世界。高速列车、C919大型客机、振华港机、新能源汽车等一大批自主研制的交通运输装备成为"中国制造"的新名片。互联网、大数据、云计算、北斗导航系统、人工智能、5G等信息通信技术在交通运输领域广泛应用,线上线下结合的商业模式蓬勃发展。交通运输已成为我国科技创新的重点领域,对提升我国科技竞争力和综合国力发挥了重要作用。

(四)行业现代治理能力大幅跃升

改革开放以来,交通运输面貌发生了历史性变化,我国用几十年走完了西方发达国家几百年走过的发展历程,中国交通运输的治理模式功不可没。特别是党的十八大以来,综合交通运输管理体制机制逐步完善,综合交通运输法规、政策、规划及标准体系基本形成。我国出台了世界上第一部关于网约出租车、共享单车管理的全国性规章,为全球新业态治理提供了"中国智慧"。我国主导建立了中国—东盟交通部长会议、上海合作组织交通部长会议等多边合作机制,连续第16次当选国际海事组织A类理事国,国际民航组织秘书长首次由中国人出任,我国交通运输的国际话语权和影响力显著提升。

第三节　国外交通运输发展经验借鉴

我国在继续走好发展道路的同时,也要借鉴发达国家和其他发展中国家的经验。美国、德国、日本、英国等公认的交通发达国家,就有不少值得借鉴的经验。

一、美国的综合交通运输体系

美国是综合运输发展较早、体系最为完善、管理最为现代化的国家之一,有许多经验值得我们借鉴。体制机制上,美国建立了统一的综合管理体制。1966年,美国时任总统约翰逊签署了《运输部法》,于次年成立了美国联邦运输部,把原来隶属于联邦政府各部门的交通运输相关事务机构进行了整合,涉及8个部委和30多个局、处。这标志着美国从分散管理的交通体制进入了综合运输阶段。此时,除英国外,世界其他国家的交通运输还都处在分散管理阶段。政策法规上,坚持政策引导、法制保障。在20世纪90年代,随着州际公路的基本建成,美国联邦政府先后于1991年、1998年颁布《综合地面运输效率法案》《21世纪运输平等法案》等法案,这标志着美国的交通运输发展进入了以可持续发展为目的的综合运输新阶段,注重强调多式联运,重视提升运输质量,重视环境保护,成为90年代后20多年的政策导向。在发展战略上,始终保持与国家战略相结合。从1997年美国联邦运输部发布第一个五年计划到现在,已经出台了七版战略计划,始终秉承"实现更快捷、更安全、更有效、更方便的交通运输系统,与人民福利、社会经济稳定增长、国家安全、资源保护和有效开发的国家目标保持一致"的发展使命。可以说,一个强大的综合交通运输体系,为美国成为世界超级大国,提供了强有力的保障。

二、德国的交通科技创新

近代以来,德国的交通一直都很发达,这与其高度重视科技创新密切相关,也使德国持续占据了世界交通科技的制高点,许多世界交通的首创成果都发生在德国。比如世界第一辆用汽油内燃机驱动的汽车,于1886年由德国人卡尔·本茨发明,有力推动了汽车工业的快速发展;世界第一条有轨电车,于1881年由德国工程师西门子建造;世界上第一条高速公路,于1932年诞生于德国,也就是从波恩至科隆的高速公路;第一次世界大战后,德国率先把飞机用于空中交通,推动了民用航空事业的发展;德国还是磁悬浮技术的发源地,也是世界上少数几个掌握高速列车核心技术的国家之一。

直到今天,德国在交通装备制造、智能交通、绿色交通等方面都领先世界,并于2015年提出了以信息化和互联网技术为主要特征的数字化发展战略。科技创新提升运输服务效率。德国法兰克福机场的空铁联运,是目前世界上最成功的联运案例,也是信息化和互联网技术支撑交通发展的重要体现。高速铁路作为航空运输的"零米高度支线航空",极大地拓展了机场的腹地范围。德铁申请了国际航空运输协会IATA的两字代码DB,铁路直接将其铁路班次做成与航空公司一样的航班号,在航空公司的售票系统中对外销售,实现了票务系统的对接。旅客在铁路或者航站楼可以实现次安检、异地通关。科技创新改善服务水平。交通服务服务提倡多样化和人性化,高速铁路全线覆盖免费Wi-Fi信号,并向所有乘客免费提供影视娱乐服务以及到站城市的旅游指南,同时推出了站点导航应用程序,实时更新到站车辆的具体位置,引导乘客到达所要搭乘车厢的位置。

三、日本东京都市圈的市郊铁路

日本的东京首都圈人口3760万,拥有全世界最庞大的市郊铁路系统,也就是通勤铁路系统,有效支撑了都市圈的高效运转。在布局方面,推广使用公共交通引导城市发展的模式,也就是我们常说的TOD(Transit-Oriented Development)模式。在城市建设开发前期,首先建设轨道骨架网络,根据交通系统的承载能力,规划生产生活布局,也逐步形成了"枢纽场站开发"和"郊区新城建设"两种TOD模式,实现了轨道交通与城市协同发展,保证了60%的居民都居住在轨道站点周围,步行5~10分钟就可以到家。同时,枢纽与周边土地综合开发,也为地铁带来了客流和效益。管理方面,东京市郊铁路实现了与地铁的高度融合,比如制式融合、站点融合、运营融合,实现了便捷换乘、相互计费、统一购票、贯通营运,共同构成了一体化、多层次的轨道交通服务系统。运营方面,大力推广复线改造,例如连接东京中心城与郊区的国铁各线均为双复线至三复线,也就是有六条轨道并行,为开行多种速度等级的列车提供了设施条件。东京市郊铁路也得以采用快慢混跑的模式,分为快车(只在重要站点停靠)、慢车(每站均停靠)、中速车(介于二者之间)三类,为乘客提供多元化的出行服务。

四、英国的海运业发展

英国是工业革命的发祥地,蒸汽机的发明和资源需求的快速增长,推动了交通运输业的革命,特别是海运业发展起步早、竞争力强,为英国在19~20世纪成为"日不落帝国"奠定了基础。船队规模上,1760—1780年,英国商船队吨位已达190万吨;19世纪40~50年代,英国掀起建设海运运输网的热潮;在大力造船的同时,还投入了大量资金发展航运业配套设施;到19世纪末,英国已经建立起世界上最大的蒸汽机船队。海运话语权上,英国一直以来注重建立有利于自己的国际海运秩序,在海运规则、技术规则、商业规则等方面发挥着引领作用。比如,国际海事组织(IMO)、国际移动卫星组织(IMSO)等政府间国际海运组织以及国际航运协会(ICS)、国际海运联合会(ISF)等非政府间国际海运组织总部均设在伦敦,世界各种海运服务合同文本也大都出自这些机构。海运保障能力上,伦敦是全球公认的国际航运中心,在海运信息、咨询、金融、保险和仲裁服务等方面,集中了一批具有影响力的企业和机构,在国际市场占有举足轻重的份额。吨位税制和船员个税减免促进了海运业发展。英国劳氏船级社(LR)是全球最早的一家船级社,遍布全球的服务网络,有力保障了海运企业的利益。

五、其他国家的交通

除上述世界主要发达国家外,也有一些国家在交通运输发展上有着值得借鉴的经验。如巴西东南部的库里提巴是世界上率先建成快速公交系统(BRT,Bus Rapid Transit)的城市,以相当于地铁造价5%~8%的低廉代价和较短的施工建设周期,有效解决了70%人群的出行问题,实现了经济和环境成本的大幅度优化。库里提巴也因此获得了联合国"最佳人居奖"的殊荣。再比如,俄罗斯首都莫斯科的地铁系统,是世界上使用效率最高的地下轨道系统。莫斯科地铁系统自1935年由苏联政府开始建设,1962年试用了世界上最早的列车自动运行系统。经过发展与完善,如今的莫斯科地铁每天运送超过1000万人次,承担了全市客运量的50%左右,其兼具战时防护功能,可供400余万居民掩蔽之用。莫斯科地铁设计施工标准完善,服务范围广,运行速度快,换乘便捷,车站设置方式多样,在减振降噪、植被保护、大气保护和生态勘测方面,积累了比较丰富的经验。

面向未来,世界主要发达国家和地区相继出台交通运输长期发展战略。如欧盟发表交通白皮书《欧洲交通一体化路线图——构建具有竞争力和资源节约型的交通系统》,提出构建面向全欧洲的、竞争力强、便捷高效、节能减排可持续发展的交通运输体系,实现欧洲交通区域一体化发展。美国运输部发布了《2045美国交通运输:趋势与展望》,提出未来30年要建设一个强大、顺畅、智能、环保的交通系统。日本国土交通省发布《国土战略规划2050》,提出要建设由磁浮新干线和新联络线支撑的世界超级大都市圈,打造国际客货运输大通道,在日本海和太平洋两侧加强与世界各国的联系,构建世界一流的交通基础设施系统。英国发布了《前所未有的交通运输变革流动的未来》,围绕交通电气化、大数据应用、自动化发展、货运去碳化等未来交通发展趋势和新兴技术,进行了谋划布局。

纵观世界主要发达国家交通由大到强的发展历程,主要有以下经验:一是注重战略引领。世界主要发达国家为适应社会经济不断发展的新要求,结合科学技术的新发展,基于先进的发展理念和本国的发展实际,都制订了与国家战略紧密结合的交通发展战略,为国家战略实施当好先行、提供支撑。二是注重发展综合交通。世界主要发达国家无一例外都是通过规划先行、体制保障、法制先行等方式,建立了强大的综合交通运输体系,从而支撑了国家的强盛。三是注重科技创新。世界主要发达国家无一例外地抓住了前三次工业革命的历史机遇,利用技术进步占领当今全球交通发展制高点。四是注重安全发展。通过科技、理念、制度创新,不断降低交通运输安全事故伤亡率,有的还提出"零死亡"的愿景。五是注重绿色发展。通过出台多式联运法规、财税激励政策、燃油排放标准等政策措施,倡导全社会发展绿色交通。六是注重国际话语权。交通运输国际组织大多出自美国和欧盟国家,通过主导或深度参与国际事务,占领技术、专利、标准制高点,引领国际交通运输发展方向。

他山之石,可以攻玉。结合国情,充分借鉴他国经验,可以让我国在交通运输发展上少走弯路。

第四节 新时代我国交通运输发展的形势和使命

随着我国发展进入新时代,交通运输发展也将进入新的历史阶段。当前,我国交通基础设施很多规模类的指标已位居世界第一,交通运输供给能力取得了突破性进展,建成了名副其实的交通大国。同时,我国交通运输发展大而不强,与人们在交通领域对美好生活的向往相比,与世界主要发达国家相比,还有不小的差距,需要交通人在新时代担负起新的历史使命。

一、新时代我国交通运输发展面临的形势

(一)面临的国内形势

党的十九大指出,"我国经济已由高速增长阶段转向高质量发展阶段。"这是保持经济持续健康发展的必然要求,是适应我国社会主要矛盾变化和全面建设社会主义现代化国家的必然要求,是遵循经济规律发展的必然要求。新时代我国经济发展阶段的历史性变化,必将对交通运输发展产生重大而深远的影响。

一是经济社会持续发展,要求交通运输保持适度规模与速度。新时代我国经济仍将保持较高的增长速度,经济稳增长任务繁重,交通运输仍需要继续发挥有效投资对冲经济下行压力的关键作用,满足国内消费新需求,推动第三产业发展,满足人民群众多样化的出行需求,提供大运量、高品质、差异化的运输服务。另外,深入实施"三大战略",实现城镇化率达到60%左右的目标,应对好"三个1亿人"的问题,解决好区域协调发展,中国经济"走出去"步伐加快,都将为交通运输发展不断拓展新空间。因此,交通运输要不断适应市场经济和产业结构变化带来的新需求,充分发挥不同交通运输方式的独特优势,在基础设施规模和运输服务上,保持适度的发展速度和合理的发展规模。

二是区域经济一体化加速推进,要求交通运输迎接新的机遇与挑战。随着我国城镇化、城市圈、城市带的发展,形成了京津冀、长三角、珠三角等围绕中心城市的城市群。未来随着长江经济带、京津冀一体化等国家战略的深入实施,将会形成若干经济圈。这些经济圈的地理分布,将使交通运输的运量、流向、质量要求等发生变化,对交通运输网络布局提出了新的要求。为实现运输与经济社会的协调发展,必须从区域经济发展的需求出发,根据区域经济特点及运输需求,依靠政府和市场的双重作用,统筹考虑基础设施、运输服务、交通运输管理等要素,突破行政区域限制,在合理分工基础上,优化交通运输资源配置,强化各种运输方式衔接、城际轨道交通发展、运输服务一体化,适应客流、物流快速增长的需要。要进一步促进交通运输城乡协调发展、区域协

调发展,服务城镇化进程,建立农村交通基础设施投入的长效机制,加快城乡交通运输一体化,推动东、中、西部地区交通运输协调发展,更多地将交通运输资源向革命老区、民族地区、边疆地区倾斜。

三是人民群众生活水平不断提高,要求交通运输提高服务品质。随着我国居民收入水平的提高,当吃穿不愁和一般耐用消费品已趋饱和或已饱和的时候,人们必然转向"住"与"行"等方面的消费。就"行"而言,人们探亲、访友等方面的需求会逐步增加,利用休闲时间外出旅游的次数会显著增多,对旅客运输会有较大的需求;居民耐用消费品的主流消费将由目前"千元级"的彩电、冰箱,逐渐向"万元级"的家用汽车过渡。人民生活水平的不断提高,将会直接对交通运输发展产生新的需求,这些需求可能是高速公路规模、运输场站衔接等硬环境方面的需求,也可能是智能化水平、通畅率等软环境方面的需求。人民群众日益增长的多元化、多样化、高层次的交通运输需求,要求我国交通运输业必须更加注重提升运输服务品质,增加高品质、快捷化、差异化、定制化的客运服务供给,扩大更加经济、高效的多方式联运货运服务供给。

四是新一轮科技革命浪潮,要求交通运输顺势而为。在新时代,研发应用现代技术、维护交通运输资产存量、保障交通运输安全、提高运输服务水平等,是世界交通科技发展的主攻方向。我国交通运输发展必须把握世界科技发展的趋势,主动迎接科技革命挑战,抓住新的网络信息技术、新材料技术、先进制造技术、低碳技术、生物技术发展和商业模式创新的机遇,突出科技创新引领作用,深入实施创新驱动发展战略,释放新需求,创造新供给,以科技创新引领交通运输的全面创新。需要更加注重以技术创新和进步,改造提升传统比较优势,促进运输装备提档升级,提高运输装备设施的现代化水平,推进货运车型、船型及多式联运等装备设施标准化,积极发展新能源和清洁能源运输装备,引导高端化、智能化的先进运输装备推广应用。同时,把智慧交通建设作为主战场,把握数字化、信息化、网络化、智能化的时代特征,充分运用"互联网+"思维,推动现代信息技术与交通运输的全面融合,以信息化、智能化引领交通运输现代化。

五是大力推进生态文明建设,要求交通运输提升综合效益。我国人均资源占有量不高,生态环境问题日益突出,资源和环境约束加剧等问题,已经成为进一步推进我国工业化进程的重要制约因素。交通运输是资本、资源密集型产业,土地资源的占用较多,对国家资源供给造成很大压力,空气污染和交通运输噪声,对自然环境也造成了较大影响。必须看到,当前及今后一段时期,土地利用、资源使用和生态环境保护的实现条件将会发生深刻变化,资源要素驱动力日渐衰减,交通运输传统粗放式发展模式越来越难以为继。因此,交通运输在为社会发展提供便利和为社会经济发展创造条件的同时,还必须提高对土地等资源的有效利用程度,推行适应节约土地要求的工程技术,建设生态型基础设施,大力推进资源全面节约和高效利用,提升土地和岸线等资源的利用效率,加大对环境的保护力度,实现可持续发展,以满足国家生态文明建设的要求。

六是国内交通运输主要矛盾发生根本性变化。今后及未来很长一段时间,我国交通运输发展主要矛盾将转变为人们对美好生活的向往与交通运输发展不平衡不充分的矛盾。发展不平衡,主要是区域间、城乡间、运输方式间、新旧业态间以及软硬实力间的不平衡,制约了行业整体水平提升;发展不充分,主要是基础设施网络覆盖、运输服务供给、安全绿色发展、智能化应用、市场主体活力的不充分,阻碍了行业高效、高质、包容、可持续发展。人们在交通领域对美好生活的向往,不仅会对客货出行在服务质量、服务水平、服务成本、服务时限、服务层次、服务模式等各方面提出更高要求,而且在服务内涵、服务链条、服务的时空范围等方面会有很大的突破。要从"走得了"向"走得快、走得好"转变,能够强有力、无缝化地保障人民跨国、跨区、跨城和城内运输需求,高水平、高效率、低成本地满足国民运输需求。

(二)对标国际我国交通运输存在的差距

与世界主要发达国家的交通运输对标,我国交通运输在基础设施、交通装备、运输服务、科技创新、安全保障、绿色发展、开放合作等方面还有不小的差距。

一是交通运输设施、体系尚不完善。虽然我国高速公路、高速铁路和内河航道总里程均位居世界首位,但是单位指标与发达国家差距较大,如每百平方公里拥有综合交通网里程为501公里,每万人拥有综合交通网里程为35.67公里,典型城市人均拥有的道路面积约为10平方米,都远低于世界主要发达国家水平。基础设施运能供给紧张与超前并存。铁路运输存在区段性瓶颈制约,公路通道部分区段已出现拥堵现象,长江等干线航道仍存在通航瓶颈制约,大型机场的基础设施建设滞后。与此同时,部分地区的交通基础设施建设过于超前当地经济发展水平。西部路网建设尤须加强,城乡基础设施发展差距较大,"老少边穷"等地区农村公路建设任务仍然艰巨。综合枢纽建设相对滞后,公路、铁路、水路、航空之间的衔接问题突出。客运枢纽方面,主要表现在集多种交通方式为一体的综合客运枢纽相对较少,如2019年我国境内民用航空(颁证)机场共有238个(不含香港、澳门和台湾地区),定期航班通航机场237个,其中仅有11个与铁路共站设置;我国39个千万级吞吐量的机场中,连通城市轨道交通的机场只有10个,占比不到1/3。货运枢纽方面,主要表现在基础设施衔接不好、集疏运不畅、多式联运发展滞后。

二是交通运输服务效率、品质偏低。交通运输服务还不能很好满足用户要求,具体表现为:客货运输组织一体化程度不高;旅客运输服务发展不均衡,中西部地区相对滞后;部分边远地区和山区的运输基本公共服务基础薄弱;一体化综合运输服务缺乏强有力的信息化、智能化、标准化技术和行业协同支撑,跨方式、跨区域、跨行业的信息共享严重缺乏,"信息孤岛""管理孤岛"现象普遍;多样性、个性化服务方式缺乏,体验感不强等。货运服务市场体系不完善。运输方式间、区域间、城乡间的行政、技术壁垒和市场分割依然存在,市场的开放性和竞争性仍不充分;货运市场监管力度不足,诚信体系不健全,规范治理不充分;铁路货运定价机制不完善等。货运服务水平不高,一体化服务比例偏低。铁路货运服务总体上仍难适应高时效性高附加值货物运输及全程服务的物流需求;远洋、民航运输领域的国际货运服务能力不强,国际铁路联运服务质量和效率仍有待提升;道路、水路运输领域的危险品运输仍不够规范安全,多种运输方式协同应对突发事件的重点物资运输保障能力仍有待提高;货运服务的差异化、精细化、信息化、智能化、专业化水平总体较低,与物流及商贸流通、制造业、农业等方面的联动融合程度浅。物流成本居高不下。2019年,全社会物流成本占国内生产总值比例达14.7%。铁路完成货物周转量仅占全社会货物总周转量的15%,远低于公路分担比例,而国土面积较大国家,如俄罗斯、美国的铁路货物周转量占比均超30%。这不但与交通运输成本高有关,也与我国经济发展总体处于工业化发展阶段,货运需求量大、附加值低有关,还与货运及物流交易成本、管理成本、仓储成本等较高紧密相关。另外,交易环节及手续繁杂、管理粗放、市场分割、衔接不畅、土地成本偏高等,也是重要原因。

三是交通安全水平有待提高。我国交通安全水平虽然进步明显,但是形势依然很严峻,尤其是道路交通安全水平与国际水平有很大差距。2019年,我国道路交通事故死亡人数约为5.3万人,道路万车死亡率为1.8,是英国的4.3倍,日本的3.9倍,美国的1.7倍。交通运输安全形势严峻,亟须大幅度提高。

四是交通运输绿色化、智能化和经济性不高。绿色交通运输方式占比不高,多式联运发展滞后。铁路和水运客运量、旅客周转量比例持续下降。铁路货运量和货物周转量虽然呈缓慢增长,但是占比则呈下降趋势。特别是我国交通机动化程度正在快速加深,未来我国交通节能减排任务艰巨,作为能源消耗主要行业和污染物排放的主要来源之一,交通运输业面临着巨大挑战。智能化总体水平有待进一步提高,交通信息孤岛现象普遍。我国目前交通大数据的共享和融合机制不完善,致使现有数据没有发挥应有价值。标准制定工作滞后于行业的发展。在缺乏标准的条件下,许多地区的智能交通系统自成体系,缺乏应有的衔接和配合,没有形成包括供应商、运输商、政府和消费者之间完善的智能交通产业链,功能作用发挥不理想。

五是交通运输创新能力不强。尽管我国已经成为交通运输装备制造大国,但是在一些重要交通运输装备产业中,"关键技术空心化"现象依然严重,一些战略性交通运输装备自主创新能力明显不足。民用飞机、汽车、高技术船舶等重要装备的核心技术受制于人。突出的问题是基础研究薄弱,原始创新不足。

六是国际话语权较弱。我国交通国际影响力和话语权较弱,主要体现在国际规则和标准的制定、国际纠纷的仲裁、国际运输服务贸易的定价权、国际组织中的主导权等方面。国际标准制定的参与度不够,与发达国家和地区存在差距。交通企业在管理、运营、服务水平和品牌影响力等方面,与欧美相比在全球范围内缺乏竞争力。国际交通组织中话语权,仍控制在欧美等发达国家和地区手中。我国在国际交通组织中任职人数偏少,担任领导职务人数与我国的国际地位不符。同时,我国整体上对国际重要交通瓶颈节点的影响力有限。

二、加快建设交通强国是新时代我国交通运输发展的历史使命

回顾我国交通运输发展历程,每一代交通人都在奋力实现自己的历史使命。新中

国成立之初,那一代交通人的历史使命,就是着力解决有没有的问题,尽量恢复交通运输生产,服务国家社会主义建设,支撑中华民族站起来。改革开放后,面对交通供给短缺、交通运输制约国民经济发展的问题,那一代交通人的历史使命,就是着力解决够不够的问题,建设交通大国,支撑中华民族富起来。进入新时代,社会主要矛盾发生变化,当代交通人就是要聚焦满足人民群众对美好生活的向往,着力解决好不好的问题,建设人民满意交通,加快建设交通强国,支撑中华民族强起来。

建设交通强国,这是以习近平同志为核心的党中央立足国情、着眼全局、面向未来作出的重大战略决策,是党中央赋予交通人新的历史使命,也是新时代做好交通运输工作的总抓手。2019年9月14日,党中央、国务院印发《交通强国建设纲要》。

(一) 加快建设交通强国是满足人民日益增长的美好生活的必然要求

交通关系民生,服务亿万群众。进入新时代,人民群众追求质量更高、内涵更丰富的美好生活,出行模式和流通方式将发生深刻变化。在继续保持大规模的大众化、普惠式交通运输需求的同时,多层次、多样化、个性化的出行需求和小批量、高价值、分散性、快速化的货运需求特征更加明显。从人均收入水平看,一定时期内人们的收入水平与人均出行次数、出行距离呈正相关。随着人们收入增加,出行需求也在增加,出行品质不断提高。从人口发展趋势看,据研究,我国将在2030年左右人口规模达到峰值,也为客运需求增长提供了潜在空间。同时,随着人口不断老龄化,对出行的舒适性、人性化等提出了更高要求。这些都对建设交通强国提出了新的要求。人民对美好生活的向往,就是我们的奋斗目标。加快建设交通强国,显著提升交通的效率、品质和经济性,将极大增强人民群众的获得感、幸福感、安全感,促进交通发展成果更多更公平地惠及全体人民。

(二) 加快建设交通强国是建设社会主义现代化强国的内在要求

从历史的角度看,交通一直是大国崛起的先导条件和重要支撑。从国外历史看,从1~2世纪"条条大路通罗马"的古罗马帝国,到15世纪开辟海上新航路的葡萄牙、西班牙,从17世纪"海上马车夫"的荷兰,到18~19世纪被称为"日不落帝国"的英国,再到当今综合交通运输体系发达的美国,可以看出,国家之强不但离不开交通强国,而且往往始于交通强国,交通先行几乎成为大国崛起的必由之路。从我国历史看,秦朝是修筑以咸阳为中心的、通往全国各地的驰道和直道,其中著名的驰道有9条,还有世界最古老的"高速公路"——秦直道,长达700公里,最宽61米,至今仍在使用,比双向八车道宽20米。这些交通设施有力保障了军队作战和补给能力,促进了政令统一、国土开发、文化交流;隋朝时开凿大运河,就是为了有效解决南北经济沟通和维护国家统一问题;唐朝时,海陆"丝绸之路"通畅繁荣,京杭大运河沟通南北,成就了当时世界上最强盛的国家;明朝时郑和七下西洋,历时28年,海船200多艘、2.7万多人,5次经过马六甲海峡,拜访了30多个国家,开拓了海外贸易,加强了文化交流。可以看出,交通运输对政权巩固、经济发展、社会演进、文化交往,都起了非常重要的作用。

从现实的角度看,交通现代化是衡量一个国家现代化水平的重要标志。建设交通强国,是建设社会主义现代化强国的先行领域和战略支撑。从"五位一体"总体布局来看,交通都在其中发挥着重要作用。在交通与经济方面,交通是经济增长的助推器。建设交通强国,有利于促进国土开发、城镇扩展、产业集聚、贸易发展,提升经济竞争力,促进高质量发展。在交通与政治方面,交通运输发展与党和国家的事业密切相关。建设交通强国,有利于凝聚党心民心,巩固党在基层的执政基础,促进民族团结稳定,提高军事后勤能力,保障国家重大安全。在交通与社会方面,交通是民生服务的重要领域。建设交通强国,有利于缩小城乡差距,促进乡村振兴,提供公共服务,促进社会就业,也有利于推动我国新型工业化、城镇化、农业现代化进程。在交通与文化方面,交通发展史是人类文明发展史的映射。交通流带动信息流、知识流,有利于促进社会开化、思想解放、文化交流、文明互鉴乃至人类进步。在交通与生态方面,绿色交通是生态文明建设的重要领域。建设交通强国,有利于促进节能减排、环境保护。交通与旅游的融合发展,也可以让人们享受到更好的生态产品等。

加快建设交通强国,打造现代化综合交通体系,建设覆盖国土、连通世界的交通运输网络,有利于推动国家重大战略实施、经济高质量发展、社会发展进步,为加快建设富强、民主、文明、和谐、美丽的社会主义现代化强国提供坚强有力的保障。

(三)加快建设交通强国是抢抓世界科技革命机遇的时代需要

交通运输是一个技术密集型的行业,也是一个以技术应用为主、对新技术极度敏感的行业。历次工业革命都与交通相伴致远。比如,第一次工业革命发明了蒸汽机,随之也发明了蒸汽火车、蒸汽轮船;第二次工业革命发明了内燃机,以内燃机为动力的汽车、飞机、机车、轮船随之诞生;第三次工业革命出现的计算机和通信、航天航空技术等,也对交通发展产生了重大影响。

当前,我们正在经历信息革命,有人称为第四次工业革命,信息网络、人工智能、清洁能源、先进制造等与交通运输息息相关的领域呈现出群体跃进态势,自动驾驶、新能源汽车、超级高铁等新技术竞相涌现,已成为世界各国培育交通发展新优势的重要发力点。传统交通与新技术融合也产生了诸如网约车、共享单车等新业态,为经济发展增添了新动能。加快建设交通强国,有助于抢抓世界科技革命的机遇,推动交通运输业更好更快地发展,推动我国交通运输综合实力和国际竞争力进入世界前列。

(四)加快建设交通强国是推动交通运输高质量发展的内在需要

对标世界交通强国和人民群众对美好生活的向往,我国交通运输还存在发展不平衡不充分的突出问题,主要表现在基础设施还有短板、运输结构仍不合理、关键技术装备创新能力不足、物流业不发达、综合运输效率不高、交通运输服务和治理水平还须提升等。建设交通强国,本身也是坚持问题导向、推动行业高质量发展的过程。加快建设交通强国,有利于解决问题、改进不足,深化行业供给侧结构性改革、推动交通运输高质量发展。

第二章　交通强国建设的理论基础

第一节　习近平总书记关于交通运输重要论述的主要内容

习近平总书记关于交通运输重要论述,从坚持和发展中国特色社会主义全局出发,围绕着建设一个什么样的交通运输体系、怎样建设交通运输体系这一问题,深刻回答新时代发展交通运输问题,进一步深化了我们党对交通运输发展问题的重要认识。

一、关于交通运输发展战略目标

党的十九大作出了建设交通强国的重大决策部署,这是以习近平同志为核心的党中央对交通运输事业发展阶段特点和规律的深刻把握,是全国人民对交通运输工作的殷切期望,也是新时代全体交通人为之奋斗的新使命。建设交通强国是全面建设社会主义现代化国家的一部分,也是先行领域和战略支撑。我们要以党的十九大精神为指引,奋力开启建设交通强国的新征程,为全面建设社会主义现代化国家提供战略支撑。

二、关于交通运输发展根本目的

习近平总书记对"四好农村路"建设作出重要指示。他强调:"近年来,'四好农村路'建设取得了实实在在的成效,为农村特别是贫困地区带去了人气、财气,也为党在基层凝聚了民心。"❶交通运输部等有关部门和各地区要认真贯彻落实党的十九大精神,从实施乡村振兴战略的高度,进一步深化对建设农村公路重要意义的认识,聚焦突出问题,完善政策机制,既要把农村公路建好,更要管好、护好、运营好,为加快推进农业农村现代化提供更好保障。在城市,面对老百姓的出行和雾霾天气,习近平总书记指出:"发展公共交通是现代城市发展的方向。前一段出现的雾霾天气,对市民工作和生活造成了较大影响。治理雾霾天气要多管齐下,发展公共交通、减少汽车尾气排放就是其中很重要的一个举措。"❷

---

❶ 《习近平对"四好农村路"建设作出重要指示强调　把农村公路建好管好护好运营好　为广大农民致富奔小康加快推进农业农村现代化提供更好保障》,《人民日报》2017 年 12 月 26 日。

❷ 《习近平看望慰问坚守岗位的一线劳动者》,《人民日报》2013 年 2 月 10 日。

交通强国建设,要着力践行以人民为中心的思想,认真贯彻和落实习近平总书记的"四好农村路"、大力发展公共交通等重要论述和指示批示精神,做到发展为了人民、发展依靠人民、发展成果由人民共享,不断增强人民群众的获得感、幸福感、安全感。

三、关于交通运输发展指导理念

党的十九大报告指出:"坚持新发展理念。发展是解决我国一切问题的基础和关键,发展必须是科学发展,必须坚定不移贯彻创新、协调、绿色、开放、共享的发展理念。"党的十八大以来,以习近平同志为核心的党中央高度重视创新驱动发展。2015年3月5日,习近平总书记在出席十二届全国人大三次会议期间明确指出:"创新是引领发展的第一动力。抓创新就是抓发展,谋创新就是谋未来。"[1]2018年5月28日,习近平总书记在中国科学院第十九次院士大会、中国工程院第十四次院士大会上的讲话中强调:"实践反复告诉我们,关键核心技术是要不来、买不来、讨不来的,只有把关键核心技术掌握在自己手中,才能从根本上保障国家经济安全、国防安全和其他安全。"[2]习近平总书记还多次就协调、绿色、开放、共享作出重要论述和指示批示。

交通运输科学发展必须以新发展理念为引领,构建交通运输发展新格局。交通强国建设必须坚持新发展理念,坚持走生态优先、绿色发展之路,构建高质量现代综合交通体系,推动交通运输科学发展。

四、关于交通运输发展功能定位

交通运输作为国民经济基础性、先导性、战略性和服务性行业,地位重要,对国民经济发展起着至关重要作用。2020年3月29日,习近平总书记在浙江宁波舟山港穿山港区考察时强调:"要坚持一流标准,把港口建设好、管理好,努力打造世界一流强港,为国家发展作出更大贡献。"[3]习近平总书记一直关心洋山港建设和发展,在上海考察时指出:"经济强国必定是海洋强国、航运强国。洋山港建成和运营,为上海加快国际航运中心和自由贸易试验区建设、扩大对外开放创造了更好条件。要有勇创世界一流的志气和勇气,要做就做最好的,努力创造更多世界第一。他希望上海把洋山港建设好、管理好、发展好,加强软环境建设,不断提高港口运营管理能力、综合服务能力,在我国全面扩大开放、共建'一带一路'中发挥更大作用。"[4]交通强国建设是中国

---

[1] 中共中央文献研究室编:《习近平关于科技创新论述摘编》,中央文献出版社2016年版,第7页.
[2] 习近平:《在中国科学院第十九次院士大会、中国工程院第十四次院士大会上的讲话》,《人民日报》2018年5月29日。
[3] 《习近平在浙江考察时强调 统筹推进疫情防控和经济社会发展工作 奋力实现今年经济社会发展目标任务》,《人民日报》2020年4月2日。
[4] 《习近平在上海考察时强调 坚定改革开放再出发信心和决心 加快提升城市能级和核心竞争力》,《人民日报》2018年11月8日。

特色社会主义现代化建设的先行领域,在服务国家发展战略中,交通要找准位置,不辱使命,有所作为,发挥先行作用。

五、关于交通运输发展主要方向

综合交通运输体系是现代交通运输业的重要标志。习近平总书记一直关注现代综合交通运输发展问题,他指出:"发展轨道交通是解决大城市病的有效途径,也是建设绿色城市、智能城市的有效途径。""建设内外部联通的综合交通体系,是提高机场运行效率的关键。"❶对中心城区交通运输,也要善用人性化的办法,更加巧妙地疏解。针对我们国家物流费用成本偏高、运输效率不高的问题,习近平总书记在2018年4月26日深入推动长江经济带发展座谈会上的讲话中强调:"沿长江通道集合了各种类型的交通运输方式,要注意加强衔接协调,提高整体效率。""要完善省际协商合作机制,协调解决跨区域基础设施互联互通、流域管理统筹协调的重大问题,如各种交通运输方式怎样统筹协调发展、降低运输成本、提高综合运输效益,如何优化已有岸线使用效率、破解沿江工业和港口岸线无序发展问题,等等。"❷

交通强国是现代化经济体系的重要支撑,必须把现代化作为交通强国建设的基本目标。着力推进交通运输智慧化、绿色化、品质化、融合化、全球化发展,打造开放融合、共治共享、绿色智慧、文明守信的现代化综合交通运输体系。

六、关于交通运输发展路径选择

在经济发展新常态和经济社会转型升级的关键时期,交通运输必须以创新为动力,以结构调整为着力点,推动交通运输供给侧结构性改革。党的十九大报告为交通运输供给侧结构性改革指明了方向:"加强水利、铁路、公路、水运、航空、管道、电网、信息、物流等基础设施网络建设。坚持去产能、去库存、去杠杆、降成本、补短板,优化存量资源配置,扩大优质增量供给,实现供需动态平衡。"而要实现这一转变,必须要创新,"创新是引领发展的第一动力,是建设现代化经济体系的战略支撑。"要加强应用基础研究,拓展实施国家重大科技项目,突出关键共性技术、前沿引领技术、现代工程技术,颠覆性技术创新,为建设交通强国提供有力支撑。交通强国建设要牢牢把握高质量发展这个根本要求,推动交通运输的质量变革、效率变革、动力变革,以创新驱动为动力,以结构调整为着力点,推动交通运输高质量发展。

七、关于交通运输发展合作空间

交通运输必须要坚定不移推进对外开放,加强互联互通,把中国和世界紧密地联系在一起。习近平总书记指出:"面对新形势,我们应该加快完善基础设施建设,打造全方

---

❶ 《习近平出席投运仪式并宣布北京大兴国际机场正式投入运营》,《人民日报》2019年9月26日。
❷ 习近平:《在深入推动长江经济带发展座谈会上的讲话》,《求是》2019年第17期。

位互联互通格局。互联互通是一条脚下之路,无论是公路、铁路、航路还是网络,路通到哪里,我们的合作就在哪里。"❶在2019年4月26日第二届"一带一路"国际合作高峰论坛上,习近平总书记再次强调:"基础设施是互联互通的基石,也是许多国家发展面临的瓶颈,建设高质量、可持续、抗风险、价格合理、包容可及的基础设施,有利于各国充分发挥资源禀赋,更好融入全球供应链、产业链、价值链,实现联动发展。"❷习近平总书记2018年12月3日在考察巴拿马运河新船闸并同"玫瑰轮"船长和船员们通话时指出:"很高兴在巴拿马运河同'玫瑰轮'的船长和船员们通话。希望你们善用巴拿马运河,不断优化物流运输,为促进国家航运事业和全球贸易繁荣作出更大贡献。"❸

交通强国建设要扩大开放拓展空间,以世界眼光和战略思维,加强交通基础设施的互联互通,推动形成陆海内外联动、东西双向互济的开放格局,提高我国在全球交通运输治理中的影响力和话语权,在全面开放中拓展交通运输发展新境界。

八、关于交通运输发展安全保障

交通运输安全发展是建设"平安中国"的重要组成部分,是安全生产的重点领域。习近平总书记多次对安全生产作出重要讲话和批示,他指出:"人命关天,发展绝不能以牺牲人的生命为代价。这必须作为一条不可逾越的红线。"❹要始终把人民生命安全放在首位,以对党和人民高度负责的精神,完善制度、强化责任、加强管理、严格监管,把安全生产责任制落到实处,切实防范重特大安全生产事故的发生。习近平总书记在会见四川航空中国民航英雄机组全体成员时强调:"安全是民航业的生命线,任何时候任何环节都不能麻痹大意。民航主管部门和有关地方、企业要牢固树立以人民为中心的思想,正确处理安全与发展、安全与效益的关系,始终把安全作为头等大事来抓。要加大隐患排查和整治力度,完善风险防控体系,健全监管工作机制,加强队伍作风和能力建设,切实把安全责任落实到岗位、落实到人头,确保民航安全运行平稳可控。"❺这一系列重要论述,充分体现了党中央对保障人民生命安全的高度重视,深刻阐明了安全生产工作的极端重要性,揭示了现阶段安全生产的规律特点,为做好交通安全生产工作指明了方向,交通运输安全应为交通强国建设保驾护航。

九、关于交通运输发展精神动力

"两路"精神、中国民航英雄机组精神、港珠澳大桥建设者奋斗精神等是交通精神

---

❶ 《习近平在亚太经合组织第二十二次领导人非正式会议上的开幕辞》,《人民日报》2014年11月12日。
❷ 习近平:《齐心开创共建"一带一路"美好未来——在第二届"一带一路"国际合作高峰论坛开幕式上的主旨演讲》,《人民日报》2019年4月27日。
❸ 《习近平和巴拿马总统巴雷拉共同参观巴拿马运河新船闸》,《人民日报》2018年12月5日。
❹ 《习近平就切实做好安全生产工作作出重要指示 要求各级党委和政府牢固树立安全发展理念 坚决遏制重特大安全生产事故发生》,《人民日报》2015年8月16日。
❺ 《习近平在会见四川航空"中国民航英雄机组"全体成员时强调 学习英雄事迹 弘扬英雄精神 将非凡英雄精神体现在平凡工作岗位上》,《人民日报》2018年10月1日。

的具体表现。在纪念川藏、青藏公路建成通车60周年时,习近平总书记指出:"当年,10多万军民在极其艰苦的条件下团结奋斗,创造了世界公路史上的奇迹,结束了西藏没有公路的历史。60年来,在建设和养护公路的过程中,形成和发扬了一不怕苦、二不怕死,顽强拼搏、甘当路石,军民一家、民族团结的'两路'精神。习近平总书记强调,新形势下,要继续弘扬'两路'精神,养好两路,保障畅通,使川藏、青藏公路始终成为民族团结之路、西藏文明进步之路、西藏各族同胞共同富裕之路。"❶在港珠澳大桥开通仪式上的讲话中,习近平总书记充分肯定了交通人的奋斗精神,他指出:"港珠澳大桥的建设创下多项世界之最,非常了不起,体现了一个国家逢山开路、遇水架桥的奋斗精神,体现了我国综合国力、自主创新能力,体现了勇创世界一流的民族志气。这是一座圆梦桥、同心桥、自信桥、复兴桥。大桥建成通车,进一步坚定了我们对中国特色社会主义的道路自信、理论自信、制度自信、文化自信,充分说明社会主义是干出来的,新时代也是干出来的!"❷伟大梦想召唤奋斗,伟大精神激励前行。新中国成立70年来,无数交通人正是凭着"两路"精神、英雄精神、奋斗精神等汇聚成的交通精神,创造了一个又一个人间奇迹。交通强国建设必须继续弘扬和践行交通精神,为全面建设社会主义现代化强国当好先行。

十、关于交通运输发展根本保证

党的十九大报告指出:坚持党对一切工作的领导。党政军民学,东西南北中,党是领导一切的。必须增强政治意识、大局意识、核心意识、看齐意识,自觉维护党中央权威和集中统一领导,自觉在思想上政治上行动上同党中央保持高度一致,完善坚持党的领导的体制机制,坚持稳中求进工作总基调,统筹推进"五位一体"总体布局,协调推进"四个全面"战略布局,提高党把方向、谋大局、定政策、促改革的能力和定力,确保党始终总揽全局、协调各方。办好中国的事情,关键在党,关键在党要管党、从严治党。这是党的十八届六中全会审议通过的《关于新形势下党内政治生活的若干准则》开宗明义作出的重要论断,反映了我们党对治国理政规律的深刻认识,也体现着我们党对自身历史使命的责任担当。建设交通强国,必须毫不动摇坚持和加强党的领导,毫不动摇坚持和加强党的建设,不断提高党的建设质量,为加快建设交通强国提供根本政治保证。

第二节 习近平总书关于交通运输重要论述对交通运输发展的重要意义

通过系统梳理习近平总书记关于交通运输重要论述,我们清晰地看到,理论来

---

❶ 《习近平就川藏青藏公路建成通车60周年作出重要批示》,《人民日报》2014年8月7日。
❷ 《习近平出席开通仪式并宣布港珠澳大桥正式开通》,《人民日报》2018年10月24日。

源于实践、指导实践并推动实践发展。学习领会并深入贯彻习近平总书记关于交通运输重要论述,是做好新时代交通运输各项工作的指导方针和根本遵循。

一、理论意义

(1)习近平总书记高瞻远瞩、系统谋划,对交通运输作出重要论述,为交通运输发展指明了方向。交通运输在国民经济中起着基础性、先导性、战略性和服务性等作用,是经济社会发展的骨骼系统。习近平总书记将交通运输发展置于整个国家发展战略规划中,置于新发展理念的指导下,置于广大人民群众根本利益的保障和实现中来谋篇布局,凸显出习近平总书记对交通运输发展的高度重视和殷切希望。系统学习和研究习近平总书记关于交通运输重要论述,可以加深我们对习近平新时代中国特色社会主义思想的整体把握和理解。

(2)人类社会的一切现象其背后都是有规律可循的,只有认识了社会发展的内在规律,才能顺应社会历史的发展趋势,推动社会的发展和人类的进步。不断深化对客观规律的认识,尊重、把握和运用规律,是马克思主义的根本观点。我们党成立近100年的历史,就是对共产党执政规律、社会主义建设规律和人类社会发展规律认识不断提高的历史,不断达到新的理论高度的历史,不断开辟马克思主义发展新境界的历史。

二、实践意义

(1)习近平总书记关于交通运输重要论述,是习近平新时代中国特色社会主义思想在交通运输领域的集中体现,是新时代我国交通运输各项工作的指导方针和根本遵循。全体交通运输人要紧紧抓住这一机遇期,加快发展,不辱使命,切实把思想行动统一到习近平总书记的重要指示精神上来,始终在思想上政治上行动上与以习近平同志为核心的党中央保持高度一致,努力推动交通运输改革发展再上新台阶。

(2)习近平总书记关于交通运输重要论述,是交通运输系统贯彻党中央"四个全面"战略布局和实现中华民族伟大复兴中国梦战略目标的理论指南。交通运输系统要把深入学习领会、贯彻落实习近平总书记关于交通运输重要论述作为交通运输系统一项重要的、长期的政治任务,学好用好这个理论工具,科学指导交通运输实践。学习贯彻落实好习近平总书记关于交通运输重要论述,进一步推动交通运输科学发展,意义重大、影响深远。交通运输系统必须牢记嘱托、不辱使命,不忘初心、继续前进,在建设社会主义现代化强国的征程中昂首阔步、奋勇向前。

第三章 交通强国建设的总体框架

第一节 交通强国的基本内涵与主要特征

一、交通强国的基本内涵

交通强国的基本内涵为人民满意、保障有力、世界领先,三者有机统一,是我们党的初心和使命在交通运输领域的具体体现❶。

(一)人民满意

"人民满意"是指提供高品质、多样化的交通产品和服务,满足人民不断增长的美好生活需求。这是交通强国建设的根本宗旨,强调坚持以人民为中心的发展思想,建设人民满意交通,真正做到人民交通为人民、人民交通靠人民、人民交通由人民共享、人民交通让人民满意。

(二)保障有力

"保障有力"是指交通运输在提供高质量服务的同时,发挥引领作用,实现交通与经济深度融合,成为发展新动能。这是交通强国建设的基本定位,强调为国家重大战略实施、现代化经济体系构建和社会主义现代化强国建设提供有力支撑。

(三)世界前列

"世界前列"是指交通基础设施规模质量、交通服务、交通绿色化和智能化水平进入世界前列;交通创新能力、交通科技装备、交通运输安全水平和可持续发展能力进入世界前列。这是交通强国建设的必然要求,强调全面实现交通现代化,交通综合实力和国际竞争力位于前列。

二、交通强国的主要特征

根据交通强国的战略思想和基本内涵,交通强国的主要特征为具有世界前列的交通基础建设水平,便捷舒适经济高效的运输服务、国际领先的交通科技创新能力,精良完备的交通安全保障体系,文明先进的现代化交通治理体系和中国特色的交通发展优势凸显六个方面。

---

❶ 《奋力建设交通强国》,《人民日报》2019 年 9 月 28 日。

(一)世界前列的交通基础建设水平

实现基础设施布局完善、立体互联。实现现代化综合交通体系的安全、便捷、高效、绿色、经济发展。基础设施网络是交通强国建设的重要基础。综合交通体系是交通强国建设的核心架构,是国家重大战略实施和现代化经济体系构建的重要支撑。实现铁路、公路、水运、民航、管道、邮政等基础设施的统筹规划建设,建成完备的现代化高质量综合立体交通网络、便捷顺畅的城市(群)交通网、广覆盖的农村交通基础设施网,建成多层级、一体化的综合交通枢纽体系,实现基础设施布局完善、立体互联,具有较高的运输生产效率和生产力。

实现交通装备先进适用、完备可控。交通运输装备体系是交通强国建设的关键环节。科技研发能力先进,新能源、新材料、新技术广泛推广,高效、安全、智能、绿色的新型交通装备有效发展,新型载运工具研发和特种装备研发、推进装备技术升级能力增强,全面实现交通装备现代化。

(二)便捷舒适、经济高效的运输服务

实现运输服务便捷舒适、经济高效。运输服务是交通运输供给的最终产品。服务品质提高,运输效率提升,运输经济性增强,实现出行服务快速化和便捷化、打造绿色高效的现代物流系统、新业态新模式充分发展,具有世界前列的交通运输服务能力。

(三)国际领先的交通科技创新能力

实现科技创新富有活力、智慧引领。科技创新是建设交通强国的第一动力。以科技研发为导向,以创新能力为基础,以制度环境为保障,以智慧交通为主攻方向,以信息化、标准化为重要支点,前沿关键科技研发能力国际领先,智慧交通大力发展,科技创新机制完善,全面支撑交通强国建设,具有较强的科技创新能力和竞争力。

(四)精良完备的交通安全保障体系

实现安全保障完善可靠、反应快速。安全是交通强国建设的基本前提。深入落实总体国家安全观,安全发展理念牢固树立,坚持生命至上、安全第一,平安交通,本质安全水平提升,交通运输安全生产体系完善,交通应急救援能力增强,安全发展水平和保障国家安全能力全面提升。

(五)文明先进的现代化交通治理体系

实现治理体系完善、治理能力提升。现代治理体系是交通强国建设的制度保障。建成政府、市场、社会等多方协作的现代治理体系,行业治理能力全面提升,深化行业改革、优化营商环境、扩大社会参与、培育交通文明深化发展,实现交通治理体系和治理能力现代化。

(六)中国特色的交通发展优势凸显

建设交通强国,既要有全球视角、战略思维,又要立足国情、结合实际;既要做到与发达国家相比较在交通运输综合实力上位居世界前列,生产效率处于领先地位,又要

符合中国国情,具有较强的中国特色,彰显时代特征。一方面要服务于我国建设社会主义现代化强国和人民美好生活的需要,发挥好"交通+"的作用,服务于经济社会发展;另一方面也要发挥好引领经济社会发展的作用,以系统观念推进高质量发展,开拓合作共赢新局面,为国家重大战略实施当好先行。

第二节 交通强国建设的价值取向与发展路径

一、交通强国建设的价值取向

《交通强国建设纲要》明确要求构建"安全、便捷、高效、绿色、经济"的现代化交通体系,这是我国交通发展长期遵循的价值取向。

(一)安全是交通发展永恒的主题,是经济社会稳定发展的重要前提

安全生产事关人民福祉,事关改革发展稳定大局。党的十八大以来,安全发展作为统筹推进"五位一体"总体布局、协调推进"四个全面"战略布局的重要内容,摆在了前所未有的突出位置。近年来,党和国家高度重视交通运输安全生产工作,特别是中央经济工作会议上强调,要下更大气力抓好安全生产和交通运输安全。党和国家对交通运输安全生产工作的重要战略部署,是解决我国安全质量突出问题的战略指引,是做好新时期安全质量工作的根本遵循,为新形势下做好交通运输工作指明了方向和路径。

(二)便捷是对交通系统供给能力和质量的要求,提高交通基础设施通达程度,注重交通公平性

"交通更便捷、出行更顺畅"一直是交通发展追求的目标。交通与互联网融合发展,有利于方便旅客出行、优化资源配置、提高综合效率,也是培育交通发展新动能、提升发展水平的重要方面。以旅客便捷出行、货物高效运输为导向,全面推进交通与互联网更加广泛、更深层次的融合,加快交通信息化、智能化进程,创新体制机制,优化营商环境,充分发挥企业市场主体作用,增加有效供给,提升效率效益,推动交通供给侧结构性改革,为我国交通发展现代化提供有力支撑。

(三)高效是对交通系统供给效率的要求,充分发挥各种运输方式的比较优势和组合效率,为社会再生产循环畅通奠定基础

着力调整运输结构,提高运输效率,构建综合交通运输体系,推动各种交通运输方式的协调发展和互联互通是以习近平新时代中国特色社会主义思想为引领,推动交通运输高质量发展的要求。以多式联运为突破口,充分挖掘多式联运在整合资源、降本增效、节能减排等方面的巨大潜能,推动建设国家多式联运系统。持续推进传统货运业转型升级,大力发展先进运输生产方式,优化物流市场主体结构,更好发挥交通运输在物流业发展中的基础和主体作用。一是推进多式联运加快发展,二是推动甩挂运输全面发展,三是统筹城乡配送协调发展,四是引导货运企业转型发展,五是鼓励专业物流创新发展。

(四)绿色是满足人民对优美生态环境的需要,倡导绿色出行,促进交通与自然和谐共生

党的十九大报告对新时代加快生态文明体制改革、建设美丽中国作出了全面部署,要求推进绿色发展、着力解决突出环境问题、加快生态系统保护力度、改革生态环境监管体制等四大任务,并对交通强国、绿色出行、污染防治攻坚战、国土绿化行动、构建生态廊道等进行了明确部署。绿色交通是交通强国的重要特征和内在要求,交通运输行业要全面贯彻落实新发展理念,深入推进绿色交通发展,更好服务交通强国建设。

(五)经济是对交通投入产出的要求,用户以可承受的价格享受到高品质的运输服务

交通的经济性是提高交通运输竞争力、实现交通公平性和基本公共服务均等化的重要指标,也是提高交通体验感、获得感和满足多样化、个性化出行的基本要求,同时也是交通与经济深度融合的重要体现,是提升国民经济整体效率的重要方面。交通运输业是我国国民经济发展中最重要的组成部分,它是将社会生产、交换、分配、消费等各个环节紧密联系起来的一个结合体,从而保证我国社会经济的稳步发展,并且将各个地区间的经济联系在一起,实现共同富裕的发展要求。

二、交通强国建设的发展路径

《交通强国建设纲要》提出要打造"一流的设施、一流的技术、一流的管理、一流的服务",这对交通强国建设具有重大的指引作用。

(一)基础设施网络是交通强国建设的重要基础

"一流的设施"是交通强国的基础,包括基础设施、运输服务、通信信息等设施。"一流设施"是交通运输有效发挥基础性、先导性、战略性作用的重要条件。打造"一流设施",要抓住关键,实施综合的、立体的交通网络规划,加强各种运输方式基础设施网络建设,完善多层次网络布局,加快构建快速、便捷、高效、安全的互联互通综合交通网络。要重点打造"三张交通网":发达的快速网,主要由高速铁路、高速公路、民用航空组成,突出服务品质高、运行速度快等特点;完善的干线网,主要由普速铁路、普通国道、航道、油气管道组成,具有运行效率高、服务能力强等特点;广泛的基础网,主要由普通省道、农村公路、支线铁路、支线航道、通用航空组成,具有覆盖空间大、通达程度深、惠及面广等特点。同时,要顺应信息革命发展潮流,推进数据资源赋能交通发展,加速交通基础设施网、运输服务网、能源网与信息网融合发展,构建泛在先进的交通信息基础设施。

(二)科技创新是交通强国建设的第一动力

"一流的技术"是代表未来智能交通发展的方向,是现代交通与传统交通的根本区别。要坚持把科技创新作为第一动力,加强前沿科技的研发,推动智能交通的发展,推动大数据、互联网、人工智能等新技术与交通行业深度融合,为交通强国建设增添强大动能。未来交通技术装备呈现智能化、绿色化、高速化、重载化等发展趋势,要瞄准世界科技前沿,不断提升交通科技创新和应用水平。加强新型载运工具和特种装备研发,推进装备技术升级,实现交通装备先进适用、完备可控;瞄准新一代信息技术、人工智能、智能制造、新材料、新能源等世界科技前沿,加强交通领域前瞻性、颠覆性技术研究;推动大数据、互联网、人工智能、区块链、超级计算等新技术与交通行业深度融合,不断提高行业全要素生产率。

(三)推进行业治理体系和治理能力现代化,是加快建设交通强国的重要内容和制度保障

"一流的管理"是交通强国的制度保障,体现了交通治理体系和治理能力现代化、全面深化改革、推进"放管服"改革和建设法治政府部门等要求。完善的治理体系是行业软实力的重要组成部分,也是建设交通强国的重要保障。要以贯彻落实党的十九届四中全会精神为契机,深入推进交通治理体系和治理能力现代化,形成协同高效、良法善治、共同参与的良好局面,以治理现代化支撑交通运输现代化。要坚持法治引领,不断完善综合交通运输法规体系,进一步深化行业体制机制改革、"放管服"改革,健全治理规则,构建以信用为基础的新型监管机制,不断推动交通治理体系和治理能力现代化。同时,深化行业改革,优化营商环境,扩大社会参与,培育交通文明,以交通文明促进交通治理现代化。

(四)运输服务是交通运输供给的最终产品

"一流的服务"是体现城乡区域交通一体化、运输市场和服务一体化、各方式衔接一体化、交通军民融合发展以及交通与旅游、物流、装备制造等产业融合发展等要求。服务是交通运输的本质属性,必须坚持以人民为中心的发展思想,必须聚焦社会主要矛盾变化,大力提高运输服务的品质、效率和经济性,实现运输服务便捷舒适、经济高效。落实到发展实践上就是要打造"两个交通圈":一个是"全国123出行交通圈",即都市区1小时通勤、城市群2小时通达、全国主要城市3小时覆盖;另一个是"全球123快货物流圈",即国内1天送达、周边国家2天送达、全球主要城市3天送达。通过"两个交通圈"建设,提供更高品质、更高水平的服务,不断增强人民群众的获得感、幸福感和安全感。同时,不断深化交通运输与旅游融合发展,大力发展"互联网+"高效物流,建立并完善通达全球的寄递服务体系,积极发展无人机(车)递送等现代物流,努力打造引领世界潮流的交通运输服务新业态、新模式。

第三节 交通强国建设的根本遵循

要牢牢把握交通"先行官"定位,适度超前,进一步解放思想、开拓进取,推动交通发展由追求速度规模向更加注重质量效益转变,由各种交通方式相对独立发展向更加注重一体化融合发展转变,由依靠传统要素驱动向更加注重创新驱动转变。

一、交通发展由速度规模向更加注重质量效益的转型

交通运输的高质量发展,是为全社会持续而公平地提供高质量的交通运输供给体系,从而促进人民生活水平的提高、社会经济的高质量发展和人类文明的进步。新阶段交通设施逐步成网,建设投资强度逐步下降,发展重点不在于"快"和"规模",而在于"强",要逐步由量的增加转变到质的提升上来,推动质量变革、效率变革、动力变革,推动交通转型升级。提高交通运输供给体系质量,需要推动理念、目标、制度以及具体领域工作细节的全方位变革,是一个系统工程。交通运输由速度规模向质量效益的转型发展,需要从高质量的投入、高质量的管理和高质量的服务三个方面着手,推动交通运输整体高质量发展。高质量投入是指投入到交通强国建设的劳动力质量、技术质量、能源资源以及数据质量比较高,投入资本的规模稳定,表现在交通人才队伍的素质高,交通运输设施设备的自动化、数据化、信息化程度高,能源资源绿色化程度高。高质量管理是指交通运输治理体系完善、生产过程管理规范、产品质量控制严格,如基础设施的建设质量、运输设备的生产质量控制等。高质量的服务是指能够提供高质量的交通运输产品,满足消费者多样化、个性化、不断升级的高品位需求,更好满足人民日益增长的美好生活需要。

(一)高质量投入

交通运输高质量发展的前提,是保持发展速度和投入规模的稳定性,不能出现大起大落的波动,在突出重点领域发展的同时,要注重发展的均衡性,强调在更加宽广领域上的协调发展。投入更有科技含量、更有效率的交通运输设备,以提高资本-劳动比,从而减轻因普通劳动者工资加快上涨带来的压力。投入高素质的人才,聚天下英才而用之,使交通运输行业人员的知识文化素质、技术技能不断提升,形成一大批具有国际水平的战略科技人才、科技领军人才、青年科技人才、高素质技能人才和高水平创新团队,真正使人才成为推动交通运输高质量发展的第一资源。

(二)高质量管理

交通运输要实现高质量发展,就离不开高质量管理,就要不断完善交通运输管理制度体系,不断推进交通运输治理体系治理能力现代化。要进一步规范交通运输生产过程,对交通运输生产每一个环节都要进行质量监控,关键环节的中间质量控制甚至可以直接决定最终产出能否生产和生产的质量。全面开展交通建设工程质量提升行动,坚持管理和技术的传承与创新,健全建设工程质量安全管理体系,深化现代工程管理,强化工程全寿命周期设计、标准化设计和人性化设计,鼓励构件设计标准化和通用化,提升工程安全保障水平和绿色环保水平,推动工程建设协调发展和转型升级,努力打造品质工程。全面落实工程建设各方质量责任,深化建设单位首要责任和勘

察、设计、施工、监理单位主体责任。开展"平安工地"建设,进一步强化施工现场风险管理和隐患排查治理,大力推进施工现场安全生产标准化建设。推进工程施工标准化活动,指导各地建立施工标准化长效机制,积极推广施工标准化技术指南、图册等成果,提升公路水运工程建设质量水平。加强综合交通枢纽场站的集约化建设,实现各种运输方式场站设施"无缝衔接"。推行"智慧工地"建设,积极推广工艺监测、安全预警、隐蔽工程数据采集、远程视频监控等技术在施工管理中的集成应用,提升工程管理信息化水平。

(三)高质量服务

从更好满足人民日益增长的美好生活需要出发,提高产品和服务质量。构建便捷顺畅的城市(群)交通网,优先发展公共交通,破解城市交通拥堵;形成广覆盖的农村交通基础设施网,促进交通建设与农业发展有机结合。要提高交通服务水平,实现出行服务快速化、便捷化,基本公共服务均等化;着眼"全出行链""全供应链",提供一站式"门到门"一流服务;客运建成大城市"1小时通勤圈"、城市群"2小时交通圈"、全国主要城市间"3小时交通圈";货运发展多式联运,降低物流成本,建设高效快件运输体系,形成国内1天送达、周边国家2天送达、全球3天送达的物流圈;加速共享交通等新业态、新模式发展;改善农村客运服务,创新农村物流发展模式。要大力发展绿色交通,促进土地、海域等资源的集约利用;优化交通运输结构,推广使用清洁能源交通工具;大城市构建以轨道交通为骨干、以公共汽车为主体的综合交通运输系统;营造宜人的步行和自行车出行环境。要深化国际合作,构建联通周边、服务世界的重要通道,建设综合交通国际门户枢纽,布局海运、民航、铁路全球服务支点;打造国际知名的交通企业和品牌,提升竞争能力。

二、由各种交通运输方式相对独立发展向更加注重一体化融合发展转型

在底子薄、基础弱的发展阶段,各种运输方式相对独立发展,能够加快发展速度,加快成网;到了新阶段,量的问题基本解决,转向追求质量效益,就要注重统筹各种运输方式发展,促进各种运输方式更大范围、更深层次的融合。在充分发挥各种交通运输方式的比较优势的前提下,对交通运输效率的提升、服务广度的拓展、服务质量的提高、运输速度的加快、运输服务方式的转变、企业经营的转型等进行战略目标设计,并制定使交通运输在整体服务功能、基础设施的空间布局和各种运输方式的分工合作、运输组织衔接上,能够全面满足经济持续增长对交通运输发展的规模要求、新型工业化和产业结构对交通运输发展水平的要求、区域经济的发展对交通运输发展条件的要求、国际交往和国际贸易的发展对交通运输国际化要求、经济增长方式的转变对运输服务的要求、可持续发展战略实施对交通运输节约资源树立新的发展观的要求。

(一)优化综合交通枢纽空间布局

结合全国城镇体系布局,着力打造一批国际性综合交通枢纽,加快建设全国性综

合交通枢纽,积极建设区域性综合交通枢纽,优化完善综合交通枢纽布局,提升集疏运条件,提升枢纽一体化服务功能。提升综合客运枢纽站场一体化服务水平,按照零距离换乘要求,在全国重点打造一批开放式、立体化综合客运枢纽,推进多种运输方式统一设计、同步建设、协同管理,推动中转换乘信息互联共享和交通导向标识连续、一致、明晰,积极引导立体换乘、同台换乘。促进货运枢纽站场集约化发展,按照无缝衔接要求,优化货运枢纽布局,推进多式联运型和干支衔接型货运枢纽(物流园区)建设,加快推进一批铁路物流基地、港口物流枢纽、航空转运中心、快递物流园区等规划建设和设施改造,提升口岸枢纽货运服务功能,鼓励发展内陆港。要促进枢纽站场之间有效衔接,强化城市内外交通衔接,推进城市主要站场枢纽之间直接连接,有序推进重要港区、物流园区等直通铁路,实施重要客运枢纽的轨道交通引入工程,基本实现利用城市轨道交通等骨干公交方式连接大中型高铁车站以及大型机场。

(二)完善旅客运输发展模式

推进旅客联程运输发展,强化不同运输方式运力、班次和信息对接,鼓励开展空铁、公铁等联程运输服务。推广普及电子客票、联网售票,健全身份查验制度,加快完善旅客联程、往返、异地等出行票务服务系统,完善铁路客运线上服务功能。推行跨运输方式异地候机候车、行李联程托运等配套服务。鼓励第三方服务平台发展"一票制"客运服务;优化区际城际客运服务,优化航班运行链条,着力提升航班正常率,提高航空服务能力和品质。拓展铁路服务网络,扩大高铁服务范围,提升动车服务品质,改善普通旅客列车服务水平。发展大站快车、站站停等多样化城际铁路服务,提升中心城区与郊区之间的通勤化客运水平。按照定线、定时、定点要求,推进城际客运班车公交化运行。优化多层次城市客运服务,大力发展公共交通,推进公交都市建设,进一步提高公交出行分担率,强化城际铁路、城市轨道交通、地面公交等运输服务有机衔接,支持发展个性化、定制化运输服务,因地制宜建设多样化城市客运服务体系。推进城乡客运服务一体化,推动城市公共交通线路向城市周边延伸,推进有条件的地区实施农村客运班线公交化改造。鼓励发展镇村公交,推广农村客运片区经营模式,实现具备条件的建制村全部通客车,提高运营安全水平。

(三)提升货运服务集约化发展

推进货物多式联运发展,以提高货物运输集装化和运载单元标准化为重点,积极发展大宗货物和特种货物多式联运。完善铁路货运线上服务功能,推动公路甩挂运输联网。制定完善统一的多式联运规则和多式联运经营人管理制度,推进实施"一单制"联运服务模式,引导企业加强信息互联和联盟合作。统筹城乡配送协调发展,加快建设城市货运配送体系,在城市周边布局建设公共货运场站,完善城市主要商业区、社区等末端配送节点设施,推动城市中心铁路货场转型升级为城市配送中心,优化车辆便利化通行管控措施。加快完善县、乡、村三级物流服务网络,统筹交通、邮政、商务、供销等农村物流资源,推广"多站合一"的物流节点建设,积极推广农村"货运班线"等服务模式。促进邮政快递业健康发展,以邮区中心局为核心、邮政网点为支撑、村邮站为延伸,加快完善邮政普遍服务网络。推动重要枢纽的邮政和快递功能区建设,实施快递"上车、上船、上飞机"工程,鼓励利用铁路快捷运力运送快件。推进快递"向下、向西、向外"工程,推动快递网络下沉至乡村,扩大服务网络覆盖范围,基本实现乡乡设网点、村村通快递。推进专业物流发展,加强大件运输管理,健全跨区域、跨部门联合审批机制,推进网上审批、综合协调和互联互认。加快发展冷链运输,完善全程温控相关技术标准和服务规范。加强危险货物全程监管,健全覆盖多种运输方式的法律体系和标准规范,创新跨区域联网联控技术手段和协调机制。

三、由传统驱动要素向更加注重创新驱动要素转变

创新是交通强国建设的第一动力,是建设交通强国动力转变的战略支撑。过去主要依赖投资、土地、低成本劳动力等生产要素投入驱动。随着土地、劳动力、资源等生产要素成本的不断提高,交通债务不断积累,再靠生产要素投入支持交通发展难以为继,未来将向侧重依靠科技进步和制度创新驱动转变。深化制度创新,释放交通运输发展活力,是加快推进行业治理体系和治理能力现代化、推动交通运输高质量发展的"先手之棋"和根本保障。必须坚持市场化改革方向,补足短板、完善不足、提升能力,加快完善统一开放、竞争有序、充满活力的现代交通运输市场。进一步深化"放管服"改革和重点领域改革,加快高水平新型智库建设,切实转变政府职能,优化交通运输营商环境,破除体制机制障碍,让创新创造的活力竞相迸发。

(一)新业态治理理念创新

推动交通运输企业组织方式和服务方式创新,构建新型运输服务体系,提升运输服务的安全性、舒适性和便捷性。借助大数据、云计算、物联网、区块链、人工智能、5G通信等新技术,促进嵌入全程供应链的智慧物流服务体系建设,提高物流服务水平。探索公路收费新模式,借助卫星定位、移动互联等技术以及信用体系,实现多车道、自由流、非现场支付,打造品类更多、品种更全、品质更高的公路交通服务体系,切实提升老百姓的满意度和获得感。

(二)科技创新

科技创新是提高交通运输供给体系质量的重要驱动力,也为交通运输高质量发展带来新空间。完善科技资源开放共享、科研平台管理、科技成果转化等方面的制度,加快新技术攻关和推广应用,重点解决好关键核心技术"卡脖子"问题。在新时期做好交通运输科技创新工作,重点可从能力、转化、体系三个方面加以强化。

把增强自主创新能力作为战略基点。针对全局性、方向性、综合性的关键技术问题,大力推进交通运输科技自主创新,强化基础性研究,攻克关键性技术,突破牵引性技术,普及应用型技术,更加重视决策支持、智能交通、交通安全、环境保护等方面的技术研发。

强化科技成果的转化推广与应用。充分重视知识产权保护,做好科技成果的推广应用和产业化工作,通过开展示范工程、纳入标准规范、发布技术指南等手段,为科技成果转化和推广提供多种渠道。

加强交通运输科技创新体系建设。合理定位并充分发挥政府、企业、学研机构、中介机构等的作用,形成"政府把方向、企业推应用、学研机构重研发、中介机构做纽带"的高效互动的有机整体,完善创新激励政策,增强交通运输科技创新主体能力。

(三)工程技术创新

加快公路基础设施路面、结构、材料、工艺、技术等的研发,将全寿命周期和生态文明理念贯穿于设计、施工与运营全过程,促进现有公路建设体系更加安全、经济、绿色、耐久。加强对桥隧防灾减灾、风险防控技术的研发,做好安全生命防护工程、危桥改造工程的技术支撑。加快建筑信息模型技术在交通基础设施领域的应用,推动公路桥梁基础设施数字化。基于公路网在新材料、新结构、新工艺等方面的突破,研发公路检测、施工、养护装备和检测计量设备,促进公路工程装备现代化。加强技术创新和推广应用,促进运载工具向标准化、清洁化、智能化方向发展。推动运输结构优化,缩短全链条运输时间,降低交通运输成本和物流成本。强化关键共性技术、前沿引领技术、现代工程技术、颠覆性技术的创新。围绕"安全、便捷、高效、绿色、经济、智能"发展方面的科技需求,开展关键核心技术攻关。加快营运车辆自动驾驶和车路协同技术研发与示范应用,打造车路协同的智慧公路网,开发建设面向智能驾驶应用的高精度三维地图、实时处理技术及智能路侧设备,推动自动驾驶快速发展。加强信息技术、工程材料与结构等交叉融合,发展现代工程材料业、建造业,探索更加经济耐久的新型道路材料和结构,使公路交通产业迈向价值链的中高端,更具竞争性。

(四)制度创新

改革开放以来,我国交通运输事业发展积累了丰富的宝贵经验,形成了一系列有益的发展制度,指导了交通运输事业的科学发展。新的历史条件下,需要在完善综合交通运输管理体制、拓展交通运输投融资政策、塑造交通运输文化(公交优先、安全出行、零距离换乘等理念贯彻的核心是形成文化)、如何坚定地走市场化方向、更好发挥地方的积极性和能动性等方面,创新性地提出新的发展思路并逐步形成制度,提炼为好的发展经验并予以推广。

第四节 交通强国建设的战略目标

一、交通强国建设的总目标

实现交通强国,必须根据本国的自然地理特征、资源禀赋、人口特点、发展战略和交通需求特征,构建符合本国发展需要、支持经济社会发展的现代综合交通运输体系。按照党的十九大的战略部署和党中央对交通运输工作的要求,确定我国交通强国战略发展的总体目标为:建成安全、便捷、高效、绿色、经济的现代综合交通运输体系。

二、交通强国建设的阶段目标

实现交通强国战略目标,履行交通率先突破的历史使命,2020年以前为交通强国建设的准备期,从2020年开始分两步走,实现交通强国战略目标,担当起交通率先突破的历史使命。

(一)2020年以前的发展重点

到2020年,完成决胜全面建成小康社会交通建设任务和"十三五"现代综合交通运输体系发展规划各项任务,为打好防范化解重大风险、精准脱贫、污染防治的攻坚战提供交通支撑,为交通强国建设奠定坚实基础。

(二)第一阶段发展目标

到2035年,基本建成交通强国。现代化综合交通体系基本形成,人民满意度明显提高,支撑国家现代化建设能力显著增强;拥有发达的快速网、完善的干线网、广泛的基础网,城乡区域交通协调发展达到新高度;基本形成"全国123出行交通圈"(都市区1小时通勤、城市群2小时通达、全国主要城市3小时覆盖)和"全球123快货物流圈"(国内1天送达、周边国家2天送达、全球主要城市3天送达),旅客联程运输便捷顺畅,货物多式联运高效经济;智能、平安、绿色、共享交通发展水平明显提高,城市交通拥堵基本缓解,无障碍出行服务体系基本完善;交通科技创新体系基本建成,交通关键装备先进安全,人才队伍精良,市场环境优良;基本实现交通治理体系和治理能力现代化;交通国际竞争力和影响力显著提升。具体目标如下:

(1)实现综合交通一体化具体是指实现交通与土地利用、不同交通方式、交通运输服务以及交通运输管理体制机制的一体化。构建能力充分、结构合理、通达便捷、综合一体、安全可靠、绿色智能的现代化综合交通枢纽基础设施网络。

(2)交通科技水平与创新能力显著提高,主要核心技术实现自主可控。交通土建技术、轨道交通技术领先世界;新能源汽车实现"换道超车",道路公共交通工具全部实现电动化,电动乘用车销售量占比超过30%(力争达到40%);高技术船舶、大型民用飞机技术攻关及其产业化取得重大进展,自主设计、建造的高技术船舶进入国际市场,具有自主知识产权的国产关键系统和设备配套率达到90%,空管系统装备自主化率达到80%以上。

(3)智能交通整体进入世界先进行列,智能高速铁路、智能土建技术、智能交通管理与服务等重点领域世界领先。

(4)交通服务水平大幅度提升。实现基本公共服务均等、客运服务便捷高效、安全可靠;建成都市圈1小时通勤、城市群2小时通达、全国主要城市3小时覆盖;一站式、多样化、共享交通服务普及;统一开放、竞争有序、一单到底、经济高效的货运服务体系基本形成,物流成本在国内生产总值(GDP)中的占比降到10%以下;集装箱海铁联运比例超过10%。

(5)绿色交通主导。实现交通系统全环节、全生命周期的绿色化;铁路客运量、多式联运占比明显提升;城市绿色出行分担率超过85%;新增车船中清洁能源车船占比超过50%;建成完善的步行与自行车道路系统;交通参与者交通守法率达到95%以上。

(6)交通运输安全水平显著提高。以"零死亡"为愿景,铁路、航空安全保持国际先进水平,水运重大风险源防控取得显著成效,道路交通事故万车死亡率降至0.5人以内;建成完备的交通运输安全和应急救援体系,交通系统的安全性可靠性全面提升;实现军民深度融合,有力支撑国家安全。

(7)城市交通拥堵明显缓解。城市交通拥堵与交通污染治理取得显著成效,交通运行效率显著提升,居民出行品质和出行体验显著改善,使城市生活更加宜居,为城市发展注入持久活力。

(8)乡村交通服务全覆盖。深入推进"四好农村路"建设,农村客运服务优质、便捷、多样化,100%行政村通公路客运服务、通快递服务;创新农村物流发展模式,完善县、乡、村三级农村物流服务体系。

(9)国际影响力、竞争力显著增强。基本形成高效、可靠、开放、共享的全球交通运输服务网络体系,国际影响力显著提高,国际竞争力显著增强,形成3~5个具有区域影响力的新兴交通领域国际组织,建成一批世界级交通企业,打造若干驰名全球的交通品牌。

(三)第二阶段发展目标

到21世纪中叶,全面建成人民满意、保障有力、世界前列的交通强国。基础设施规模质量、技术装备、科技创新能力、智能化与绿色化水平位居世界前列,交通运输安全水平、治理能力、文明程度、国际竞争力及影响力达到国际先进水平,全面服务和保障社会主义现代化强国建设,人民享有美好交通服务。具体发展目标如下:

(1)实现高质量交通一体化。各种运输方式实现无缝衔接、零距离换乘,高质量建成运力充足、综合协调、资源集约、结构绿色、互联互通、科技先进的现代化综合交通运输体系。

(2)交通科技与创新能力进入世界前列,部分关键技术引领世界发展。综合交通工程科技取得重大进展,交通基础设施和技术装备全面达到国际先进水平,交通系统的智能化水平取得突破;交通土建技术基础理论和设计理论研究取得重大突破,建造一批世界级工程,施工装备、建筑材料和施工技术世界领先。

(3)智能交通实现世界领先。

(4)交通服务达到世界一流水平。多样化、个性化服务满足大众出行需求;公共交通、共享交通充分发展,大幅度降低私人汽车使用量;建成全球快货运输"123交通圈"(国内1天送达、周边国家2天送达、全球主要城市3天送达)。

(5)绿色交通成为世界样板。建成便捷高效、绿色智能的综合交通运输体系,城市绿色出行分担率达到90%,交通运输节能减排达到世界先进水平。

(6)交通"零死亡"愿景基本实现。道路交通事故万车死亡率降至0.3人以内,实现出行安全可靠、人民放心的交通环境。

(7)破解城市交通拥堵难题,实现合理的城市用地结构、交通结构、路网结构、路权结构,全面落实以公共交通为导向的开发模式(TOD),交通需求管理向世界提供成功经验。

(8)形成独具特色的中国乡村交通体系。安全可靠、高质量、多样化的公共客运服务覆盖农村,支撑城乡一体化建设、区域协调发展、美丽乡村建设。

(9)具有与社会主义现代化强国相匹配的国际影响力,成为全球交通标准制定工作的主要参与者、全球交通治理的引领者之一。

第五节 交通强国建设的主要任务

一、基础设施建设

(一)建设现代化高质量综合立体交通网络

统筹铁路、公路、水运、民航、管道、邮政等基础设施规划建设,以多中心、网络化为主形态,完善多层次网络布局,优化存量资源配置,扩大优质增量供给,实现立体互联,增强系统弹性。推进东北地区提质改造,推动中部地区大通道大枢纽建设,加速东部地区优化升级,形成区域交通协调发展新格局。

(二)构建便捷顺畅的城市(群)交通网

建设城市群一体化交通网,推进干线铁路、城际铁路、市域(郊)铁路、城市轨道交通融合发展,完善城市群快速公路网络,加强公路与城市道路衔接。统筹安排城市功能和用地布局,科学制定和实施城市综合交通体系规划。推进城市公共交通设施建设,强化城市轨道交通与其他交通方式衔接,完善快速路、主次干路、支路级配和结构合理的城市道路网,打通道路微循环,提高道路通达性,完善城市步行和非机动车交通系统,提升步行、自行车等出行品质,完善无障碍设施。科学规划建设城市停车设施,加强充电、加氢、加气和公交站点等设施建设。全面提升城市交通基础设施智能化水平。

(三)形成广覆盖的农村交通基础设施网

全面推进"四好农村路"建设,加快实施通村组硬化路建设,建立规范化可持续管护机制。促进交通建设与农村地区资源开发、产业发展有机融合,加强特色农产品优势区与旅游资源富集区交通建设。大力推进革命老区、民族地区、边疆地区、垦区林区交通发展，实现以交通便利促进乡村振兴，交通建设项目尽量向进村入户倾斜。推动资源丰富和人口相对密集地区开发性铁路建设，在有条件的地区推进具备旅游、农业作业、应急救援等功能的通用机场建设，加强农村邮政等基础设施建设。

(四)构筑多层级、一体化的综合交通枢纽体系

打造具有全球竞争力的国际海港枢纽、航空枢纽和邮政快递核心枢纽，建设一批全国性、区域性交通枢纽，推进综合交通枢纽一体化规划建设，提高换乘换装水平，完善集疏运体系。大力发展枢纽经济。

二、交通装备开发

(一)加强新型载运工具研发

实现3万吨级重载列车、时速250公里级高速轮轨货运列车等方面的重大突破。加强智能网联汽车研发，形成自主可控完整的产业链。强化大中型邮轮、大型液化天然气船、极地航行船舶、智能船舶、新能源船舶等自主设计建造能力。完善民用飞机产品谱系，在大型民用飞机、重型直升机、通用航空器等方面取得显著进展。

(二)加强特种装备研发

推进隧道工程、整跨吊运安装设备等工程机械装备研发。研发水下机器人、深潜水装备、大型溢油回收船、大型深远海多功能救助船等新型装备。

(三)推进装备技术升级

推广新能源、清洁能源、智能化、数字化、轻量化、环保型交通装备及成套技术装备。广泛应用智能高铁、智能道路、智能航运、自动化码头、数字管网、智能仓储和分拣系统等新型装备设施，开发新一代智能交通管理系统。提升国产飞机和发动机技术水平，加强民用航空器、发动机研发制造和适航审定体系建设。推广应用交通装备的智能检测监测和运维技术。加速淘汰落后技术和高耗低效交通装备。

三、运输服务提升

(一)推进出行服务快速化、便捷化

构筑以高铁、航空为主体的大容量、高效率区际快速客运服务，提升主要通道旅客运输能力。完善航空服务网络，逐步加密机场网建设，大力发展支线航空，推进干支有效衔接，提高航空服务能力和品质。提高城市群内轨道交通通勤化水平，推广城际道路客运公交化运行模式，打造旅客联程运输系统。加强城市交通拥堵综合治理，优先发展城市公共交通，鼓励引导绿色公交出行，合理引导个体机动化出行。推进城乡客运服务一体化，提升公共服务均等化水平，保障城乡居民行有所乘。

(二)打造绿色高效的现代物流系统

优化运输结构,加快推进港口集疏运铁路、物流园区及大型工矿企业铁路专用线等"公转铁"重点项目建设,推进大宗货物及中长距离货物运输向铁路和水运有序转移。推动铁水、公铁、公水、空陆等联运发展,推广跨方式快速换装转运标准化设施设备,形成统一的多式联运标准和规则。完善航空物流网络,提升航空货运效率。推进电商物流、冷链物流、大件运输、危险品物流等专业化物流发展,促进城际干线运输和城市末端配送有机衔接。综合利用多种资源,完善农村配送网络,促进城乡双向流通。落实减税降费政策,优化物流组织模式,提高物流效率,降低物流成本。

(三)加速新业态新模式发展

深化交通运输与旅游融合发展,推动旅游专列、旅游风景道、旅游航道、自驾车房车营地、游艇旅游、低空飞行旅游等发展,完善客运枢纽、高速公路服务区等交通设施旅游服务功能。大力发展共享交通,打造基于移动智能终端技术的服务系统,实现出行即服务。发展"互联网+"高效物流,创新智慧物流营运模式。培育充满活力的通用航空及市域(郊)铁路市场,完善政府购买服务政策,稳步扩大短途运输、公益服务、航空消费等市场规模。建立通达全球的寄递服务体系,推动邮政普遍服务升级换代。加快快递扩容增效和数字化转型,壮大供应链服务、冷链快递、即时直递等新业态新模式,推进智能收投终端和末端公共服务平台建设。积极发展无人机(车)物流递送、城市地下物流配送等。

四、科技创新

(一)强化前沿关键科技研发

加强对可能引发交通产业变革的前瞻性、颠覆性技术研究。强化汽车、民用飞行器、船舶等装备动力传动系统研发,突破高效率、大推力/大功率发动机装备设备关键技术。加强区域综合交通网络协调运营与服务技术、城市综合交通协同管控技术、基于船岸协同的内河航运安全管控与应急搜救技术等研发。合理统筹安排时速600公里级高速磁悬浮系统、时速400公里级高速轮轨(含可变轨距)客运列车系统、低真空管(隧)道高速列车等技术储备研发。

(二)大力发展智慧交通

推动大数据、互联网、人工智能、区块链、超级计算等新技术与交通行业深度融合。推进数据资源赋能交通发展,加速交通基础设施网、运输服务网、能源网与信息网络融合发展,构建泛在先进的交通信息基础设施。构建综合交通大数据中心体系,深化交通公共服务和电子政务发展。推进北斗卫星导航系统应用。

(三)完善科技创新机制

建立以企业为主体、产学研用深度融合的技术创新机制,鼓励交通行业各类创新主体建立创新联盟,建立关键核心技术攻关机制。建设一批具有国际影响力的实验室、试验基地、技术创新中心等创新平台,加大资源开放共享力度,优化科研资金投入机制。构建适应交通高质量发展的标准体系,加强重点领域标准有效供给。

五、交通运输安全

(一)提升本质安全水平

完善交通基础设施安全技术标准规范,持续加大基础设施安全防护投入,提升关键基础设施安全防护能力。构建现代化工程建设质量管理体系,推进精品建造和精细管理。强化交通基础设施养护,加强基础设施运行监测检测,提高养护专业化、信息化水平,增强设施耐久性和可靠性。强化载运工具质量治理,保障运输装备安全。

(二)完善交通运输安全生产体系

完善依法治理体系,健全交通运输安全生产法规制度和标准规范。完善安全责任体系,强化企业主体责任,明确部门监管责任。完善预防控制体系,有效防控系统性风险,建立交通装备、工程第三方认证制度。强化安全生产事故调查评估。完善网络安全保障体系,增强科技兴安能力,加强交通信息基础设施安全保护。完善支撑保障体系,加强安全设施建设。建立自然灾害交通防治体系,提高交通防灾抗灾能力。加强交通运输安全综合治理,切实提高交通运输安全水平。

(三)强化交通应急救援能力

建立健全综合交通应急管理体制机制、法规制度和预案体系,加强应急救援专业装备、设施、队伍建设,积极参与国际应急救援合作。强化应急救援社会协同能力,完善征用补偿机制。

六、绿色发展

(一)促进资源节约集约利用

加强土地、海域、无居民海岛、岸线、空域等资源节约集约利用。加强老旧设施更新利用,推广施工材料、废旧材料再生和综合利用,推进邮件快件包装绿色化、减量化,提高资源再利用和循环利用水平,推进交通资源循环利用产业发展。

(二)强化节能减排和污染防治

推进新能源、清洁能源应用,促进公路货运节能减排,推动城市公共交通工具和城市物流配送车辆全部实现电动化和清洁化。打好柴油货车污染治理攻坚战,统筹油、路、车治理,有效防治公路运输大气污染。严格执行国家和地方污染物控制标准及船舶排放区要求,推进船舶、港口污染防治。降低交通沿线噪声、振动,妥善处理好大型机场噪声影响。开展绿色出行行动,倡导绿色低碳出行理念。

（三）强化交通生态环境保护修复

严守生态保护红线，严格落实生态保护和水土保持措施，严格实施生态修复、地质环境治理恢复与土地复垦，将生态环保理念贯穿交通基础设施规划、建设、运营和养护全过程。推进生态选线选址，强化生态环保设计，避让耕地、林地、湿地等具有重要生态功能的国土空间。建设绿色交通廊道。

七、开放合作

（一）构建互联互通、面向全球的交通网络

推进与周边国家铁路、公路、航道、油气管道等基础设施互联互通。提高海运、民航的全球连接度，建设世界一流的国际航运中心，推进21世纪海上丝绸之路建设。拓展国际航运物流，发展铁路国际班列，推进跨境道路运输便利化，大力发展航空物流枢纽，构建国际寄递物流供应链体系，打造陆海新通道。维护国际海运重要通道安全与畅通。

（二）加大对外开放力度

吸引外资进入交通领域，全面落实准入前国民待遇加负面清单管理制度。协同推进自由贸易试验区、中国特色自由贸易港建设。鼓励国内交通企业积极参与"一带一路"沿线交通基础设施建设和国际运输市场合作，打造世界一流交通企业。

（三）深化交通国际合作

提升国际合作深度与广度，形成国家、社会、企业多层次合作渠道。拓展国际合作平台，积极打造交通新平台，吸引重要交通国际组织来华落驻。积极推动全球交通治理体系建设与变革，促进交通运输政策、规则、制度、技术、标准"引进来"和"走出去"，积极参与交通国际组织事务框架下的规则、标准制定修订。提升我国交通的国际话语权和影响力。

八、人才队伍建设

（一）培育高水平交通科技人才

坚持高精尖缺导向，培养一批具有国际水平的战略科技人才、科技领军人才、青年科技人才和创新团队，培养交通一线创新人才，支持各领域各学科人才进入交通相关产业行业。推进交通高端智库建设，完善专家工作体系。

（二）打造素质优良的交通劳动者大军

弘扬劳模精神和工匠精神，造就一支素质优良的知识型、技能型、创新型劳动者大军。大力培养支撑中国制造、中国创造的交通技术技能人才队伍，构建适应交通发展需要的现代职业教育体系。

(三)建设高素质专业化交通干部队伍

落实建设高素质专业化干部队伍要求,打造一支忠诚干净担当的高素质干部队伍。注重专业能力培养,增强干部队伍适应现代综合交通运输发展要求的能力。加强优秀年轻干部队伍建设,加强国际交通组织人才培养。

九、完善治理体系,提升治理能力

(一)深化行业改革

完善综合交通法规体系,推动重点领域法律法规制定修订。不断深化铁路、公路、航道、空域管理体制改革,建立健全适应综合交通一体化发展的体制机制。推动国家铁路企业股份制改造、邮政企业混合所有制改革,支持民营企业健康发展。统筹制定交通发展战略、规划和政策,加快建设现代化综合交通体系。强化规划协同,实现"多规合一""多规融合"。

(二)优化营商环境

健全市场治理规则,深入推进简政放权,破除区域壁垒,防止市场垄断,完善运输价格形成机制,构建统一开放、竞争有序的现代交通市场体系。全面实施市场准入负面清单制度,构建以信用为基础的新型监管机制。

(三)扩大社会参与

健全公共决策机制,实行依法决策、民主决策。鼓励交通行业组织积极参与行业治理,引导社会组织依法自治、规范自律,拓宽公众参与交通治理渠道。推动政府信息公开,建立健全公共监督机制。

第四章 交通强国基础体系建设

第一节 交通基础设施体系建设

一、交通基础设施体系内涵

交通基础设施体系是由铁路、公路、水运、民航、管道和邮政等不同交通运输方式基础设施构成的综合交通网络。

(一)铁路基础设施

铁路基础设施主要包括运输基础设施和运输安全技术设备。其中,运输基础设施有线路(路基、桥隧建筑物、轨道)、车站、信号设备、通信设备等;运输安全技术设备包括安全监控设备、检测设备、自然灾害预报与防治设备、事故救援设备等。

(二)公路基础设施

公路基础设施主要包括运输基础设施和交通设施。其中,运输基础设施包括线路(路基、路面、桥梁、隧道等)、场站、枢纽(客运枢纽、货运枢纽、综合性枢纽等)、附属设施(加油站、充电桩、加气站、服务区、边坡等);交通设施是指为保障行车、行人安全,充分发挥道路功能,在道路沿线设置的各种设施,包括交通标志、标线、人行天桥、人行地道、护栏、护柱、分隔设施、防眩屏、照明设备、公交停靠站等。

(三)水运基础设施

水路基础设施是由船舶、航道、港口、通信、导航等基础设施和服务设施组成的。其中,港口是水路运输系统中最为重要的基础设施,一般含有航道、港地、锚地、码头、仓库货场、后方运输设备、修理设备和必要的管理及服务机构等。

(四)民航基础设施

民航基础设施主要包括机场基础设施和空中交通管制设施两部分。机场基础设施包含应急消防救援设施、机场保安设施、航空货运区、机务维护设施、地面服务设施及交通系统等。机场分为空侧和陆侧两大主体。空侧包括跑道、滑行道、停机坪、货运区等及相邻地区和建筑物等;陆侧则是为航空运输提供客运、货运及邮运服务的区域。空中交通管制设施指提供管制服务使用的设施、设备,应当按规定经民用航空局批准后使用,主要包括地空通信设施、航空固定通信设施、导航设施、监视设施和民用航空气象监视台站等。

（五）管道基础设施

管道基础设施主要分为输油管道、输气管道和固体浆料管道基础设施。输油管道基础设施包括输油站（首站、末站和中间泵站）和管线，管线由管道、沿线阀室、穿越山河（山谷）等的设施和管道阴极防腐设施等组成。输气管道基础设施主要由矿场集气管网、干线输气管道（网）、城市配气管网以及与此相关的站、场等设备组成。固体浆料管道基础设施可分为浆液制备厂、输送管道、浆液后处理系统三个组成部分。长距离管道基础设施还含有供电和通信设施。

（六）邮政基础设施

邮政基础设施是指邮政通信专用的设施。包括邮政企业为方便群众使用而设置的分支机构、邮亭、报刊亭、邮筒、流动服务车辆、摊点、城市居民楼住户信报箱以及车站、机场、港口和宾馆内的邮政业务场所与作业通道等公共设施。

二、交通基础设施体系建设现状

截至2019年底，铁路、公路、水路、民航基础设施多项指标位居世界前列，交通基础设施网络基本形成。

（一）基础设施体系建设成就

截至2019年底，"五纵五横"综合运输大通道已基本贯通，快速铁路网、高速公路网基本形成，城际铁路建设稳步推进，东、西、中、东北"四大板块"之间已实现高速铁路连接，区域发展渐趋协调。

铁路营业总里程已近14万公里，比1949年增长了5倍多，全国铁路路网密度已超过145公里/万平方公里。高铁通车里程达3.5万公里，位居世界第一。高铁服务覆盖大部分省份，中西部铁路网密度逐步扩大，"四纵四横"主骨架基本形成。

公路通车总里程已超过500万公里，是1949年的60多倍，公路密度已达到52.21公里/百平方公里，公路养护里程近500万公里，占公路总里程98.8%，公路网的通达程度稳步提升。高速公路里程近15万公里，已基本覆盖全国20万人口以上城市，居世界第一。农村公路里程突破420万公里，农村公路基本覆盖所有乡镇和建制村。干支衔接、布局合理、四通八达的公路网已初步形成。

水运基础设施网络布局日臻完善，内河通航航道总里程已达12.7万公里，是新中国成立初期的1.7倍。其中，等级以上的航道有6.67万公里，占总里程的52.4%，航道质量显著改善。全国拥有生产性的码头泊位22893个，是1949年的148.6倍，万吨以上的码头有2520个，港口占据世界前十名中的七个。"两横一纵两网十八线"的内河航道，为沿河区域发展起到了重要纽带作用。

民航事业飞速发展，已建成定期航班通航机场237个，颁证民用航空机场238个，合理布局、层次分明、安全高效的机场体系已初步形成。年旅客吞吐量达到100万人次以上的通航机场有 106 个,四通八达、干支结合、连通全球的航空运输网也已逐渐完善。

管道运输能力大幅提升,输油(气)管道里程已由 1978 年的 0.8 万公里增加至 2017 年的 13 万公里。中缅天然气管道、海上战略通道——唐山 LNG、兰郑长成品油管道等多条油气管道建成投产,我国油气管网格局已初步形成。

邮政体系基本建成,全国共有营业网点 31.9 万处,快递服务营业网点 21 万处,全国拥有邮政信筒信箱 11.9 万个,全国拥有邮政报刊亭总数 1.3 万处。其中,农村各类营业网点 10.5 万处,农村快递服务营业网点 6.5 万处,基本实现"乡乡设所、村村通邮"。

(二)基础设施体系建设存在的问题

从交通基础设施建设规模与指标上看,我国已成为交通基础设施大国,但并不是交通基础设施强国。根据世界经济论坛《2017—2018 年全球竞争力报告》中世界各国的交通基础设施评价与排名,我国交通基础设施排名第 47,也在一定程度表明我国交通基础设施大而不强,存在不少问题。

一是区域发展不均衡,运输结构问题突出。当前,我国交通基础设施区域发展不平衡,既存在运能紧张,重点路段通行能力不足情况,也存在国家规划外,区域交通基础设施规划超前和利用不足现象。从整体看,我国交通基础设施空间布局东密西疏,西部地区存在较严重的短板,发展不均衡状况明显。同时,各种交通运输方式基础设施的统筹规划不够,未有效统筹铁路、公路、水运、民航、管道和邮政等多种交通运输方式,形成合力。缺少针对多种交通运输方式基础设施的综合性的建设时机研判和效益评估,基础设施利用率与实际效益偏低,不同交通运输方式基础设施建设标准存在差异,一定程度上增加了统筹规划与资金预算困难,影响基础设施体系建设的绿色可持续发展。

二是城市群发展问题频发。作为带动区域经济发展的重要增长极,城市群打破了行政划分的壁垒,实现了技术、信息、人才等要素在更广范围内的有序流动,提高了资源组合配置的效率和效益,在推动我国区域协调发展、参与国际竞争与合作的过程中,发挥重要作用。但从总体上看,我国城市群在不同城市间、城市内部不同交通方式间出行方式较为独立,城市群综合交通网络体系不够健全。轨道交通建设的滞后,阻碍了群内要素的正常流动,产生不合理的城镇体系结构和职能结构,没有形成综合交通网络的有机整体,尚未实现不同交通方式间的互联互通。城市群内各城市发展缺乏合理的协调机制和分工协作机制,中心城市辐射带动作用不明显,亟待完善跨区域的资源优化组合制度。部分城市群联系不紧密,交通信息沟通不顺畅,尚未形成合理的信息共享机制,一定程度上制约和影响了城市群区域内的协调发展。这些问题制约了城市群交通网的便捷顺畅发展。

三是农村交通基础设施发展不足。农村公路设计体系不健全,缺少发展规划,规模粗放型模式仍未彻底扭转。部分地区对农村公路养护投入不足且缺乏稳定性,大面积农村公路失养缺养,导致部分地区农村客运"通返不通"的现象频繁发生。部分县、乡级政府保障能力不足,缺人、缺机制、缺技术问题亟待解决。农村交通引领乡村振兴发展的服务水平仍需加强,与地方资源开发、产业发展的融合程度还有待进一步提升,"交通运输+"特色农产品、生态旅游等新融合模式还有待进一步探索,吸引社会性资金参与建设的能力还有待进一步提高。农村交通延伸程度和网络化水平不够,革命老区、民族地区、边疆地区和垦区林区交通发展相对落后,需要聚焦发力。随着乡村振兴战略的实施,交通基础设施通自然村、通村通组的需求明显增加,一些人口聚居的自然村庄亟须解决通硬化路问题,农村群众"出行难"问题尚未完全解决,需要交通运输为全面建设社会主义现代化强国提供更有力的支撑。

四是不同运输方式衔接不够顺畅。客运枢纽衔接设施不完善,当前集多种对外运输方式为一体的综合客运枢纽相对较少,如高铁站与城市公交、长途客运衔接便利程度不高,大多枢纽站换乘时间为 10~30 分钟。由于各种运输方式缺乏统一的布局和规划,且不同方式之间的管理机制、运营模式等各不相同,已建成的综合枢纽不同程度存在因体制分割带来的换乘不衔接现象,枢纽内各运输方式的布局不合理,方式之间联络不顺畅,乘客换乘次数较多、换乘时间较长等衔接问题较为普遍和突出,制约了综合客运枢纽的整体运行效率。货运枢纽集疏运条件不完善,港口集装箱多式联运的比例偏低,尤其长江沿岸港口实现铁水联运的比例很小。从沿海港口集装箱海铁联运情况看,目前我国主要港口集装箱海铁联运比例,远低于国外集装箱海铁联运平均比例。

三、交通基础设施体系发展目标与任务

为优化交通基础设施体系,打造交通基础设施强国,建设现代化高质量综合立体交通网络、构建便捷顺畅的城市(群)交通网、形成广覆盖的农村交通基础设施以及构筑多层级、一体化的综合交通枢纽体系刻不容缓。

(一)建设现代化高质量综合立体交通网络

1. 实现立体互联,增强系统弹性

1)统筹基础设施规划建设

交通运输是国家发展规划的重要支撑和保障基础,具有战略性、先导性和服务性的功能属性。这些本质属性,要求交通基础建设必须以国家发展规划为依据,从全社会、全行业的角度出发,审视交通运输体系的供给性和服务能力,打造高质量的综合立体交通网络,加强国际、国内区域间的交通运输联系,充分发挥交通基础设施的支撑和引领作用。

国土空间规划是国家空间发展的指南、可持续发展的空间蓝图,是各类开发保护建设活动的基本依据。交通规划作为领域专项规划之一,在国家发展规划的统领下,由交通运输部组织编制,与其他专项领域的空间需求综合平衡。详细规划要依据批准

的国土空间总体规划进行编制和修改。规划要遵循国土空间总体规划,不得违背总体规划强制性内容,其主要内容要纳入详细规划。

现阶段,我国交通基础设施发展的主要矛盾已经由"规模数量"转变为"质量效益"。新阶段要求从全运输方式共同满足社会运输需求的角度,统筹铁路、公路、水运、民航、管道、邮政等多种基础设施建设,综合考虑各种交通资源的组合供给,减少不同运输方式线网场站规划中的功能定位重叠和工程建设重复,避免造成投资浪费。同时,还要考虑到综合交通网络融合带来的系统效率提升。综合交通基础设施网络一体化发展后,全国交通运输能力将得到进一步释放和提升,势必会影响交通基础设施的规模需求。

2) 完善多层次网络布局

完善多层次网络布局,需要在统筹铁路、公路、水路、民航各种基础设施规模、布局与结构的基础上,充分发挥各种运输方式的比较优势和提高综合交通网络的组合效率。以环渤海、长三角、珠三角等世界级城市群为中心,以多种高效交通运输网络为基础,构建一张建设有序、层级合理、衔接高效、互联互通的海陆空骨架网络,实现"点""网"间的高效连接。

打造以高铁、高速公路、民航为主的快速网,以普通铁路、普通国道、航道和油气管线为主的干线网,以普通的省道、农村公路、支线铁路、支线航道、通用航空为主的基础网。深度优化网络结构,把握合理超前规模,充分发挥快速网高品质、速度快,干线网运行效率高、服务能力强,基础网覆盖空间大、通达程度深、惠及面广等特点,构建分工合理、功能互补、高效一体的多层次交通运输网络。

3) 优化存量资源配置,扩大优质增量供给

从发展条件看,交通运输发展面临的土地、资源、环境等刚性约束逐步增大,劳动力成本明显上升,融资难问题日益凸显。这就要求我们坚持供给侧结构性改革,充分发挥市场在资源配置上的决定性作用,盘活存量资产,用存量换增量,以资产换资本。例如,合规有序利用PPP模式推进交通基础设施建设;鼓励收费公路企业通过资产重组、债转股、并购、上市等方式,做大做强企业的整体实力,提高企业资信级别;大力推进交通与旅游、物流、互联网、新能源、金融等其他产业融合发展,以新的产业形态来盘活存量收费公路资产。

从国际经验看,世界交通强国都是走高质量发展路线,普遍比较重视交通运输基础设施的投入和效益。相比而言,我国高速公路的建设成本和服务水平仍有一定的差距,基础设施竞争力偏低。另外,世界交通强国也比较重视交通运输网络的可持续发展,通过优化综合运输体系,发展多式联运,节约公共交通资源,提高资源利用效率,走高效可持续发展路线。长远来看,交通运输行业的高效可持续发展,是我国从交通大国走向交通强国的必由之路。

4) 增强系统弹性

国家综合立体交通网将是我国交通基础设施最高层次的空间网络,是综合交通运输体系的基础。包括铁路、公路、水运、民航、管道等各种运输方式的主要通道和节点,

是一张布局完善、规模合理、结构优化、资源集约、衔接高效、互联互通的海陆空骨架网络。在网络内,不同交通运输方式分工明确、定位准确,宜铁则铁、宜公则公、宜水则水、宜空则空,立体互联,多"网"融合。

综合立体交通网络的优点,不仅体现在网络的连通性和衔接性,更体现在网络整体效能的最大化发挥。不同交通运输方式优缺点相互补充,更充分地体现出各自的可选择性和性价比,让用户有更多的选择和更好的体验。而且,综合立体交通网络将会表现出更健全的平稳运行和突发事件下的快速恢复能力,网络内各交通运输方式之间及内部互为平衡备份,大大加强交通运输网络的安全稳定性和抗冲击弹性。

2. 形成区域交通协调发展新格局

1)强化西部地区补短板

近年来,我国西部地区基础设施补短板力度不断加大,一些重大项目的建设,为经济社会发展奠定了良好基础,为国民经济增长做出了积极贡献。但与东部发达地区相比,仍有不小的差距。基础设施覆盖深度不够、资源匮乏、利用率不高等问题,仍然在桎梏西部地区的社会发展。未来,西部地区要抓好基础设施建设的机遇窗口期,按照供给侧结构性改革思路,加进补齐交通基础设施短板。在铁路、公路领域,继续优化路网结构,拓展覆盖深度,建设规模合理、标准适度的铁路网,建设内联外通、安全可靠的公路网;在水运领域,因地制宜地建设内河航道,合理加强码头和港航设备维护改造力度,防止盲目扩张和资源浪费;在航空领域,重点支持一批西部支线机场新建、迁建、改扩建项目,积极扩大西部地区航空运输覆盖范围。

2)推进东北地区提质改造

随着东北地区经济结构和产业布局的调整,原本较为完善的基础设施逐渐暴露出技术等级低、服务能力不足和保障系统薄弱等问题,必须继续提质改造。未来,东北地区基础设施应重点改造老旧铁路通道枢纽,提升老旧铁路运行速度和运力;对低等级国省干线公路进行扩能改造和服务升级,提高沿边农村公路通达深度;提升水运航道承载能力和设施等级,支持高等级航道建设;加快通用机场建设和空域管理体制改革,切实提高服务能力和保障水平,以实干担当为东北振兴当好先行。

3)推动中部地区大通道大枢纽建设

中部地区具有承东启西、连接南北的地理优势,发展基础设施建设应立足区位优势,在既有综合运输网络基础上,优化布局,统筹构建横贯东西、纵贯南北、内畅外通的综合运输大通道,推动交通运输新旧动能转换。综合运输通道能力建设要与运输需求相适应并适度超前,通道应覆盖全国主要城市群和其他重要城市以及主要资源产地、消费地,顺畅衔接国家重要交通枢纽和口岸城市、交通干线与重要支线,做好综合运输通道对外衔接。大通道的运输组织不被地区和运输方式分割。综合运输大通道中,高速公路、干线铁路和内河高等级航道的能力紧张区段全部消除。

4)加速东部地区优化升级

东部地区人口密集、经济发达,交通运输需求量大且频繁,而且深受土地资源紧张、环保形势严峻等因素限制,面临着亟须优化升级的任务。东部地区交通基础发展,应大力推动东部地区城市群之间城际铁路网建设,将京津冀城市群、长江中游城市群、长三角城市群、珠三角城市群建成"轨道上的城市群",充分发挥铁路、水路、公路和航空的比较优势。利用东部地区的天然水路优势,大力提升长江、西江、京杭运河等干线航道运能,完善集疏运体系,实施重点港区铁路、高等级公路进港工程,打造以铁路、水路为主的绿色货运通道体系。

(二)构建便捷顺畅的城市(群)交通网

城市群的集聚和带动作用推动区域协调发展,并支撑我国参与国际竞争与合作的过程。未来将从建设城市群一体化交通网、开展城市综合交通体系规划、推动城市道路网互联互通、推动城市停车设施与配套设施建设和加强城市交通基础设施智能化建设等方面,进一步构建便捷顺畅的城市群交通网。

1.建设城市群一体化交通网

城市群发展的关键在于一体化。城市群一体化依托区域内城市之间基础设施和制度的衔接,促进资源要素在更大区域范围内的快速流动和优化配置,促进区域内各城市的分工协同,提高区域整体的生产率和均衡发展水平。城市群一体化程度越高,区域内部发展就越协调与均衡,城市群发展就越有活力与后劲。

为推动城市群的一体化发展,需加强城市群不同交通方式的协同发展,推进铁路网与轨道交通的有序衔接,形成完善的城市群公路网络布局。

1)推进城市群轨道交通网络发展

统筹考虑城市群轨道交通网络布局,构建多层次快速交通网,推动干线铁路、城际铁路、市域(郊)铁路、城市轨道交通"四网融合",实现运输组织的协同化、安全保障的综合化以及信息服务的智能化。

一是打造城市群轨道交通运营管理"一张网"。探索中心城市轨道交通适当向周边城市(镇)延伸,推动中心城市、周边城市(镇)、新城新区等轨道交通有效衔接,加快实现便捷换乘,更好适应通勤需求。

二是有序推进城际铁路和市域(郊)铁路建设。一方面,统筹布局城市群城际铁路线路和站点,完善城际铁路网络规划,有序推进城际铁路建设,充分利用普速铁路和高速铁路等提供城际列车服务。创新运输服务方式,提升城际铁路运输效率。另一方面,大力发展市域(郊)铁路,通过既有铁路补强、局部线路改扩建、站房站台改造等方式,优先利用既有资源开行市域(郊)列车;有序新建市域(郊)铁路,将市域(郊)铁路运营纳入城市公共交通系统。

三是智能信息驱动实现全链条一体化联动。对干线铁路、城际铁路、市域(郊)铁路和城市轨道在时间、空间、出行信息间进行多维度的感知、关联和转换,通过智能态势推演,实现城市群一体化系统装备与联动指挥。比如,未来的城市群一体化改变过去的票制分离的状况,通过一次全过程的行程规划购票,到车站自动生成二维码或视频识别的方式自动验票,实现全过程的行程自动规划和修改,以及最后票务的结算,实现全过程出行的便捷和高效。

2)完善城市群公路网络布局

一是构建多层级城市群快速公路主干道。增加城市群公路通道,提升城际公路的品质,加快构建高速公路、国省干线等城市群多层次公路网。首先,加快贯通城市群高速公路通道,服务城市群协同发展,加快推进城市群高速公路待贯通路段建设,确保城市群高速公路实现贯通。提升高速公路网络效率,加强高速公路主通道拥堵路段扩容改造,畅通城市群城际通道,疏通中心城市进出通道。其次,推进普通国省干线升级改造,拓展服务功能。加强城市群普通国省道干线低等级路段升级改造,推动干线公路服务升级,支持建设一批连接口岸、交通枢纽等的国省道项目,推动城市群普通国省道国境路段改造。

二是注重加强干线公路与城市道路有效衔接。干线公路与城市道路有效衔接,有助于实现城市群内外交通的畅通转换,提高整个路网的通行效率。首先,完善进出城道路网络布局。根据城市总体规划和国家、省级公路网规划,结合城市交通特性和需求,围绕促进城市综合交通体系和干线公路布局有机衔接,明确建设重点和时序。其次,升级改造重要拥堵节点。对于因交叉口设计不合理、与干线公路衔接的道路通行能力不匹配、上跨桥梁空间受限等原因造成的节点性拥堵,通过改善交叉口设计、拓宽城市道路、优化改造立交桥等方式进行疏解。再次,增设干线公路进出城出入口。按照多点承接、逐级消解的思路,适当增加进出城出入口密度,促进交通流量在路网上的均衡分布。最后,提高基础设施智能化水平。通过加快实施"互联网+"便捷交通行动,大幅提升道路设施、综合交通枢纽信息在线化水平,促进实现基础设施互联互通和开放共享。

2. 开展城市综合交通体系规划

开展城市综合交通体系规划是个系统工程,要在认识、尊重和顺应城市发展规律的基础上,科学制定并有序地推进。

1)认识和尊重城市发展规律

认识、尊重、顺应城市发展规律,必须把资源环境承载力作为城市发展的基本依据和刚性约束,人口规模和城市用地要匹配,与资源环境承载力相适应。总体而言,城市的发展重点有三个转变:城市发展的重点由传统的量的积累与速度提升转变为质的飞跃,注重框定总量、限定容量、盘活存量、做优增量、提高质量;由注重工业化转变为工业化和城镇化并重。工业化主要解决的是发展生产力的问题,城镇化则涉及经济、社会结构等生产关系的优化调整;由城市竞争转变为注重周边城市的合作共赢与优势互补。

正确认识城市的整体性、系统性和生长性,对于科学制定和实施城市综合交通体系规划尤为重要。整体性,从全局性、生态性和前瞻性的视角,完善基础设施配套,确定恰当的城市发展定位。系统性,强调城市建设是个有机系统。注重以人为本,重视居民感受和城市发展成效,建立长效性的考核机制和政策。生长性,侧重城市发展中各要素协调并进,注重社会化建设,传承相对完整的历史脉络,积极反哺农村的现代化建设。

2)推进城市综合交通体系规划

开展城市综合交通体系规划,需注重综合考虑城市的政治、经济、文化等功能,统筹安排按照不同用地功能的比例、不同用地功能在所在城市不同区域的布局及不同用地之间的关联性调整土地利用,实现城市用地功能布局的优化。

做好城市综合交通体系规划要注意以下几方面:

一是多规融合,做好规划衔接。城市综合交通体系规划与城市总体规划同步编制;围绕"一张图",做好多规融合;指导分区规划、控制性详细规划和专项规划方案的落实,为制定城市交通政策提供依据。二是注重以人为核心的规划理念。从规划理念到规划方案,再到实施方案,全周期、全过程体现以人为核心,满足不同阶层群体的活动需求,杜绝"以车为本",避免采用工程思维编制规划,应对更为复杂的利益诉求。三是加强规划实施、评估和滚动编制。将规划实施评估纳入规定程序,明确实施评估的时限、方法、内容和资料收集等要求;建立规划动态更新机制,设立固定年限,开展规划评估和更新工作。

3. 推动城市道路网互联互通

增强城市公共基础设施建设的前瞻性、科学性,加快推进交通基础设施建设,提升城市道路网的通达性,提高城市道路网络互通互联水平,能让居民出行更加方便快捷。

1)建设城市公共交通体系

公共交通承载量大,布局紧密,是城市交通的骨干网络,推动公共交通设施体系建设,有助于更好地保障居民日常出行。从建设公共交通设施体系、优化公交传统线网结构、促进公共交通不同出行方式融合发展和完善慢行交通系统四个方面,建设城市公共交通体系。

建设公共交通设施体系。完善公共交通基础设施建设。科学调度车辆投放,促进新能源公交车辆运行与升级,能源结构更加合理。加强公交首末站、枢纽站、停靠站、智能站牌、新能源充电桩、智能车载系统等硬件设施建设。比如,未来在公交车上安装智能感知系统,能够识别驾驶人的行为,促进规范操作,减少事故。通过监控驾驶员眨眼频率、身体动作状况等,识别驾驶员是否是存在违规操作或疲劳驾驶,发出预警提醒。

优化公交传统线网结构。打造快速公交(BRT)和无轨电车网络,构筑以快速公交、主干线高密度公交为主体,以次线、支线、微循环线为辅助的公交服务体系。并制定定制公交、微循环、高峰巴士等个性化出行方式的升级措施,有效满足居民的个体化出行需求。

促进公共交通不同出行方式融合发展。强化轨道与其他公共交通出行方式的衔接。我国城市人口规模和人口密度庞大,交通需求强度高。国内外发展经验表明,缓解人口密集程度高的地区交通拥堵的关键,是构建以轨道交通为骨干网络的综合交通系统。因此,公共交通发展进程中,进一步强化 TOD 理念,推动轨道交通与常规公交、自行车等交通出行方式的衔接与一体化开发,缩短候车、换乘等换乘时间,提升公共交通服务水平。

完善慢行交通系统。慢行交通主要包括非机动车交通与步行交通。近年来,国家和相关城市陆续出台指引与细则,提升慢行交通发展。

完善非机动车交通系统,提高非机动车服务水平,具体包括:中央和市级部门支持非机动车基础设施建设;将非机动车规划纳入国家综合交通规划和绿色城市建设规划;基于骑行者优先理念进行环境治理和街区设计;打造安全、舒适、连续的骑行环境;统筹管理公共自行车和共享单车。

提供高品质步行系统,打造安全、温馨、便捷的城市步行环境,具体包括:制定分类步行交通系统规划设计规范,并纳入国家有关城市规划体系;城市内部重视独立设置绿道,建设舒适的步行系统;形成安全、连续、舒适的步行通道设施,重视出行"最后一公里"的绿色交通衔接。

2)提升城市道路网通达性

一是确定合理的城市道路网级配。坚持规划引领,根据城市规模、区位条件、空间布局和产业规划,综合考虑路网结构、交通方式、运输需求和建设条件等因素,合理布局城市道路网络,促进形成快速路、主干路、次干路、支路级配合理、布局均衡的路网体系,解决支小路等短板问题,与城市发展需求匹配。

二是打通道路微循环。实施"断头路"畅通工程和"瓶颈路"拓宽工程。全面摸排城市群内各类"断头路"和"瓶颈路",加快打通"断头路",提升路网联通程度;推进"瓶颈路"改造扩容,畅通交界地区公路联系,全面取缔跨行政区道路非法设置限高、限宽等路障设施,优化道路微循环系统。优化道路断面,合理分配路权,减少交通运行的冲突点、矛盾点,达到"以质促畅"的功效。

三是加强无障碍设施建设。对新建或改扩建的客运站、轨道交通车站等场站,实现无障碍设施全覆盖,引导辅助服务覆盖率有效提升;鼓励具备条件的城市新增公交车辆优先选择低地板公交车,500万人口以上城市新增公交车辆全部实现低地板化。鼓励推广应用无障碍出行新技术、新设备,提升服务水平,实现覆盖全面、无缝衔接、安全舒适的无障碍出行服务体系基本建成,充分满足老年人、残疾人出行需要。

4. 推动城市停车设施与配套设施建设

停车设施供给不足日益凸显和配套设施建设滞后,严重影响着居民的日常出行。有序开展城市停车设施与保障配套设施建设,是提升居民出行效率,提升城市出行品质的有效举措。

合理配置停车设施,有助于提高空间利用效率,促进土地节约集约利用。未来对于停车设施的建设应注重以下方面:

一是加快城市公共停车场建设。鼓励社会资本参与,以居住区、大型综合交通枢纽、城市轨道交通外围站点、医院、学校、旅游景区等为重点地区,增建公共停车场。二是分层规划停车设施。利用地上空间建设停车楼、地下停车场、机械式立体停车库等集约化停车设施情况。充分结合城市地下空间规划,在城市道路、广场、学校操场、公园绿地以及公交场站、垃圾站等公共设施地下布局公共停车场,推进建设用地的多功能立体开发和复合利用,逐步缓解停车难问题。三是加强停车位共享。多个职能部门合作,建立汽车停车数据应用程序实现数据共享,将城市行政区划内配建的停车场、道路停车实时信息全部接入统一平台,为无处停车的用户和停车位闲置客户提供查找空闲停车位、引导停车和结算服务,实现双赢,最大程度减少车位浪费。四是注重新能源与公交站点设施建设。注重加强充电站、充电桩、加氢站、燃气汽车加气站等配套基础设施建设,并完善公交站点的指示牌、候车亭和首末站的停车、配电、排水、消防、通信等设施布局。

5. 加强城市交通基础设施智能化建设

当前正在探索的车联网、自动驾驶等技术,对交通基础设施智能化提出了新的要求。关于推进城市交通基础设施智能化建设,具体从如下方面着手:

一是通过智能化手段建立集约化综合交通网络。以智能化技术、现代管理与决策支持技术为支撑,在各种不同运输方式中,实现信息采集、传输、处理和共享,构建统一的综合运输管理决策与服务平台,把原来相互独立的不同运输方式整合成一个集约化运载网络,建立闭环的全方位交通态势及分析研判系统,实现综合运输效率最大化。二是推进交通工程智能建设和管理。围绕铁路、公路、港口、机场工程,积极推进智能建造。积极应用创新成果,实现基础设施资产数字化动态管理。通过智能监测传感网,实现设施安全状态综合感知、分析及预警功能。加快云计算、大数据等技术在基础设施养护决策、网络运行监测、应急调度指挥的集成创新与应用。建设与智能、绿色载运工具协同的新一代交通基础设施,提升交通基础设施的智能化水平。

(三)形成广覆盖的农村交通基础设施

经过多年努力,我国农村已基本实现具备条件的乡镇和建制村通硬化路、铁路网基本覆盖县级以上行政区域、村村通邮,基础设施面貌得到了明显改善。当然,农村交通基础设施仍然存在不少短板。下一步,需要全面推进"四好农村路"建设,促进交通与农村资源、产业融合,以交通便利促进乡村振兴,推动开发性铁路、通用机场、农村邮政等基础设施建设,构建覆盖广泛、功能互补的基础设施体系。

1. 全面推进"四好农村路"建设

以推动"四好农村路"高质量发展为主题,以深化供给侧结构性改革为主线,以实施补短板、促发展、助增收、提服务、强管养、重示范、夯基础、保安全"八大工程"为重点,聚焦突出问题,加快农村公路从规模速度型向质量效益型转变,有力支撑交通强国建设。到 2025 年,农村交通条件和出行环境要得到根本改善。到 2035 年,城乡公路交通服务均等化要基本实现。到2050年,农村交通要更加安全便捷、智能高效、绿色低碳。

1)加快实施通村组硬化路建设

加快补齐农村交通供给短板,向边远地区聚焦发力,重点解决通硬化路、通客车等问题。加大农村公路"油返砂"和"畅返不畅"整治力度。加大通客车不达标路段的建设改造力度,因地制宜推动农村公路加宽改造,完善安保设施。加快推进撤并建制村、抵边自然村、云南"直过民族"和沿边地区20户以上自然村通硬化路建设。

2)建立规范化可持续管护机制

加快推进农村公路建设和管养体制改革,建立管养长效机制,重点解决重建轻养、资金不足、机制不健全等问题。加快形成权责清晰、齐抓共管、高效运转的管理机制和以各级公共财政投入为主、多渠道筹措为辅的资金保障机制。强化责任落实,定期开展绩效考核,建立考核结果与财政资金安排相挂钩的考核机制。建立专群结合养护运行机制,分类有序推进农村公路养护工程市场化改,积极探索开展农村公路灾毁保险。

2. 促进交通与农村资源、产业融合

促进交通建设与农村地区资源开发、产业发展有机融合,加强特色农产品优势区与旅游资源富集区交通建设。

一是推进"农村公路+产业"融合发展,与旅游、产业发展规划有效衔接,优先改善自然人文、少数民族特色村寨和风情小镇等旅游景点景区交通设施,加快通往主要产业经济节点公路建设。结合村庄布局调整,分类推进自然村组通公路建设,更多地向进村入户倾斜。鼓励将农村公路与产业、园区、乡村旅游等经营性项目实行一体化开发。鼓励农村公路在适宜位置增设服务设施,拓展路域旅游服务功能。推动五大重点国有林区和西南西北国有林区林下经济节点连通公路建设,促进国有林区林下经济发展。

二是推进"交通+电商快递"扶贫工程,整合交通、邮政、供销、电商等资源,推进农村物流配送体系建设,畅通农产品销售、生产资料和生活消费品下乡的农村物流服务体系。推动邮政与快递、交通运输企业在农村扩展合作范围、合作领域和服务内容。

3. 以交通便利促进乡村振兴

1)大力推进革命老区、民族地区、边疆地区、垦区林区交通发展,实现以交通便利促进乡村振兴

一是提升乡村地区农村运输服务水平。继续推进县城老旧客运站改造和乡镇运输服务站建设,鼓励建设具有农村客运、物流、邮政、供销等服务功能的乡镇运输服务站。创新农村客运和农村物流发展模式,推动完善农村物流配送体系,进一步扩大农村运输覆盖范围。

二是改善乡村地区水运基础设施。继续加快嘉陵江、赣江、汉江、乌江等沿江地区航道建设,大力改善乡村地区航道通航条件。稳步推进鸭绿江、图们江航道码头工程建设。推进乡村地区库湖区航道建设。

三是推进国有林区林下经济节点连通公路建设,增强国有林区自我发展能力。支持五大重点国有林区和西南西北国有林区旅游路、产业路建设约4000公里。

四是推动红色旅游公路建设。支持全国红色旅游经典景区景点通公路,支持"重走长征路"红色旅游景区景点连通农村公路建设。

2)深度贫困地区交通建设项目尽量向进村入户倾斜

创新通自然村(组)路建设投融资模式,用好涉农资金整合使用政策,拓宽资金渠道。统筹用好地方各级财政资金、一般债券、乡村集体经济收入等各类资金。采取社会捐助、群众筹集等方式多元化筹集资金,支持通自然村(组)路建设。争取金融机构依法依规加大金融倾斜支持力度,鼓励与产业、园区、乡村旅游等经营性项目一体化开发建设。中央车购税资金将采取投资补助和"以奖代补"形式,倾斜支持通自然村(组)路建设。

4.推动开发性铁路、通用机场、农村邮政等基础设施建设

1)推动资源丰富和人口相对密集边远地区开发性铁路建设

加快革命老区、边远地区等国家扶贫攻坚主战场铁路连通线建设,以铁路畅通促进人员、物资流动及旅游业开发,支撑国家乡村振兴战略的顺利实施。

在资源富集区建设疏港型、园区型支线铁路,构建多式联运的现代化铁路集疏运系统,统筹规划铁路物流基地,完善现代化仓储,健全末端配送服务设施,提高物流作业效率。配套建设公路分拨设施,加强公铁衔接。开行班列的铁路物流基地配套整列到发条件。

2)在有条件的地区推进具备旅游、农业作业、应急救援等功能的通用机场建设

持续推进枢纽机场基础设施建设,接近终端容量且有条件的城市研究建设第二机场。加快通用机场建设,鼓励非枢纽机场增加通用航空设施。在距离最近的民用运输机场直线距离100公里以上的偏远地区、地面交通不便地区布局通用机场,为人民群众提供"飞得到、坐得起、用得上"的交通出行服务;在国家布局的城市群中的主要城市,选择综合性医院布局通用机场,优先在大城市群逐步构建30分钟通用航空医疗救助网络;支持重点产业集聚区以及农产品主产区、重点国有林区等地区根据产业发展实际和通用航空服务需要,优化以工农林生产作业为主的通用机场布局;鼓励政策性、开发性金融机构对通用机场建设提供多样化的金融服务和融资支持,拓宽融资渠道,降低企业融资成本。

3)加强农村邮政等基础设施建设

统筹推动农村客运站点和物流配送网络建设。加快完善县、乡、村三级农村物流基础设施末端网络,推动县级仓储配送中心、乡镇物流服务站、村级物流服务点、农村物流快递公共取送点等建设。

因地制宜做好农村物流发展规划,分步有序实施。推动农村重要经济和产业节点对外快速通道建设,强化对外物流运输能力,加快构建农村物流基础设施骨干网络。推动县级仓储配送中心、乡镇物流服务站、村级物流服务点、农村物流快递公共取送点

等建设,加快完善农村物流基础设施末端网络,打通农村物流"最后一公里"。鼓励交通运输、商贸、供销、邮政、农业等服务设施的综合使用,拓展完善农村客运站场的物流服务功能,推广"多站合一、资源共享"的乡村综合服务站模式,鼓励有条件的地区建设面向农村地区的共同配送中心。依托农村客运积极推广农村小件快运等服务模式和基于信息技术的农村物流集约配送组织模式,推动邮政寄送、电商快递、冷链运输等农村物流发展。

(四)构筑多层级、一体化的综合交通枢纽体系

多层级、一体化的综合交通枢纽体系枢纽节点功能完善、运输服务一体高效,将为统筹推进综合运输通道建设,不断提高交通运输效率提供保障。

1. 构筑多层级的综合交通枢纽体系

以支撑国家战略实施、适应未来客货运运输需求为目标,以集约节约利用资源为原则,依托京津冀、长三角、粤港澳大湾区等世界级城市群,打造具有世界竞争力的国际海港枢纽、国际航空枢纽和国际邮政快递核心枢纽,并推进全国性、区域性综合交通枢纽建设,统筹区域城市布局,打造成分工协作、功能互补的铁路枢纽、机场群和港口群。

(1)国际性综合交通枢纽

重点打造北京—天津、上海、广州—深圳、成都—重庆国际性综合交通枢纽,建设昆明、乌鲁木齐、哈尔滨、西安、郑州、武汉、大连、厦门等国际性综合交通枢纽。注重强化国际性综合交通枢纽的人员往来、物流集散、中转服务等综合服务功能,可采取多机场、多铁路车站的组合布局模式,通过便捷、直达、大能力的运输通道,实现各个场、站间的高效连接。

(2)全国性综合交通枢纽

全面提升长春、沈阳、石家庄、青岛、济南、南京、合肥、杭州、宁波、福州、海口、太原、长沙、南昌—九江、贵阳、南宁、兰州、呼和浩特、银川、西宁、拉萨、秦皇岛—唐山、连云港、徐州、湛江、大同等综合交通枢纽功能,提升部分重要枢纽的国际服务功能。着力推进烟台、潍坊、齐齐哈尔、吉林、营口、邯郸、包头、通辽、榆林、宝鸡、泉州、喀什、库尔勒、赣州、上饶、蚌埠、芜湖、洛阳、商丘、无锡、温州、金华—义乌、宜昌、襄阳、岳阳、怀化、泸州—宜宾、攀枝花、酒泉—嘉峪关、格尔木、大理、曲靖、遵义、桂林、柳州、汕头、三亚等综合交通枢纽建设。着重优化全国性综合交通枢纽的中转设施和集疏运网络,促进各种运输方式协调高效,扩大辐射范围。从长期看,做好多机场、多铁路车站布局的预留。

(3)区域性综合交通枢纽

推进丹东、珲春、绥芬河、黑河、满洲里、二连浩特、甘其毛都、策克、巴克图、吉木乃、阿拉山口、霍尔果斯、吐尔尕特、红其拉甫、樟木、亚东、瑞丽、磨憨、河口、龙邦、凭祥、东兴等沿边重要口岸枢纽建设。加强提升区域性综合交通枢纽对于周边地区的辐

射带动能力,加强综合运输大通道和全国性综合交通枢纽的支撑,可以采取单机场、多铁路站的发展模式。

2. 打造综合交通枢纽规划设计的一体化

科学规划设计一体化综合枢纽,完善枢纽站场的换乘换装设施和集疏运系统,推进枢纽内多种运输方式一体化设计、同步建设、协同管理,加强各种运输方式之间、对外交通与城市交通之间的高效衔接,强化枢纽站场之间快速连通,实现枢纽衔接一体、运转高效,进而实现客运"零距离换乘"、货运"无缝化衔接"。

针对客运枢纽,按照零距离换乘要求进行一体化规划设计,推动中转换乘信息互联共享和交通导向标识连续、一致、明晰,积极引导立体换乘、同台换乘。推动发展高铁车站与重要枢纽机场的零距离换乘和一体化服务,构建具有中国特色的"民航+高铁"的快捷交通运输服务模式。完善运输服务组织,打破民航与其他交通方式的信息和服务边界,率先实现航空与城市轨道、高铁等交通方式的无缝隙、零换乘,实现综合运输服务一体化发展。

针对货运枢纽,按照无缝衔接要求,优化货运枢纽布局,推进多式联运型和干支衔接型货运枢纽(物流园区)建设,加快推进一批铁路物流基地、港口物流枢纽、航空转运中心、快递物流园区等规划建设和设施改造,提升口岸枢纽货运服务功能,鼓励发展内陆港。同时,推进多式联运基础设施设备建设。加快推进港口、铁路、公路和货运站场、运输装备、装卸设施等多式联运设施设备建设,推进铁路装卸线向港口码头延伸,推进"港站一体化",实现铁路货运站场与港口码头无缝衔接。

3. 大力发展枢纽经济

发展枢纽经济有助于促进交通、产业和城市融合发展,为城市经济提供新动能。发展枢纽经济本质上是以交通枢纽建设为切入点,以完善的现代综合交通运输体系为依托,以高效优质的枢纽经济服务平台建设为推手,以交通枢纽偏好型产业集聚为动能,着力提升产业集聚辐射能级,优化城镇空间格局。

一是强化促进枢纽经济发展的顶层设计。建议在国家层面研究出台枢纽经济发展指导意见,在地方层面研究编制城市枢纽经济发展规划。并在国际性、全国性和区域性综合交通枢纽城市中选择代表性城市,开展试点示范,总结经验并做好推广工作。

二是把握规律,处理好市场和政府的关系。使市场在资源配置中起决定性作用,由市场主体搭建枢纽经济服务平台,运用市场规律加速交通枢纽偏好型产业集聚;更好发挥政府"有形"之手的作用,全面实施政府管理、招商引资、重大项目投融资模式创新,拓展强化综合交通枢纽的经济功能,宏观把控交通、产业和城市的关系。

三是统筹协调枢纽经济与城市总体规划。同一城市可能存在多个枢纽功能型城市区,需要强化城市发展的整体性和协调性。同时注重完善教育、娱乐、创新等城市功能,打造绿色智慧宜居的发展环境。

四是制定差异化政策推动城市错位发展。不同城市结合自身发展实际,因城施策,研究制定切合城市发展实际和目标的差异化政策,包括财政扶持、税收优惠、体制创新和土地保障等一系列支持政策。并充分发挥自身比较优势,加强与毗邻城市联动互补,实现错位发展。

第二节 交通装备体系建设

交通装备体系建设是"交通强国"建设的重要组成部分。我国交通运输行业瞄准国际交通科技发展前沿,突破了一批重点交通装备的关键技术,为我国交通装备体系的发展奠定了基础,为交通强国建设提供了支撑。

一、交通装备体系内涵

"交通装备"是指载运工具和在交通基础设施建设、运输生产过程中使用的特种装备。"体系"是指若干有关事物或某些意识互相联系而构成的一个整体,泛指一定范围内或同类的事物按照一定的秩序和内部联系组合而成的整体。载运工具、特种装备、装备技术升级共同组成"交通装备体系",载运工具和特种装备是其物质技术基础,装备技术升级是其发展理念和目标方向。

(一)载运工具

载运工具,又叫运输工具、运输装备,是用来改变运输对象空间位置的交通装备。按照运输方式主要划分为轨道载运工具、道路载运工具、水路载运工具、航空载运工具、其他载运工具等。轨道载运工具是指沿固定的轨道行驶,由电力、内燃机或蒸汽作动力的载运工具;道路载运工具是指利用汽油、柴油、电或其他能源作动力,通过轮胎在各种道路上行驶的载运工具;水路载运工具是指利用螺旋桨、喷射水流在水中的推力而在水上行驶的载运工具;航空载运工具是指利用螺旋桨或高速喷射气流在空气中的推力而在空中航行的载运工具;其他载运工具是指各种液体或气体输送管道、索道缆车、行人自动步道、皮带输送机等。

各类载运工具拥有不同的使用性能,我们希望其具有以下性能:高效、经济、安全、绿色、舒适等。然而,这些性能不可能都完美地体现在某一种载运工具上。不同的载运工具,其送达速度、运输成本、能源消耗、运输的通用性与机动性等也存在差异。

(二)特种装备

交通装备体系中的"特种装备",是指在交通基础设施建设、运输生产工作中使用的工程机械装备。主要包括在交通基础设备建设中用于推进隧道工程、整跨吊运安装设备等的工程机械装备,在水域作业中使用的水下机器人、深潜水装备、大型溢油回收船、大型深远海多功能救助船等新型装备等。

水域作业新型装备主要包括水域作业中使用的水下机器人、深潜水装备、大型溢油回收船、大型深远海多功能救助船等新型装备等。水下机器人是一种具有智能功能的水下潜器,国内外专家学者根据其智能化程度和使用需求。深潜水装备是在指在深海勘查作业中用到的装备,潜水器装备体系包括载人潜水器、无人缆控潜水器和无人遥控潜水器等。大型溢油回收船是溢油回收的专用船舶,是溢油污染事故有效控制和快速处置的重要工具,主要实现水上溢油应急指挥、围控、回收和储存等功能,可实现最短时间内迅速赶到溢油污染事故现场,并进行不同黏度和不同厚度的溢油、漂浮垃圾的高效回收和临时储存,具有良好的操纵性和高效的污染物回收效率。大型深远海多功能救助船是指深远海多功能综合立体救助保障船,可在深水海域特殊海况环境,满足独自承担深水应急救助作业需要,承担水域遇险人员、船舶和航空器救助任务的新型装备。

二、交通装备体系建设现状

新中国成立初期,我国载运工具主要是人力和畜力车及木帆船等。改革开放后,我国交通装备数量少、型号老、状况差等情况逐步改善。近年来,我国的交通装备制造已取得非凡成就,汽车产销量连续九年稳居世界第一,轨道交通装备产业规模和产销量均居世界第一,船舶产业规模和产销量均居世界第一,这些数据标志着我国已成为交通装备制造大国。但是我国交通装备体系建设方面仍然存在交通装备研发制造支撑技术不足、核心技术存在空心化、智能化技术尚待突破等问题。

(一)建设成就

1. 交通装备数量不断提升

新中国成立初期,我国约有一半左右的货运量是由人力和畜力车及木帆船完成。1949年,全国拥有民用汽车5.1万辆,民用运输轮驳船4525艘。截至2019年年末,全国汽车保有量达2.6亿辆。从公路运输装备来看,2019年末,全国拥有公路营运汽车1165万辆,载货汽车1087万辆。从水路运输装备来看,2019年末,全国拥有水上运输船舶13万艘。从城市客运装备来看,2019年末,全国拥有公共汽电车69万辆,轨道交通配属车辆4万辆,巡游出租汽车139万辆,城市客运轮渡船舶224艘。截至2019年年末,全国拥有铁路机车2.17万台,动车组保有量3665组。中国民航全行业运输飞机在册架数3818架。新型载运工具、新型特种装备数量不断提升。

2. 运输装备持续提档升级

一是运输装备更加大型化。截至2019年年末,大型载客汽车总客位数达1334万客位,占全部营业性载客汽车比重的66.6%。载货汽车平均吨位数提高至12.5吨位,运输船舶平均净载重量每艘1952吨。二是运输装备更加专业化。截至2019年年末,公路专用载货汽车吨位数达592万吨,较上年年末增长8.3%,牵引车、挂车车辆数分别增长12.7%和12.4%。油船净载重量达2771.12万吨、增长9.9%,集装箱箱位数达223.85万标箱、增长13.8%。三是运输装备更加绿色化。截至2019年年末,全国拥有电动机车1.37万台,占全部铁路机车比重的63%,较上年年末提高1.7个百分点。城市公共汽电车中,绿色能源车辆占比80.6%,提高5.3%。

3. 交通装备技术不断提升

先进技术的开发和广泛应用,大大提高了交通运输装备水平,运力结构显著改善,运输能力不断提高。我国交通运输业从缺车少路的落后状况,一跃成为由多种运输方式构成的比较完整的运输系统,基本保证了国民经济发展的需要。交通运输装备技术水平与国际先进水平的差距也大为缩小。

高速铁路列控技术自主化和产业化取得重大突破,取得了一系列科技创新成果,高速铁路已成为中国装备制造的名片。轨道交通发展低寿命周期成本(LLCC)、环境友好设计等可持续发展技术,促进节能环保指标的逐步提高;汽车安全性和智能化日益提升,商用汽车质量不断提高,部分车型技术性能已达到世界先进水平。汽车动力向燃料多元化、驱动电气化方向发展,在进一步降低传统燃油汽车动力平均燃油消耗和排放的同时,积极发展纯电动、混合动力、燃料电池等动力系统的研发与推广应用;船舶大型化、专业化和标准化发展趋势明显,净载重吨上升,我国超大型专业运输船舶建造取得进展。海洋运输将超低排放的高效船用柴油机、气体燃料和双燃料发动机、零排放技术作为未来的发展方向;航空运输领域则关注生物燃料和电能驱动在通用航空动力上的应用。民用飞机机队规模迅速扩大,国产大型飞机和支线飞机研制取得突破。城市轨道列车自动控制系统等技术装备发展迅速。

(二) 存在问题

我国道路运输、航空运输和水路运输的装备产业中,仍然存在研发制造支撑技术不足,核心技术存在空心化,智能化技术尚待突破等问题。汽车、飞机和船舶的发动机、电控系统等交通装备自主创新能力仍然不足。

1. 研发制造支撑技术不足

我国汽车、飞机和船舶领域,都面临着设计平台薄弱、数据库积累不够、测试评价体系不完备的问题;没有建立整套的开发流程规范及相关标准的数据库平台,性能设计、开发目标不清晰,参数选取、验证方法不明确,技术标准、法规体系不完整,长期采取跟随战略。试验认证能力不足,面向未来发展和国际市场新技术、新装备和新系统的研究和试验验证能力需要加强。面向未来发展的基础理论和共性基础技术研究对形成产业引领的核心技术研发支撑力不足。

我国的汽车重大测试评价装备长期依赖进口。汽车标准体系基本参考了"欧洲体系",一定程度地支撑了我国汽车产业从小到大的发展过程,但适合我国国情的标准化技术、测试评价技术研究仍然薄弱。在适航方面,作为通用航空器安全性保障的最低标准,国内外的适航标准一致,但是达到同等安全性要求的有效实现方法比较欠缺。我国目前本土船用设备平均装船率不足50%,船用设备系统集成、总成配套能力弱,主要配套设备及关键零部件生产能力不足和船用设备自主研发能力薄弱的问题突出,造船与配套发展不协调的状况尚未得到根本改变,我国船舶配套业的发展,仍不能适应我国造船业快速发展和船舶产品结构优化升级的需求。

2. 核心技术存在空心化问题

我国汽车、飞机和船舶动力及控制系统研发基础薄、能力弱,使得高效低排动力总成与国际先进技术存在较大差距。一是汽车电控系统虽可实现基本功能,但控制策略不完整,产品成熟度低。如我国自主品牌生产的新型汽油机产品中,已包含了缸内直喷、涡轮增压、可变气门正时等新技术,但其技术指标与国际先进水平仍有差距,特别是电控系统等核心组件,大多掌握在国外供应商手中。二是开展民用涡扇发动机设计技术的研究尚属起步阶段,没有建立民用涡扇发动机的设计体系和验证体系,尚未建立民用大涵道比涡扇发动机设计和验证的体系,声学工程、民用高负荷低压涡轮内部流动机理、先进低压涡轮设计技术、低污染排放等民用航空动力的关键技术设计与验证方法研究基础匮乏。三是我国在船舶动力系统研发,特别是新型推进系统研究方面,如吊舱推进器、直翼推进器以及无轴轮缘推进器尚无成熟的自主产品。目前国内由于缺乏设计制造经验以及大量的实用运行数据,针对新型推进器的研发工作尚处在起步阶段。各科研单位和院校主要在数值计算、性能分析、仿真控制、总体设计方法上进行了深入研究,也研制了小型的实物样机,但在大型推进器的研发方面,还未建成相关的设计、研发以及验证体系。

3. 智能化技术尚待突破

目前我国城市交通控制系统产品几乎完全被国外产品垄断,这些系统对国外均质交通流更为合适,不完全适合中国混合交通模式。我国大城市交通网络复杂、车流密度庞大,需要建立本地、区域和大范围交通分级控制体系,智能化交通控制是未来我国大城市交通控制的新需求,开发适合我国交通特点的新一代智能交通控制系统,亟须发展壮大我国智能交通产业。

尽管载运工具智能化技术发展迅速,但基于多传感器集成的复杂驾驶环境感知、支持自动驾驶的高精度数字地图、复杂场景下的自主驾驶控制等技术还制约着无人驾驶的广泛应用;综合交通信息服务处于发展初期,发展不平衡、不充分的特点突出,还不能充分满足旅客出行和客货运输对综合交通信息的个性化需求;人车路交互及协同控制机理、车载和路侧信息资源的优化配置等基础理论的研究尚不深入;高速状态下对远距离环境的感知以及传感器网络化条件下环境信息的感知尚缺乏有效手段;车载信息尚未实现优化与交互管理;完整的车车、车路协同系统标准规范体系尚未形成。

大型枢纽机场相关科技创新体系落后,科技投入严重滞后于航空运输业的发展。低空空域管理存在手段和能力不足的问题,给低空空域的使用管理带来严峻的挑战。航空应急救援管理技术和应急救援能力严重不足。内河航运安全管理与应急搜救方面,尚缺乏柔性工程等理论在水上交通风险防控中的应用研究;大型滚装船、客(渡)船、危险品运输船舶等重点船舶的实时信息获取、态势评估与预测技术等尚待突破。

4. 民用航空器产业链尚未形成

目前,我国国产飞机发动机技术相对落后,发动机产业自主创新的研发体系也尚未真正建立起来,创新能力薄弱,技术储备不足,声学工程、民用高负荷低压涡轮内部流动机理、先进低压排放等民用航空动力的关键技术设计与验证方法研究基础匮乏。在商用大涵道比涡扇发动机型号研制方面基本是一片空白,一些关键技术的预先研究才刚刚起步。

我国民用航空器适航审定体系建设明显落后,航空工业由于特殊的发展经历和历史背景,尚没有形成完整的民用航空器产业链。适航标准是长期经验的积累,是经过反复的验证和论证并公开征求公众意见制定的。美国 FAA 和欧洲 EASA 两家适航当局的优势,在于其具有世界上最先进、最完善的适航标准,并实现高度国际化。需要积极开展与国外先进适航当局的交流与合作,了解和掌握国际上适航法规及标准的最新动态,突破标准制定的瓶颈。

三、交通装备体系建设目标与任务

随着"中国制造2025"战略的发布及实施,建设制造强国的氛围正在形成,交通装备制造成为装备制造业重点发展的十个领域之一。确立自主创新驱动的发展模式,提高科技创新支撑的自主化程度、提升国际创新能力和产业竞争力、发挥产业带动效应,推动交通装备及其系统由大到强,已成为引领我国由"交通大国"迈向"交通强国"的必由之路。在2019年国务院印发的《交通强国建设纲要》中明确提出加强新型载运工具、特种装备研发的建设任务。我国交通装备体系的建设目标是"交通装备先进适用、完备可控"。

(一)新型载运工具

1. 轨道载运工具

重载列车一般是指在货运量到发集中的运输线路上采用大型专用货车编组,采用双机或多机牵引开行的一种超长、超重的货物列车。重载列车车辆载重力大,列车编挂辆数多。时速250公里级高速轮轨货运列车是指时速达到250公里的轮轨制货运列车。交通运输部公布的2019年交通运输行业研发中心认定名单,着重发展城市轨道交通综合应急技术与装备。目前,我国正在加大对轨道交通装备在的推广应用,主要建设任务包括:

(1)研制更高速度、更大运量、更加智能、更加环保,具备跨国和跨标准互联互通能力的高可靠性新一代轨道交通车辆,为跨国互联互通提供关键技术及装备。

(2)研究形成轨道交通系统节能和绿色化、超高速条件下列车噪声控制与治理、超高速条件下移动装备走行系统设计优化等方面的关键技术和产业化能力。

(3)研究形成以轨道交通为骨干的无缝多方式联程联运的铁路货运服务、不同模式轨道交通系统与其他交通方式之间设施与服务互联、轨道交通系统能源效率提升等技术、标准和系统装备体系。

（4）建立与整合国家轨道交通综合试验与系统测试基地，形成可以对各种轨道运输系统单元技术、系统技术和体系化技术进行实验、试验、测试、评估和认证的功能综合、条件完备、场景可配置的国家试验基地，具备向全球展示我国轨道交通技术能力、为全球轨道运输系统的科技创新提供全生命周期的支撑服务能力。

具体而言，在轨道运输领域，应实现以下发展目标：

到2030年，具备研发、建造时速400公里高速轮轨交通系统、时速200公里级中速磁悬浮铁路、智能化轨道运输系统成套装备和时速250公里的快速货运装备技术、产业，开展高速磁悬浮和低真空管（隧）道相结合的铁路技术研究；具备维护智能化、跨国联运、中速磁浮干线运营、货物快捷联运的技术和服务能力。到2030年，在上述科技创新形成的能力基础上，建成世界一流、充分国际化、完全开放、具有凝聚全球创新资源能力的轨道交通科技和产业创新能力平台体系；我国轨道交通产业规模不断扩大、研发能力达到国际领先水平；标准、产品平台、管理、服务体系化程度达到世界一流；轨道交通装备和系统的安全性、可靠性、可维护性以及智能化、绿色化水平达到国际领先水平，使我国成为具有全球竞争优势的轨道交通装备制造强国。

到2045年，具备研发、建造、交付和运维时速600公里级的低真空管（隧）道高速磁悬浮铁路、各速度级全维度绿色轨道交道、机动重载轨道交通成套系统装备的技术；具备轨道交通系统智能化无人运行管控和智慧维护的技术、产业和服务能力。

2. 道路载运工具

智能网联汽车的定义，是搭载先进的车载传感器、控制器、执行器等装置，并融合现代通信与网络技术，实现车与X（人、车、路、后台等）智能信息交换共享，具备复杂的环境感知、智能决策、协同控制和执行等功能，可实现安全、舒适、节能、高效行驶，并最终可替代人来操作的新一代汽车，简称ICV。智能网联汽车包含智能汽车、自动驾驶和车路协同等。

智能网联汽车产业链包含上游关键系统，中游的系统集成以及下游的应用服务。其中上游涵盖了感知系统、控制系统、执行系统等关键系统；中游涵盖了智能驾驶舱、自动驾驶解决方案以及智能网联汽车等集成系统；下游涵盖了出行服务、物流服务等应用服务。

结合国际发展趋势对标与技术预见综合分析结果，提出道路运输装备发展的重点任务：汽车向智能汽车、自动驾驶和车路协同快速发展，同时形成自主可控完整的产业链。主要建设任务包括：

（1）加强智能网联汽车研发。一是突破关键基础技术。开展复杂系统体系架构、复杂环境感知、智能决策控制、人机交互及人机共驾、车路交互、网络安全等基础前瞻技术研发，重点突破新型电子电气架构、多源传感信息融合感知、新型智能终端、智能计算平台、车用无线通信网络、高精度时空基准服务和智能汽车基础地图、云控基础平台等共性交叉技术。二是完善测试评价技术。建立健全智能汽车测试评价体系及测试基础数据库。重点研发虚拟仿真、软硬件结合仿真、实车道路测试等技术和验证工具,以及多层级测试评价系统。推动企业、第三方技术试验及安全运行测试评价机构能力建设。三是开展应用示范试点。开展特定区域智能汽车测试运行及示范应用,验证车辆环境感知准确率、场景定位精度、决策控制合理性、系统容错与故障处理能力、智能汽车基础地图服务能力,"人—车—路—云"系统协同性等。推动有条件的地方开展城市级智能汽车大规模、综合性应用试点,支持优势地区创建国家车联网先导区。

(2)形成自主可控完整的产业链。一是增强产业核心竞争力。推进车载高精度传感器、车规级芯片、智能操作系统、车载智能终端、智能计算平台等产品研发与产业化,建设智能汽车关键零部件产业集群。加快智能化系统推广应用,培育具有国际竞争力的智能汽车品牌。二是培育新型市场主体。整合优势资源,组建产业联合体和联盟。鼓励整车企业逐步成为智能汽车产品提供商,鼓励零部件企业逐步成为智能汽车关键系统集成供应商。鼓励人工智能、互联网等企业发展成为自动驾驶系统解决方案领军企业,鼓励信息通信等企业发展成为智能汽车数据服务商和无线通信网络运营商,鼓励交通基础设施相关企业发展成为智慧城市交通系统方案供应商。三是创新产业发展形态。积极培育道路智能设施、高精度时空基准服务和智能汽车基础地图、车联网、网络安全、智能出行等新业态。加强智能汽车复杂使用场景的大数据应用,重点在数据增值、出行服务、金融保险等领域,培育新商业模式。优先在封闭区域探索开展智能汽车出行服务。

具体而言,在道路运输领域,应实现以下发展目标:

到2030年,形成自主可控、完整的节能汽车和新能源汽车产业链,形成智能网联汽车产业链并基本具备与之兼容的智慧城市与智能交通技术体系,迈入汽车强国行列。低碳化、网联化、智能化汽车技术取得重大进展,接近或达到国际先进水平,有力支撑汽车强国与和谐汽车社会。汽车产业升级为智能制造体系,初步实现基于充分互联协作的大规模定制化生产;部分汽车产品升级为节能与新能源的智能网联汽车,更加安全可靠、节能环保、舒适便捷,并实现互联互通、自动驾驶等功能;汽车商业模式升级为全新生态,制造型服务商与服务型制造商融为一体,"轻拥有、重使用"的汽车共享文化逐渐普及;汽车社会开始升级进入智能时代,自动化的智能共享出行、无人化的货物配送初具规模。

到2045年,智能网联汽车取得重大进展,全面成为与智能交通系统、智慧城市以及能源互联网兼容的绿色智能移动装备,达到国际先进水平,实现智能互联、安全可靠、舒适高效、公平和谐的道路运输。

3. 水路载运工具

我国船舶研发向大型化、专业化和标准化发展,净载重吨上升,超大型专业运输船舶建造取得进展。2017年初,国务院印发《"十三五"现代综合交通运输体系发展规划》中提出"鼓励交通运输走出去",开拓港口机械、液化天然气船等船舶和海洋工程装备国际市场。为推动我国水运强国的建设,加强船舶智能系统总体设计,整合行业内外创新资源,突破智能船舶基础共性技术和关键核心技术。重点围绕智能感知、智能航行系统等研制需求,着重提升船舶总体、动力、感知、通信、控制、人工智能等多学科交叉的集成创新能力,实现技术赶超和引领。主要建设任务包括:

(1)大型邮轮设计制造。研究大型邮轮结构设计、邮轮美学设计、振动噪声控制、节能环保、动力系统集成与多智能体综合电网系统、邮轮支持系统、邮轮安全及管理、设备研发应用及国产化等技术及邮轮标准规范及标准体系。

(2)特种船舶制造。研究大型液化天然气(LNG)船、深远海监管指挥船、高速巡航救接船、深远海大吨位打捞救援船、半潜式远海应急维修保障船、大型溢油回收处置船等总体设计及关键配套设备自主研制等技术。建造并改善大型客滚船、超大型集装箱船、大型挖泥船和大型液化天然气船等在内的各种高附加值船舶,集装箱船、散货船、油船三大主流船型技术水平在国际上具有一定的竞争优势,具备自主研发能力,形成品牌船型。

(3)极地航行船舶。研究极地航行船舶总体设计,冰水池试验,冰区航行稳定性、快速性和操纵性,船体强度的线性、非线性(屈曲)、疲劳与风险,极地环境保护与应急救援等技术。

(4)智能船舶。研究智能船舶的总体设计、环境感知与认知、智能航行、智能机舱、智能能效、智能船体、智能货物管理、智能集成管理平台、"航行脑"的设计与集成技术;开展智能硬件支持下的船用传感技术和多源感知数据融合技术研究,研制涵盖航行环境、船舶状态、设备状态、货物状态等数据采集与数据融合的感知系统;开展基于态势感知的智能航行技术、船岸协同下的远程遥控驾驶技术、自主航行避碰技术等研究,研制智能航行系统。

(5)船用清洁高效动力系统。研究柔性控制发动机总体设计、近零排放发动机总体设计、清洁能源混合动力系统协同设计、超临界二氧化碳发电技术、岸基能源船舶驱动、分布式蓄电池电力推进、船舶综合直流组网设计等技术。

(6)不断完善船舶产品结构。研发全球最先进抛石船、全球首艘极地重载甲板运输船、汽车滚装船、全球最大乙烯运输船、多型液化气船、海洋救助船及远洋救助船等。

具体而言,在水路运输领域,应实现以下发展目标:

到2030年,成为具有全球引领影响力的船舶制造强国。形成完善的船舶设计、总装建造、设备供应、技术服务产业体系和标准规范体系;部分领域设计制造技术和建造效率、质量水平国际领先;自主研发设计、建造高技术船舶的国际市场份额达到60%;具有知识产权的国产关键系统和设备配套率达到90%;全面建成数字化、网络化、智能化、绿色化设计制造体系;船舶智能化、绿色化技术进入世界前列。港口装备及系统实现单机运行自动化,系统运营智能化,大宗装卸设备连续化、高效化、绿色无污染化。形成绿色、智慧港口货物装卸、中转、物流运输的标准规范体系;在港口装备及系统绿色化、无人作业、智能化管理等技术方面处于国际领先地位。形成自主化的海事监管通信与水上安全应急救助与打捞系统。

到2045年，成为全球船舶产业和技术发展的船舶制造强国，形成具有国际引领能力的船舶设计、总装建造、设备供应、技术服务产业体系和标准规范体系；船舶设计制造技术和建造效率、质量水平国际领先；建成全球领先的数字化、网络化、智能化、绿色化设计制造体系；引领世界船舶智能化、绿色化技术。建立便捷、安全、低成本的港口集疏运体系，实现内河港口与沿海港口的无缝式衔接服务；具有自主知识产权的港口设备及系统在国际市场具有绝对的主导地位，建成全球顶尖的智慧港口物流体系；实现多层海事信息的融合，建成船岸、船船的多点通信网络和应急救助体系。

4. 航空载运工具

国务院发布《关于加快培育和发展战略性新兴产业的决定》，明确提出大力发展高端装备制造产业，重点发展以干支线飞机和通用飞机为主的航空装备，做大做强航空产业；《关于促进民航业发展的若干意见》指出鼓励地方政府投资机场、大力发展通用航空、支持国产民机制造等。这些政策都会带来整个民用飞机零部件市场的繁荣。目前，国产大型飞机和支线飞机研制已取得突破，围绕民用飞机"经济、安全、高效、环保"的发展方向，加快新产品研发和新技术创新，不断提高自主创新能力，使我国从航空大国走向航空强国。主要建设任务包括：

一是加大新一代民用飞机研发。重点对大型客机有单通道干线飞机；涡扇支线飞机有90座级涡扇支线飞机、中小型货机、中大型公务机；涡桨支线飞机有50座级涡桨支线飞机、70座级涡桨支线飞机、中型涡桨运输机；小型固定翼飞机有单发小型固定翼飞机、双发多用途小型固定翼飞机、小型公务机、轻型电动飞机；直升机有2吨级直升机、4吨级直升机、7吨级直升机、13吨级直升机；特种飞行器有大型灭火/水上救援水陆两栖飞机；无人机有中高空固定翼无人机、无人直升机系统等方面研发能力。掌握新一代民用飞机技术。二是加大国产大飞机研发。完成C919、CR929、重型直升机、大型水陆两栖飞机等航空新产品的工程研制，实现国产客机、直升机和通用飞机的系列化发展；开展超音速运输机、高速直升机、喷气式公务机、超长航时太阳能无人机技术研究，为启动新一代民用飞机的研制奠定基础。

具体而言，在航空运输领域，应实现以下发展目标：

到2030年，围绕国家的战略目标，建立基本成型的中国民用航空工业管理体系、民用飞机技术创新体系和民用飞机产业体系。大型民用飞机产业健康发展，按照"支线飞机—单通道干线飞机—双通道大型干线飞机"的发展路线，民用飞机产业化实现重大跨越；超音速公务机研发取得突破；国产直升机在国内得到广泛应用，国内直升机达到可以与国际一流直升机直接竞争的水平；主要航空营运装备国产化率超过80%；民用无人机产业得到长足发展；超长航时的太阳能飞机将可能会投入使用，可以取代部分低轨卫星，且其分辨率和持续观测能力优于卫星。

到2045年，建成国际先进的民用飞机产业体系，树立全球公认的民用飞机优势品牌；建立成型高效的中国民用航空工业管理体系、民用飞机技术创新体系和民用飞机产业体系；各类新概念、新构型和新能源民用飞机的研究不断深入并逐步推出；国产客机更经济、更安全、更适、更环保、更高效、更智能;引领国际智能空管系统装备生产制造。

5. 其他载运工具

目前油气输送管道有五大研发任务,我国正在快速发展大输量管道;加快高寒地区管道输送管线对低温韧性和应变性能方面的研究;加大酸性气体管道抗硫化氢钢管的开发和应用;加速对深海管道的开发;对碳捕获输送管道进行前期研究等。

索道缆车、行人自动步道、皮带输送机等其他载运工具的研发情况也有一定进展,不再展开论述。

(二) 特种装备

隧道装备行业快速向信息化、数字化及智能化方向发展。我国铁路隧道施工机械化配套技术的研究始于20世纪80年代,中铁重工集团针对超前支护、钻爆开挖、初期支护、二次衬砌等关键工序,研发全系列隧道智能装备。四大支撑技术是指围岩参数识别与处理系统、三维空间定位与量测系统、大数据处理与共享系统、智能控制决策系统。

国产矿山装备谱系不断完善。WK系列矿用机械正铲式挖掘机标准斗容为4~75立方米,广泛应用于大型露天煤矿、铁矿及有色金属矿山的剥离和采装作业,数十台产品出口到十余个国家。

港口配套设施高效化。如桥式起重机变形的龙门吊车,我国自主研制的"宏海"号龙门吊,一次可以吊起16000吨的货物,相当于400节火车车厢。目前全世界90%的重型龙门吊,均为中国制造。

水下机器人研究多地同步推进。目前国内研究水下机器人的单位较多,代表国内先进水平的、真正进入实质性试验阶段的有:哈尔滨工程大学研制的智能水下机器人AUV、中科院沈阳自动化所研制的无人无缆水下机器人UUV、上海交通大学研制的遥控式水下机器人ROV和中船重工715所研制的拖曳式水下机器人TUV等。

船舶产品结构继续完善。如雪龙2号科考船、全球首艘23000箱液化天然气动力集装箱船下水、国产首艘13.55万总吨大型邮轮的母型船、中油应急102、500吨全回转溢油应急处置船等溢油回收船等。上船院设计的船舶已成为我国海上救助体系的主力军。在8000千瓦海洋救助船系列、14000千瓦远洋救助船系列取得的良好业绩。

海工装备实现长足发展。全面具备500米以内浅海油气开发装备的自主设计建造能力,在高端海洋工程装备领域不断取得新突破,成功研制交付。深水半潜式钻井平台、12缆高性能物探船、深水工程勘察船、深水铺管船、深海大型智能渔场、超深水双钻塔半潜式钻井平台、世界首座半潜式智能渔场、全球首制R-550D型自升式钻井平台。

为加大对重大特种技术装备的应用及推广的力度,主要建设任务包括:

(1)大型施工机械方面:掘进机械有大型全断面掘进机(包括盾构机、硬岩掘进机、竖井掘进机、非开挖水平定向钻机、隧道预切槽设备);起重机械有履带式、全地面、汽车、轮胎和塔式起重机;混凝土机械有混凝土泵车、环保型混凝土搅拌成套设备;挖掘铲运机械有液压挖掘机、推土机;路面压实与桩工机械有曲面摊铺机、液压双轮铣槽机、地下连续墙设备;安全生产与应急救援装备、举高消防车、超高层建筑施工装备集成平台、高空作业平台、二氧化碳空气炮和大气高危化学品红外探测报警器;其他工程机械有多臂凿岩台车、履带式全地形/两栖工程车、多功能除雪车、带热回收型二氧化碳制冰系统、环保制冰冷源一体化撬块机组、浇冰车、雪地公园型压雪机、雪地观光运输救援车、弹射牵引装置、越野滑雪轨迹分析及投影领滑系统。

(2)在2000万吨级以上大型露天矿成套装备方面:应用并改进超大型露天矿用挖掘机、露天矿用液压挖掘机、大型露天矿用全液压牙轮钻机、大型排土机和转载机等。

(3)港口机械装备方面:继续开发并完善超大型斗轮堆取机、大型轨道式堆料机、环保型链斗式连续卸船机、大型全桁架大梁式岸桥等;改善超大型环轨起重机、永磁直驱起重机、大运量脱挂抱索客运架空索道、商用车辆立体停车库等其他物料搬运设备。

(4)高技术船舶方面:高技术船舶,包括气体运输船、气体燃料动力运输船(含双燃料)、大型汽车运输船、江海直达集装箱运输船、智能货物运输船、载人潜水器支持母船、极地船、纯电动船舶、先进远洋渔船、大型挖泥船、深海采矿船、原油转驳船、LNG燃料加注船、发电船/平台等。

(三)推进装备技术升级

装备技术升级是指载运工具和特种装备在新能源和清洁能源使用,在智能化、数字化、轻量化、环保化等方面的技术升级。近年来,我国经济社会快速发展,对交通装备发展提出了新的需求。科技迅猛发展,科学技术前沿不断拓展,学科间交叉融合加速,产业体系汇聚重构已成常态。

相关领域科技的快速发展并与交通行业深度融合,形成并强化了交通领域科技发展的新趋势。为驱动交通行业向更节能、更环保、更安全、更智能方向发展,需要不断加大对先进的航空、船舶、轨道交通、汽车、特种装备等交通装备及其系统的研发。展望未来,交通领域正孕育着具有重大产业变革前景的颠覆性技术。综合现代交通技术领域发展的现状,可以说安全、绿色、高效和智能已经成为发展目标。

1. 推广新型交通装备及成套技术装备

交通领域正孕育着具有重大产业变革前景的颠覆性技术,北斗卫星定位导航系统、5G通信、可信计算、移动互联、云计算、大数据、物联网、空天车地交通通信网等新一代信息技术的深度应用与跨界融合,正在推动交通运输发展模式的革命性变化。交通装备新技术呈现出新能源、清洁能源、智能化、数字化、轻量化、环保型特征。

一是推广新能源、清洁能源、环保型交通装备及成套技术装备。能源结构调整催生了载运工具电动化这一战略性新兴产业,也使得载运工具动力呈现多元化的技术发展趋势。加速调整能源结构、转变能源开发利用模式,加快绿色、多元、高效、低碳的可持续能源应用,是交通发展的必然要求,交通能源动力系统呈现出电动化、高效化、清洁化趋势。汽车动力向燃料多元化、驱动电气化方向发展,在进一步降低传统燃油汽车动力平均燃油消耗和排放的同时,积极发展纯电动、混合动力、燃料电池等动力系统的研发与推广应用;轨道交通发展低寿命周期成本、环境友好设计等可持续发展技术,促进节能环保指标的逐步提高;海洋运输将超低排放的高效船用柴油机、气体燃料和双燃料发动机、零排放技术作为未来的发展方向;航空运输领域则关注生物燃料和电能驱动在通用航空动力上的应用。

二是推广智能化、数字化、轻量化交通装备及成套技术装备。在信息化和工业化深度融合的过程中,交通运输装备及其制造过程的智能化、数字化技术日新月异,借助大数据系统和云服务技术,交通运输装备设计、制造、检测、检验、运营、维护等各个环节,不断向智能化、数字化发展。数字化交通装备也可称为机电信息一体化装备,是指在传统的机械装备中,引入了信息技术,嵌入了传感器、集成电路、软件和其他信息元器件,从而形成了机械技术与信息技术、机械产品与电子信息产品深度融合的交通装备或系统。高性能的复合材料已成功应用于汽车、轨道机车车辆、大型客机轻型通用飞机、船舶等交通装备,轻量化成效显著。

2. 开发和应用新型装备设施和智能交通管理系统

当今科技在交通运输领域取得了重要进展,呈现交叉融合的态势。交通系统借助互联网的发展,以云计算、物联网技术、智能传感、大数据挖掘技术为代表的新一代信息技术,有效地集成应用于轨道交通、道路交通、水运交通和航空交通系统,使交通系统集成呈现智能化、网联化、协同化趋势。

陆海空交通资源将在信息技术的支持下全面整合,形成信息共享、资源协调、优势互补的网联化、协同化、智慧化立体综合交通系统。移动互联网和大数据技术有效支撑综合交通信息的获取、交互、融合与决策,同一种交通方式的系统要素之间协调组织,不同交通方式之间互联互通、综合协同,交通运输行业的服务品质和科学治理能为全面提升。

智能型设施成为智能交通的重要研究方向,成为支撑智能交通发展的重要基础;以无人驾驶、车路协同、船岸协同等技术为特征的新一代智能交通系统,以无人驾驶、自主决策的载运工具为基础,具备自主感知、自主管控能力的自主交通系统逐步发展。交通参与者、载运工具、设施一体化协同系统成为交通系统发展的大趋势。

(1)广泛应用智能交通运输装备设施。

大力发展高效能、高安全、网联化、智能化的系统技术与装备,形成满足我国需求、总体上国际先进的现代交通运输核心技术体系,提升我国交通运输业和装备制造业的核心技术全球竞争力和产业可持续发展能力。实现综合运输智能化,广泛应用智能高铁、智能道路、智能航运、自动化码头等新型装备设施。

智能高铁是广泛应用云计算、大数据、物联网、移动互联、人工智能、北斗导航、

BIM等新技术,综合高效利用资源,实现高铁移动装备、固定基础设施及内外部环境信息的全面感知、泛在互联、融合处理、主动学习和科学决策,实现全生命周期一体化管理的新一代智能化高速铁路系统。智能高铁的总体组成可概括为"一核三翼",即以1个智能高铁大脑平台为核心,包含智能建造、智能装备、智能运营3个部分。智能高铁的研发应用战略重点为智能列车、智能基础设施、智能客货运输、智能调度指挥、智能安全保障、智能养护维修、智能工程建设。

(2)开发新一代智能交通管理系统。

以云计算、物联网技术、智能传感/大数据挖掘技术为代表的新一代信息技术,有效地集成应用于轨道交通、道路交通、水运交通和航空交通系统,使交通管理系统呈现智能化、网联化、协同化趋势。通过对综合运输装备领域预见技术的综合分析,"协同运行"与"智慧服务"应为综合交通运输装备及其系统战略发展目标,"综合交通运输效能优化""综合交通运输协同服务""新一代综合交通系统"为重点发展方向。

随着科技的进步和智能交通的快速发展,智能网联、无人驾驶等技术将成为未来交通的支撑,并将建立起空地一体的新型立体交通系统。重点研究协同式无人驾驶与运行优化、移动互联环境下的遥驾驶与智慧运行、立体无人智能交通系统等技术,提升综合运输安全水平。形成以自主无人驾驶载运工具为基础的自主交通系统技术体系。

3. 加强国产飞机制造及适航审定体系建设

(1)加强国产飞机发动机技术水平。

2013年,国务院办公厅印发的《促进民航业发展重点工作分工方案的通知》指出,应引导飞机、发动机和机载设备等国产化。2015年"两会"上,政府工作报告中明确指出,将航空发动机与燃气轮机地位提升至与其他战略新型产业同级,体现国家对此的空前重视。国务院印发的《中国制造2025》中指出,突破高推重比、先进涡桨(轴)发动机及大涵道比涡扇发动机技术,建立发动机自主发展工业体系,开发先进机载设备及系统,形成自主完整的航空产业链。

(2)民用航空器适航审定体系建设。

民用航空器的适航管理研究,需要结合我国的发展现状,科学合理地建立和完善民用航空器适航管理体系,从法律法规、管理系统和文档系统等方面,提供民用航空器发展的有利条件,并通过实际训练,提高民用航空器相关人员的管理和服务水平,进而提高民用航空器的适航审定体系建设水平。建设任务有:

一是加强民用航空器的飞行实践。国外一些先进的民用航空器,积累了相当多的经验,有一套完整的适航管理的程序和过程,可以借鉴国际经验并结合我国民用航空器的实际条件,从发展的角度考虑,实现民航适航管理的要求。结合民用航空器的发展,对适航操作制定具体的实施细则,完善民用航空器适航标准、法规建设,加强民用航空器的飞行实践,合理完善适航管理程序。

二是提高民用航空器适航管理水平。保证民用航空器适航不仅是民航部门的责任,而且与民用航空器设计与制造部门息息相关,需要双方的共同努力,不断提高民用航空器的安全性能。从民用航空器发展实践来分析,不断提高民用航空器的适航管理水平,促进适航管理部门的发展,实现民用航空器的适航认证,指导和民航监管,最终达到持续稳定的安全。

三是完善适航管理认证框架。航空器的适航性是其固有性质,集中体现了各种设计技术的安全性能,这就要求在航空器研制的管理力度上,严格按照有关适航要求,建立和完善组织认证系统和框架,才能确保民用航空器研制的高效、高质量、高稳定性。同时加强对民用航空器的适航管理,真正提高适航的管理水平,解决发展瓶颈问题,建立一个适航认证框架,基于适航管理信息平台服务制度体系,逐步完善适航管理认证系统,切实提高民用飞机的适航管理发展水平。

4. 推广应用交通装备的智能检测监测和运维技术

(1) 推广应用交通装备的智能检测监测技术。

大力加强各类交通运输装备的检测和维修保养,保持良好的技术状况。围绕提高交通装备监测检测精度和效率,以远程、智能、自动化、快速、同步为目标,突破远程智能监测技术及装备、快速同步智能检测技术及装备,研发分布式全域传感智能监测感知与传感网络技术(移动无线传感技术、移动智能感知技术与网络等)、高精度与长寿命智能传感器、永久作用下非破损检测技术及装备、无损可视化检测技术及装备、多功能快速同步检测技术及机器人(检测车、无人机检测技术、机器人检测技术等)。

(2) 推广应用交通装备智能运维技术。

推广应用交通装备智能运维技术,建设节约型交通行业。将智能技术应用于交通装备的运行维修方面,使监控数据及时得到采集、共享、诊断,实现交通装备的安全健康监控与预测。研发应用远程智能全自动养护装备、自动化维修与加固装备、快速更换与拆除装备;研发高精度、长寿命智能化传感器。运用 BIM 技术、人工智能等信息技术,开展具有自动化感知、智能健康管理、故障预警等交通装备运行维护功能技术研究。

5. 加速淘汰落后技术和高耗低效交通装备

大力推广应用节能环保型运输车船,发展汽车列车、新型顶推船队。深化燃油车退出市场机制模式研究、制定计划及其配套措施,实现燃油动力车逐步停售。加速更新老旧和高能耗、高排放、老旧工程机械及交通工具,加速淘汰高能耗、低效率的老旧车船,如中重型柴油货车、高耗低效非标准汽车列车及罐车等老旧柴油货车等。引导营运车船向大型化、专业化、标准化、低碳化方向发展,引导轻型、高效、电能驱动和变频控制的交通装备发展。

第五章 交通强国运输服务体系建设

未来我国产业结构、能源结构将发生重要变化,城镇化、人口老龄化成为趋势,这为运输服务发展带来新的机遇,也提出新的要求和挑战。因此,为适应交通强国建设要求,加快行业转型升级、推动运输服务高质量发展势在必行。

第一节 运输服务的内涵

运输服务是交通运输业向社会和消费者提供的最终产品,是依托各种交通基础设施、载运设备、人员等要素所形成的一种集成服务,反映了跨地区、跨行业优化配置运输资源,以系统效率最高的方式来满足运输需求的总体能力。运输服务的内涵和特点,可概括为如下方面:

一、运输服务是宏观与微观、抽象与具体的矛盾统一体

运输服务是基于微观生产要素所形成的一种集成服务,是基于具体的运输服务所抽象出来的集成和加总,是宏观与微观、抽象与具体的矛盾统一体。宏观是指运输服务反映的是一个国家综合运输体系整体的服务能力,而非某一个地区、某一种运输方式的局部服务能力。抽象是指运输服务是一种无形的服务,而非某一种具体的运输产品。另一方面,运输服务又要依赖于客货运输企业、基础设施、载运设备、人员等微观要素来实现,所以运输服务又是微观的、具体的。

二、运输服务是衡量综合交通运输体系完善程度的重要标尺

未来经济社会发展,对客货运输服务的效率和质量要求会越来越高,靠单一运输方式或传统运输服务已不能满足日趋多元化、个性化的运输需求。另一方面,当前交通运输行业发展所面临的资源约束和环境压力也日趋严格,任何一种运输方式都不能无限制发展。这些因素决定了我国未来必须加快综合运输体系发展,综合利用各种运输方式,充分发挥每种运输方式的比较优势,用尽量少的资源消耗完成运输服务。而运输服务作为综合运输体系的产品,其效率和质量体现了综合运输体系的"软实力",是衡量我国综合交通运输体系完善程度的重要标尺。

三、运输服务是基于各种不同运输方式所形成的集成服务

一方面,运输服务是以各种不同运输方式为基础,通过设施建设、运输组织与管

理、制度建设等多种手段,使之成为一个有机整体而形成的一种集成服务。它反映的是一个国家跨地区、跨行业、跨企业优化配置运输资源,以系统效率最高的方式,满足运输需求的总体能力。另一方面,运输服务的发展水平又依赖于各种运输方式的均衡发展。若某一运输方式发展滞后,那么综合运输系统的集成能力就会受其制约。换言之,较高的运输服务水平,意味着各种单一运输方式具有较高的服务效率和质量,且相互之间实现了均衡、协调发展。

四、运输服务的发展水平体现为向社会提供一体化运输服务的能力

综合交通运输体系建设的重要目标,就是通过不同运输方式的衔接和协作,形成完整的、无缝衔接的一体化运输服务,从而提高运输效率,降低运输成本,更加有力地支撑社会经济发展。因此,一体化运输服务作为运输服务发展的高级形式,既是社会经济和运输需求发展的必然要求,同时也最能体现一个国家运输服务的发展水平。这也就意味着,能否向社会提供衔接顺畅、运行高效的一体化运输服务,可作为衡量运输服务发展水平的重要标准。

第二节 运输服务体系建设的现状

一、运输服务体系建设的成就

经过跨越式发展,我国运输服务取得了巨大的成就。

(一)运输总量位居世界前列

2019年,全社会完成客运量176亿人次、旅客周转量35349亿人公里,位居世界第一;完成货运量470.6亿吨、货物周转量19.93万亿吨公里,公路、水路客货运量及周转量、铁路货运量居世界第一。全国港口完成货物吞吐量140亿吨,港口集装箱吞吐量2.61亿TEU,均居世界第一。全国快递业务量635.2亿件,同比增长25.3%,连续6年位居世界第一。

(二)运输结构不断优化

客运方面,公路完成的旅客运输量占比持续上升,在短途客运中保持主导地位;承担中长途客运的民航、铁路平均运距不断增长;民航在长距离高端客运领域保持着优势。货运方面,货运需求和供给结构正在发生重要变化,公路承担的货运量比重保持增加势头,铁路承担的货运量比重呈明显下降趋势,水运(不含远洋)承担的货运量比重基本保持稳定,民航货运量增长迅速,但占比仍较小。

(三)多种运输方式间的衔接更加顺畅

近年来,我国建成了一批综合交通枢纽城市,形成了以机场、铁路车站等为代表的众多大型综合客运枢纽,一大批综合货运枢纽站场(物流园区)投入运营。综合运输

枢纽的建设,改善了运输服务质量,方便了客货运输。另外,随着一系列多式联运发展重要政策的落地,集装箱多式联运发展也达到了一定水平。

(四)运输服务质量显著提升

客运方面,我国客运服务的体验性、舒适性等都有了显著提高,主要体现在"旅游+交通""互联网+交通"等多方面的快速发展。货运方面,小批量、多批次、高附加值、强时效性的货物运输需求增速,比能源原材料等大宗散货运输需求增速更快。"中欧班列""电商班列""快运班列"等班列化货运产品也逐步常态化,呈现出较好的品牌效应。

二、运输服务体系建设存在的问题

与人民日益增长的美好生活需要相比,与世界交通强国发展相比,我国运输服务还存在较大的差距,还有较大的提升空间。

(一)客运服务存在的问题

一是客运服务发展不均衡。部分边远山区的运输基本公共服务基础薄弱。农村地区客车的线网通达度、准时性和发车频率均不高,服务模式创新不够,距离农村群众的期待还有较大差距。

二是运输安全形势依然严峻。运输安全保障和应急救援能力仍然较低。国家战略层面的交通运输安全规划及具体计划不完善,有关交通安全的制度、标准的落实力度不足。基层安全监管能力不强。运输企业安全管理人员素质不高。

三是"全程化"服务能力薄弱。跨方式、跨行业的信息共享不充分,"管理孤岛"现象比较普遍。统一规划、统一设计、同步建设、协同管理的综合运输枢纽发展模式尚未形成。出行服务衔接"最先和最后一公里"问题仍较突出。

四是客运服务体验感待提升。客运服务的多样性不足,个性化、定制化服务方式发展不充分,服务水平弱,体验感不强,制约了从"人便于行"到"人享其行"的转变。

(二)货运服务存在的问题

一是服务水平总体不高。低水平、同质化的传统货运能力供过于求,高水平、专业化货运物流供给不足。货运结构不合理,大宗物资、长途运输中公路运输占比过高。远洋、民航的国际货运服务能力水平低。货运服务的智能化、专业化水平总体较低,与物流及商贸流通、制造业、农业等融合程度不够,货运新模式新业态发展总体较为缓慢。

二是货运服务体系不完善。运输方式与区域间的市场壁垒依然存在,开放性、竞争性仍不充分,货源和货运承运人集中度偏低,难以实现网络化、规模化、集约化发展。货运市场监管力度不足,诚信体系不健全,非法营运、不规范竞争行为依然存在。铁路货运定价机制僵化,难以适应市场变化和现代物流发展。

三是物流综合成本偏高。我国物流成本占GDP的比重远高于发达国家。一方面和经济发展特别是工业化发展阶段的特征有关,另一方面也因为物流各环节成本,尤其是运输成本偏高,企业经营管理水平落后。

第三节 运输服务体系建设的思路、原则与目标

一、运输服务体系建设的总体思路

对于运输服务行业而言,要以交通强国战略为统领,贯彻落实好交通强国建设指导思想,以深化供给侧结构性改革、推进运输服务高质量发展为主线,深刻认识新时代运输服务发展所处的时代坐标,奋力开启建设交通强国新征程。

(一)准确把握运输服务需求的时代性,从追随适应型向主动引领型转变

我国经济发展正处于从人均收入8000余美元向1万美元、进而向更高水平迈进的历史阶段。2019年我国服务业增加值占国内生产总值比重为53.9%,对经济增长贡献率为59.4%,服务业已成为经济增长的主要拉动力。随着新旧动能加速转换,产业结构加速调整,消费结构加速升级,人们对个性化多样化高品质的客运需求和小批量多批次高附加值的货运需求持续增加。因此,必须从运输服务新的需求出发,尽快催生运输服务新的供给,实现运输服务从以模仿式、排浪式为主导的追随适应型,向以多样化、差异化为主导的主动引领型转变。

(二)准确把握运输发展方式的时代性,从规模速度型粗放增长向质量效率型集约增长转变

经过持续多年的高速增长,我国运输市场需求发生了趋势性变化。在经济增速转入中高速增长后,运输经济也在向中高速增长转变。从世界交通运输发展规律来看,发达国家进入后工业化时期,运输规模特别是货运规模增长将基本趋于稳定,开始进入以服务质量提升为特征的变革时期。这就要求必须从运输发展的阶段性特征出发,着力推动运输发展方式从规模速度型粗放增长向质量效率型集约增长转变。

(三)准确把握运输组织方式的时代性,从单一方式独立发展向多种方式协同发展转变

经过多年建设,我国各种运输方式总量规模位居世界前列。高铁运营里程、高速公路通车里程、城市轨道交通运营里程、港口深水泊位数量均位居世界第一,铁路货运量及旅客周转量、公路客货运输量及周转量、港口货物和集装箱吞吐量、快递业务量均居世界第一,民航旅客及货邮周转量居世界第二。唯物辩证法认为,量的积累必然引起质的变化。各种运输方式"量"的积累已达巅峰,推动运输组织不可逆转地进入融合发展的"质"的提升阶段,必须加快从单一运输方式独立发展向多种运输方式协同发展转变。

(四)准确把握运输产业形态的时代性,从传统业态为主向新旧业态融合发展转变

当前,新一轮科技革命正在催生产业变革,"互联网+"已渗透到经济社会各领域各环节,给人们的生产生活方式带来了革命性、颠覆式影响。以数字经济、平台经济为代表的新业态模式,打破了传统产业组织边界、创新边界和要素边界,传统业态加快与互联网融合,向云端和网端迁移;互联网平台加快线下网络节点布局,向渠道和实体下沉。传统业态与新业态竞合融合发展趋势不可阻挡。在未来社会里,没有一个所谓纯粹的互联网企业,所有的传统产业和企业都将拥有互联网的基因,数字经济和实体经济的边界终将消失。运输服务发展,也必须顺应这种趋势,从传统产业形态为主向新旧业态竞合融合转变。

(五)必须准确把握运输发展动力的时代性,从要素驱动向创新驱动转变

过去很长一段时间,我们主要依靠要素驱动实现高速增长,但也形成了"增长速度崇拜"和"要素驱动依赖"的惯性思维。随着我国经济发展进入新常态,拼投资、拼资源、拼环境的老路已经走不通,单纯依靠要素驱动模式已难以支撑经济高质量发展。正是基于这一判断,习近平总书记指出:"当今世界,谁牵住了科技创新这个'牛鼻子',谁走好了科技创新这步先手棋,谁就能占领先机、赢得优势。老是在产业链条的低端打拼,老是在'微笑曲线'的底端摸爬,总是停留在附加值最低的制造环节而占领不了附加值高的研发和销售这两端,不会有根本出路。"❶运输服务作为传统产业,同样不能老是停留在产业链条的低端和"微笑曲线"的底端。必须准确把握运输发展动力的时代变化,加快形成以科技创新为核心动力的发展局面,推动运输服务与产业链上下游、前后向融合发展,实现从要素驱动向创新驱动转变。

二、运输服务体系建设的基本原则

(一)需求导向、服务为本

以不断满足人民群众更多样、更便捷、更高效、更舒适、更安全的出行需求为导向,以便民、利民、惠民为根本出发点和落脚点,进一步强化服务观念和宗旨意识,把服务摆在更加突出的位置,以服务促发展,以服务树形象,以服务展现综合交通运输体系的发展成果。

(二)深化改革、优化环境

全面深化运输服务领域各项改革,加快转变政府职能,完善现代治理体系,充分发挥市场在资源配置中的决定性作用,更好发挥政府增加公共产品和公共服务供给的功能。重点破解阻碍市场机制作用的制度和政策壁垒,营造良好市场环境,切实激发市场活力。

---

❶ 《树立发展信心,坚定改革决心——以习近平同志为总书记的党中央引领中国经济发展新常态述评》《人民日报》2014年12月9日。

(三)整合资源、释放潜能

整合综合运输各种资源,优化布局和结构,充分发挥各种运输方式比较优势和组合效率,通过强化综合运输一体化服务,充分挖掘交通运输服务经济社会发展的巨大潜力,全面释放交通基础设施建设的巨大潜能,促进综合交通运输体系经济社会效益最大化。

(四)科技引领、创新驱动

全面适应"互联网+"新趋势,发挥科技进步对提升运输服务的引领作用,加快推进移动互联网、大数据、云计算、物联网等新一代信息技术的广泛应用,加强运输服务领域标准规范的统筹创新,健全以企业为主体的协同创新体系,以科技创新驱动转型发展和提质增效升级。

(五)安全稳定、绿色环保

不断强化运输安全生产的红线意识和底线思维,进一步健全制度体系、增强管控手段,努力向社会提供安全可靠的运输服务。着力构建和谐劳动关系,尊重和保护从业人员的合法权益,推动行业稳定发展。以运输结构调整、组织模式创新、装备改造升级为重点,统筹运输服务资源的集约利用,促进行业绿色化发展。

三、运输服务体系建设的主要目标

运输服务发展目标是交通强国建设战略目标的重要组成部分。根据《交通强国建设纲要》,分为2035年、2050年两个阶段,阐述运输服务发展目标。

(一)2035年建设目标

到2035年,基本建成"安全、便捷、高效、绿色、经济"的现代化综合交通运输体系。运输服务在安全经济、便捷通达、公平个性三个方面得到长足进步,实现"人便其行、货畅其流、国惠其昌",在运输服务领域进入交通强国行列。

一是在安全经济方面,道路交通事故万车死亡率低于0.5。货运安全风险管控体系全面建立,各种运输方式货损货差率显著下降,集装箱运输实现100%全程监控定位。各种类型运输服务准点率明显提升。运输结构进一步优化,综合运输成本显著下降,物流费用占GDP的比例降到10%以下。大宗物资铁路、水路货物周转量占比明显提升,集装箱多式联运量占比显著增长。

二是在便捷通达方面,运输服务的速度和覆盖范围进一步得到提升。建成"全国123出行交通圈",实现都市区1小时通勤、城市群2小时通达、全国主要城市3小时覆盖。建成"全球123快货物流圈",实现国内1天送达、周边国家2天送达、全球主要城市3天送达。95%以上人口可在3小时内抵达服务区际和城际交通的铁路场站。民航服务覆盖率进一步提升,人均航空出行次数超过1次,地面100公里航空服务覆盖所有县级行政单元。

三是在公平个性方面,基本交通公共服务实现均等化。行政村100%通公路客运服务及快递服务。老少边穷地区航线网络基本通达。地级及以上城市实现无障碍交通设施全覆盖。各种客运方式的运行质量和效率进一步提升,一站式、多样化、个性化的客运交通服务实现普遍化,旅客体验更加美好。建成覆盖全国的综合出行信息服务平台。基本实现货物多式联运协同调度平台化,货运一体化服务形式成熟完善,与物流业、制造业、农业等以及移动互联网高度联动、融合。

(二)2050年建设目标

到2050年,建成"安全、便捷、高效、绿色、经济"的现代化综合交通运输体系,运输服务在安全经济、便捷通达、公平个性三个方面达到世界先进水平,实现"人享其行、物优其流、国倚其强",成为世界领先的交通强国。

一是在安全经济方面,广泛深入应用自动化、信息化、数字化、智能化技术和装备,使客货运的安全性、高效性、灵敏性、实时性、可控性及人性化得以实现。道路交通事故万车死亡率低于0.3;航运服务达到世界先进水平。物流成本占GDP的比例进一步降到7%以下。实现服务网络在国际、区际、城际、城乡、乡村等各空间层次的高度匹配可达性,与区域经济协同和互动发展。

二是在便捷通达方面,高速磁悬浮铁路等新式高速交通装备实现规模化运营。中型以上机场实现连通轨道交通的比例进一步提升,各种运输方式基本实现"零换乘"。城市交通拥堵情况基本消除。货运速度进一步提高。客运服务覆盖率大幅提升,98%以上的人口可在2小时内抵达服务区际和城际交通的铁路场站。航空服务覆盖广度和深度达到世界领先水平。货运物流服务网络实现在国际、区际、城际、城乡、乡村等各空间层次的高度匹配可达性。建成较为完善的泛亚交通网。

三是在公平个性方面,均等化的基本交通公共服务水平进一步提升,形成"泛城市化"的城乡一体交通,使城乡居民能够享受无差别的交通服务。实现城市无障碍交通设施全覆盖。客运服务的体验更加美好,无人车、无人船、无人机等新型装备与其他产业逐渐融合,形成经济新业态。建成服务覆盖全球的"出行即服务"联运经营人平台。构建货运物流服务的大平台,实现货运物流全链条一体化、一单式的世界一流服务,实现货运物流行业与制造业、商贸流通业、农业、金融等相关行业的高度协同融合发展。

第四节 运输服务体系建设的主要任务

构建便捷舒适、经济高效的运输服务体系,是交通强国建设的九大任务之一。对于运输服务行业而言,未来的中心工作和重点任务,是进一步提高服务品质,提升运输效率,增强运输经济性,推进出行服务多样化、个性化,建设现代物流供应链体系,加速交通新业态新模式发展,更好满足人民群众美好交通需求。

一、推进出行服务快速化、便捷化

为实现服务快速化、便捷化发展目标和任务,从优化提升城市公交服务水平、推进城乡客运一体化发展等四个方面提出近期发展思路和重点措施。

(一)优化提升城市公交服务水平

一是深入推进城市公共交通优先发展,提升公共交通出行体验。夯实地方政府公共交通优先发展主体责任,推进城市公交枢纽、首末站、公交专用道、港湾式公交停靠站等基础设施建设,优化调整城市公交线网和站点布局;构建多样化公共交通服务体系,推进通勤主导方向上的公共交通服务供给,强化城市轨道交通、公共汽电车等多种方式网络的融合衔接,提高换乘效率,降低乘客全程出行时间;提高空调车辆、清洁能源车辆及无障碍城市公交车辆更新比例;全面推进城市交通一卡通互联互通,推广普及闪付、虚拟卡支付、手机支付等非现金支付方式,推进公交智能化系统建设,全面推进和深化公交都市建设。

二是推进实施差别化交通需求管理,抑制小汽车过度使用。发挥市场配置资源的决定性作用。以能源、环境、土地可提供的交通基础设施等资源容量为约束,以不同的交通方式出行成本为依据,制定科学合理的出行服务价格体系;完善以科技和经济调控手段为主、行政管理手段为辅的常态化交通需求管理体系,利用经济杠杆,实现道路、停车等交通资源的有价有偿使用,提高小汽车的保有、使用成本,有效抑制小汽车过度使用。

三是规范个性化出行服务发展,提升城市交通精细化管理水平。鼓励支持发展个性化、定制化的公共交通等集约化出行模式。推进定制巴士、通勤巴士发展;发挥个性化出行服务对城市公共交通发展的辅助支持作用,深化预约出行、共享交通、出行即服务的理念,规范不合法不合规的营运行为;加强针对各种"共享交通"模式发展的顶层设计,充分评估各类共享交通模式的负外部性,推进各种共享交通模式规范、有序发展。

四是完善城市慢行系统发展。实施街道精细化设计,调整城市道路资源使用分配策略,打造安全、便捷、舒适、宜人的步行和自行车出行环境,促进步行和自行车在"最后一公里"出行中发挥应有的作用,并与公共交通衔接良好。

(二)推进城乡客运一体化发展

一是完善城乡客运服务网络。促进城乡客运网络衔接,加快建立与铁路客运、机场、码头等一体化换乘与衔接的城乡道路客运服务体系,因地制宜采用合适的城乡客运发展模式,提高服务深度与广度,提升标准化、规范化服务能力。

二是加快客运经营主体结构调整。加快整合城乡客运资源,鼓励开展区域经营,积极培育骨干龙头客运企业,鼓励整合分散的客运经营主体。

三是完善城乡客运价格形成机制。建立政府宏观调控、客运企业自主有限浮动、市场供求变化起决定性作用的道路客运价格形成机制,加强城乡客运价格市场监管,建立城乡客运价格监测及信息公开制度。

四是提升城乡客运服务水平。研究制定符合实际的城乡客运服务规范,逐步提升城乡客运车辆舒适度,增强从业人员服务意识,提升乡村旅游交通保障能力,发展多元化的运游结合模式。

(三)提高城市群交通通勤水平

一是统筹考虑城市群内轨道交通网络布局,构建以轨道交通为骨干的通勤圈。在有条件地区编制城市群轨道交通规划,推动干线铁路、城际铁路、市域(郊)铁路、城市轨道交通"四网融合"。

二是推动城际客运公交化运营。明确城际公交的准公共服务定位,以适当的财政补贴政策予以支持。尽快制定其管理办法和技术规范,规范企业经营行为,督促企业履行承诺、文明服务、规范经营,不断提高管理水平和服务水平,提升城乡客运服务水平。

三是探索城市群中心城市轨道交通适当向周边城市(镇)延伸。统筹布局城市群城际铁路线路和站点,完善城际铁路网络规划,有序推进城际铁路建设,充分利用普速铁路和高速铁路等提供城际列车服务,将市域(郊)铁路运营纳入城市公共交通系统。

四是创新运输服务方式。大力发展城市群市域(郊)铁路,通过既有铁路补强、局部线路改扩建、站房站台改造等方式,优先利用既有资源开行市域(郊)列车。探索城市群轨道交通运营管理"一张网",推动中心城市、周边城市(镇)、新城新区等轨道交通有效衔接,加快实现便捷换乘,更好适应通勤需求。

(四)构筑区际快速客运服务通道

一是提升城市群间运输大通道能力。完善区域中心城市之间运输大通道建设,统筹航空、高速铁路、高速公路网络体系,依托京津冀、长三角、珠三角、环渤海等重要城市群规划,构建多种运输方式一体、承载能力强、高效便捷的区际运输大通道;提升城市群中心城市综合客运枢纽的集散功能,提升其衔接城市群内部、城际、城乡、城市客运的效率和水平。

二是加速支线航空发展水平。在人口较少,经济发展基础较为薄弱的中西部及地形复杂、陆路交通成本很高的区域发展支线航空;加大政府对支线航空支持的广度和深度,放松航空管制,与高铁错位经营,改善机队结构,发展国产支线飞机,多管齐下,促进支线和干线协调发展,带动区域经济的发展。

三是拓展铁路服务水平。拓展铁路服务网络,加强干支线衔接,扩大高铁服务范围;提升动车服务品质,在客流量较密集的区际和节假日高峰,增加铁路发车频次和密度,方便区际公众出行;改善普通旅客列车服务水平,规范服务体系,方便不发达区域群众出行。

四是创新省际长途客运服务模式。推动长途客运接驳运输,提升长途客运本质安全水平;利用互联网思维,加速发展长途定制客运,方便不毗邻高铁区域、人口分散区域、交通基础设施不发达区域公众出行;发展旅游专车、探亲专车、商务专车等新模式,促进传统道路客运转型升级。

二、打造绿色高效的现代物流系统

为促进现代物流绿色、高效发展,从优化运输结构、推进多式联运、发展专业化物流等七个方面提出近期发展思路和重点措施。

(一)推动运输结构不断优化

一是推进港口集疏港铁路建设,加强港区集疏港铁路与干线铁路和码头堆场的衔接,优化铁路港前站布局,鼓励集疏港铁路向堆场、码头前沿延伸,加快港区铁路装卸场站及配套设施建设,打通铁路进港最后一公里。

二是推进具有多式联运功能的物流园区建设,加快铁路物流基地、铁路集装箱办理站、港口物流枢纽、航空转运中心、快递物流园区等规划建设和升级改造,加强不同运输方式间的有效衔接。进一步拓展高铁站场货运服务功能,完善货运配套设施。大力推广集装化运输,支持企业加快多式联运运载单元、快速转运设备、专用载运机具等升级改造,促进集装化、厢式化、标准化装备应用。

三是加快大型工矿企业铁路专用线建设。支持煤炭、钢铁、电力等大型工矿企业以及大型物流园区新建或改扩建铁路专用线。简化铁路专用线接轨审核程序。完善铁路专用线共建共用机制,创新投融资模式,吸引社会资本投入。合理确定新建及改扩建铁路专用线建设等级和技术标准。

四是提升铁路货运服务水平。深化铁路运输价格市场化改革,建立健全灵活的运价调整机制。完善短距离大宗货物运价浮动机制。减少和取消铁路两端短驳环节,规范短驳服务收费行为,降低短驳成本。

通过上述措施,推动大宗货物及中长距离货物运输向铁路和水路有序转移。

(二)推进多式联运发展

一是要健全多式联运法规、标准、规则。积极开展综合交通运输促进法、多式联运法等立法研究论证,强化不同运输方式间法规制度的相互衔接与协调。研究制定多式联运规则,完善多式联运经营人管理制度,建立涵盖运输、包装、中转、装卸、信息等各环节的多式联运全程服务规范和标准体系,建立适合我国国情的内陆集装箱技术标准框架,并做好与国际标准的有机衔接。

二是要加强专业化联运设备研发。支持基于标准化运载单元的多式联运专用站场设施建设和快速转运设施设备的技术改造。研发应用跨运输方式的吊装、滚装、平移等快速换装转运专用设备。鼓励企业研发铁路双层集装箱专用平车、铁路驮背运输专用载运工具、半挂车专用滚装船舶等专业化装备和配套机具。

三是要积极培育多式联运示范企业。积极培育具有跨运输方式货运组织能力并承担全程责任的企业开展多式联运经营,引导和支持具备条件的运输企业加快向多式联运经营人转变,推行"一次委托"、运单"一单到底"、结算"一次收取"的服务方式。

(三)充分发挥公路货运"门对门"优势

公路货运机动性、灵活性很强,在短距离运输中具有明显的优势。要充分发挥公路货运"门到门"的比较优势,推动传统公路货运转型升级和高质量发展。

要大力推动公路货运组织模式创新,鼓励引导传统公路货运企业主动适应并融入多式联运发展大局,调整优化经营结构,积极拓展短途接驳运输服务。支持公路货运企业加强与铁路相关企业战略合作,共同开发多式联运服务产品,探索发展驮背运输、公铁两用挂车甩挂运输等新模式。另一方面,要依托大数据、物联网、云计算等先进信息技术,发展"互联网+"车货匹配、专线整合、园区链接、共同配送、车辆租赁等新模式新业态,推动公路货运新旧业态加快融合发展,不断提高市场组织化程度。此外,鼓励公路货运企业通过组织创新、技术创新等手段,实现规模化、集约化经营,加快向多式联运经营人、现代物流服务商转型发展。鼓励中小公路货运企业联盟发展。

(四)提升航空货运质量和效率

航空运输方式对我国物流业走向全球化的意义重大。一方面,航空货运行业发展要坚持市场导向,秉承开放、合作、融合、卓越的理念,充分整合各种资源,打造信息资源交互化共享、市场主体多元化培育、发展模式多样化创新的航空物流链,提供满足市场需要的组合产品,推动航空货运由传统运输方式向现代物流服务体系的跃升。另一方面,要促进航空货运企业转型发展,鼓励航空货运企业与其他物流企业通过运营合作、联合重组、发展混合所有制等方式实现规模化、网络化、专业化发展,打造完整的物流产业链,创新航空货运产品体系和业务模式,提升民航货运在的国际货运中的服务能力。此外,要推进以货运功能为主的机场建设,加强航空货运已有设施改造,优化机场货运设施布局和货物流线。实施集疏运系统改造工程,确保内外集疏衔接顺畅、运行便捷高效。

(五)推进专业化物流发展

要大力推进电商物流、冷链物流、大件运输、危险品物流等专业化物流发展。

在促进电商物流方面,一是要简化快递业务经营许可程序,优化完善快递业务经营许可管理信息系统。创新价格监管方式,引导电子商务平台逐步实现商品定价与快递服务定价相分离。鼓励电子商务平台与快递物流企业之间开展数据交换共享,提升配送效率。二是要完善电子商务快递物流基础设施。统筹规划电子商务与快递物流发展,构建适应电子商务发展的快递物流服务体系。落实好相关用地政策,保障电子商务快递物流基础设施建设用地。引导快递物流企业加强网络节点建设,构建层级合理、规模适当、匹配需求的电子商务快递物流网络。

在促进冷链物流方面,要加快完善冷链物流设施设备。严格市场准入和退出,引导高耗能、低效率、不合规的冷藏保温车加快退出市场。鼓励多温层冷藏车、冷藏集装箱等标准化运载单元推广使用,提高冷链物流专业化、标准化水平。引导传统冷链物流企业转型升级,创新服务产品,向定制化、个性化增值服务转型,提升冷链物流服务品质。鼓励有条件的冷链物流企业延伸服务链条,向综合物流服务商转型发展。鼓励冷链物流企业创新运营模式,提供全程一站式服务。鼓励冷链物流企业加强物流管理信息系统建设,提高冷链物流信息化水平。

在促进大件运输方面,要进一步优化许可工作流程,推动跨省大件运输并联许可全国联网,实现"一站式"办证,进一步提高大件运输审批效率,降低企业成本。另一方面,要全面清理规范大件运输涉企收费,减少企业负担。

在促进危险品物流方面,要对标国际,构建"市场主体全流程运行规范、政府部门全链条监管到位、运输服务全要素安全可靠"的危险品物流管理体系。建立健全法规政策标准规范,明确交通、工信、公安、环境、应急等部门的监管职责,为危险品物流营造良好的政策环境。引导危险品物流企业加强信息化建设,全面推广危险货物运输电子运单,促进企业落实安全生产主体责任。

(六)发展城市配送和农村物流

一是创新城市配送模式,发展统一配送、集中配送、共同配送等多种形式的集约化配送,采取多种方式共建共用社会化配送中心。整合利用城市商业网点、快递网点、社区服务机构等设施资源,建设公共末端配送网点。鼓励经营规模大、网点布局广、辐射功能强的物流企业,联合其他企业构建城乡一体、上下游衔接、线上线下协同的配送网络。

二是推动城市配送车辆清洁化、标准化发展,推广新能源配送车辆并给予通行便利。在商业街区、大型商圈、居民社区、高等院校等场所,合理设置城市配送所需的停靠、充电、装卸、夜间配送交接等设施。推广使用标准托盘、周转箱等,推动城乡配送各环节高效衔接。

三是创新农村物流服务新模式,统筹推进农村物流与农村客运、邮政融合发展。引导货运企业发展农村电子商务,支持与农产品基地、农民专业合作社、农村超市等广泛合作、对接。鼓励快递企业加强与农业、供销、商贸企业的合作,构建农产品快递网络,打造"工业品下乡"和"农产品进城"双向流通渠道。

(七)落实减税降费政策、促进物流进一步发展

要落实减税降费政策,推进高速公路收费改革和差异化收费,降低物流成本。从全国货运结构来看,公路货运量在总量中的占比达76.0%,对物流运行体系的影响较为关键,通行费占到了运输成本的30%。通过降低过路过桥费用,将显著推动社会物流成本下降。同时,进一步落实交通运输税率从10%下调至9%,从而促进物流成本的逐步降低。

三、加速推进新业态新模式发展

为促进新业态新模式的健康有序发展,从推进运游融合发展、引导共享交通发展等六个方面提出近期发展思路和重点措施。

（一）推进运游融合发展

一是完善旅游交通基础设施网络体系。加强旅游交通基础设施发展规划编制，统筹考虑交通、游憩、娱乐、购物等旅游要素和旅游资源开发，构建"快进""慢游"的综合旅游交通网络。

二是健全交通服务设施旅游服务功能。拓展机场、火车站、汽车站、邮轮码头等客运枢纽旅游服务功能，推动高速公路服务区向交通、生态、旅游、消费等复合功能型服务区转型升级，加强连接重要景区的高速公路服务区的景观营造。

三是推进旅游交通产品创新。支持开发低空旅游线路，鼓励开发空中游览、航空体验、航空运动等航空旅游产品；积极发展遗产铁路旅游线路、精品铁路旅游线路等铁路旅游产品；推广精品旅游公路自驾游线路，引导房车旅游发展。

四是鼓励旅游客运市场创新发展。加强服务景区客流的公共交通运输组织，鼓励在重大节假日期间开通定制旅游线路，增强城乡客运线路服务乡村旅游的能力；支持运力闲置的客运班车向旅游包车转型；完善省域、跨省的客运联网售票系统，积极推进跨运输方式客运联程系统建设，引导联程联运"一站式"票务服务。

（二）引导共享交通发展

一是促进共享交通与传统交通行业融合发展。寻求共享交通和传统交通之间的利益最大公约数，化解与行业内相对固化的管理理念、法规制度、监管体系之间的冲突矛盾，实现新旧业态融合发展。

二是加强共享交通治理体系和治理能力建设。一方面以不断满足人民群众个性化、多样化、高品质的运输需求为导向，站位高远，继续深化改革，打破市场壁垒，推动不同市场主体公平参与竞争，积极鼓励和支持新业态的发展，激发市场创新活力，优化运输服务模式，提升资源配置效率，促进运输服务的转型升级；一方面健全完善针对新业态的法规、制度和标准，促进新业态的规范发展，防范恶性竞争和市场垄断，切实维护和保障好广大人民群众的切身利益。

三是推动重点领域共享交通发展。在客运领域，大力发展"互联网＋联程运输"，加快推进定制巴士、定制快车、定制包车等的有序发展，推动旅客客票"一票制"，为老百姓提供"跨领域、多要素、一站式"的出行服务；在货运物流领域，大力发展"互联网＋多式联运"，鼓励网约货运平台、多式联运经营人的发展，推进货运物流向"全链条、一单制"发展，促进物流"降本增效"；在城市交通领域，大力促进分时租赁、定制公交等发展，为城市居民提供响应及时、组织高效、个性化的出行服务；在汽车后市场领域，大力发展"互联网＋预约修车"，为老百姓提供更加阳光、透明、放心、舒心的汽车维修服务。

四是做好共享交通发展制度保障。针对共享交通发展中出现的新情况、新问题，开展综合评估，健全完善相关法规制度，既放松制度束缚、鼓励发展，又加强对不合法合规及失信行为监管,守住安全底线,严控信息、资金安全,促进共享交通健康发展。

(三)促进邮政快递创新发展

一是推动邮政普遍服务升级换代。鼓励共建共享,通过设立分支机构、合资合作等方式,加快国际快件航空转运中心规划和建设布局,加强目的国通关和末端配送能力建设,拓展服务网络;支持快递企业在制造业海外生产基地附近建设仓储运营中心,推进跨境网购寄递服务发展;完善制造、运输、寄递等上下游物流信息标准体系和交换机制,构建基础信息平台,为社会提供国际寄递活动的实时信息查询服务;完善跨境寄递信息通报等配套管理政策,加快创新跨境寄递服务模式,提升跨境寄递服务全程通关便利;支持寄递服务企业主体多元化,支持外企企业依法进入市场,支持建立跨境寄递服务企业信用体系。

二是推进快递扩容增效和数字化转型。鼓励以人工智能、大数据、云计算、区块链等为代表的新一代信息技术应用,提高快递业生产设备标准化、现代化水平;推动中小型快递企业转型升级,建立以企业为主体、市场为导向、产学研深度融合的技术创新体系,提升企业科技创新能力,培育一批"专精特新"快递企业。支持有条件的民营快递企业实现智能化生产、网络化协同、服务化延伸,催生新业态、新模式;培育市场份额高、创新能力强、发展潜力大、质量效益优的民营快递企业。

(四)推进通用航空和市域(郊)铁路发展

一是加强通用机场整体布局规划。在偏远、地面交通不便、地面交通拥堵严重地区、年旅客吞吐量1000万人次以上的枢纽运输机场周边等功能区域建设通用机场,满足抢险救灾、医疗救护、反恐处突、旅游、航空教育与公共管理等需要;推进京津冀、长三角、珠三角等地区和重点城市群的综合型通用机场建设。

二是大力培育通用航空市场。发挥通用航空在方便偏远地区、地面交通不便地区人民群众的出行中的作用;鼓励有条件的地区发展公务航空;鼓励和加强通用航空在抢险救灾、医疗救护、工业与能源建设、国土及地质资源勘查、环境监测、通信中继等领域的应用;推动通用航空与互联网融合,拓展通用航空新业态。促进通用航空与旅游业融合发展;积极发展个人、企业自用等非经营性通用航空。

三是统筹推进市域(郊)铁路规划与建设。优先利用既有线路资源,统筹编制符合城市总体规划要求,与各种交通运输方式及不同层次轨道交通系统的高效衔接的市域(郊)铁路规划;合理把握其功能定位,有序推进新建市域(郊)铁路建设,按照零距离换乘和一体化运营要求,实现配套基础设施(停车场、充电基础设施、步行和自行车服务设施)和运营服务方面的资源共享、互联互通。

四是提升市域(郊)铁路运营服务水平。优化客运组织,采用公交化运营模式,提供便民惠民利民的市域(郊)铁路运输服务;提升新建和既有线路的信息化、智能化服务水平;加强服务标准化建设,提升服务质量;创新政府与铁路企业之间合作方式,鼓励运营主体多元化,探索网运分离模式,最大限度调动各方面的积极性、主动性。

(五)促进"互联网+"高效物流发展

一是统筹规划制造业集聚区配套智慧物流服务体系。引导物流企业完善智能货运与物流系统,促进物流业与制造业相关标准对接、资源交互、信息共享。鼓励物流企业研发应用货物动态跟踪系统,推广电子运单,实现货物状态全程监控、流程实时可查。

二是充分利用国家交通运输物流公共信息平台,整合各种货运方式以及海关、检验检疫等信息资源,促进多式联运基础信息互联共享。推进部、省、市三级道路运政管理信息系统互联互通,推动实现运政管理与执法信息的跨区域协调联动,加强与超限超载治理信息系统联网管理与信息共享。

三是大力发展由互联网、大数据、云计算、物联网、虚拟现实、人工智能(包括机器人、无人机、无人车等)等先进信息技术和装备支撑的智能货运物流决策、调度及运转系统,强化技术体系标准化和市场监管规范化,促进设施、装备、运营、管理等各层面的协同发展。

四是引导并规范网络货运平台企业健康发展。有序推广第三方应用程序服务产品,创新物流资源配置方式,促进供需信息直通和资源高效整合,实现货运供需信息实时共享和智能匹配,减少迂回、空驶运输和物流资源闲置。

五是加快促进冷链物流发展。引导高耗能、低效率、不合规的冷藏保温车退出市场,严格冷藏保温车辆使用过程管理,鼓励多温层冷藏车、冷藏集装箱等标准化运载单元以及轻量化、新能源等节能环保冷藏保温车型在冷链物流中推广使用。加强冷链物流园区和农村的冷链基础设施建设。鼓励冷链物流企业创新发展,向定制化、个性化增值服务转型,延伸服务链条,提供全程一站式服务,提升信息化水平,建立冷链物流联盟,提升服务品质。

(六)积极发展无人机(车)、城市地下物流配送

一是积极发展无人机物流递送。加快制定和完善有关运行规章制度和标准体系,规范无人机物流配送市场秩序,制定货运无人机设计要求,创新开展无人机适航审定工作,推动新兴模式健康发展;支持物流企业在空域条件良好、地面交通欠发达地区开展无人机物流配送试点。

二是积极探索发展地下物流配送。探索包括:利用已有的地铁进行夜间配送,连接地下管廊和地上的物流中心以及在地下构建涵盖站内仓储、分拣、装卸等区域的物流系统。

第六章 交通强国创新体系建设

第一节 交通运输科技创新与发展

创新是引领发展的第一动力,是建设现代化经济体系的战略支撑。交通运输是一个技术密集型的行业,也是一个以技术应用为主,对新技术极度敏感的行业。要加快实现交通强国建设由大到强的历史转变,关键要靠创新,要加快推进以科技创新为核心的全面创新,充分发挥科技创新的引领和支撑作用。交通强国建设就是要抢抓世界科技革命的机遇,引领行业靠更快的发展,进一步增强我国交通运输的综合实力和国际竞争力。

一、交通科技创新概述

(一)交通科技创新发展内涵

科技创新是交通强国建设的重要支撑,同时也是交通强国建设的重要内涵或重点任务。一方面,建设交通强国必须依靠科技创新培育发展新动力,为交通运输高质量发展提供动力支撑,通过实施创新驱动发展战略,完善行业科技创新体系,集中行业科技资源实施重点突破,带动行业全面创新发展;另一方面,交通强国也意味着交通科技的强大,具有持续的交通科技供给能力且能够领跑世界科技创新与进步,拥有世界一流的科技人才、一流的科学技术,能以科技创新促进和引领本国交通和世界交通的创新与发展。

交通科技创新体系建设要充分发挥科技创新在交通强国建设中的支撑和引领作用,关键是要围绕交通强国建设目标,深入分析把握交通运输科技发展需求,不断改进和完善科技创新发展方式,有效整合和优化配置社会创新资源,充分调动和吸收行业内外、国内外一切可以利用的先进技术、人才和资金等发展资源,不断完善行业科技创新体系,提升行业科技创新能力,促进科技创新与行业发展深度融合。因此,交通科技创新体系应包含科技创新技术体系、科技创新实施体系、科技创新能力体系、科技创新保障体系等。其中,技术体系是科技创新的核心,实施体系是科技创新的重要抓手,能力体系是科技创新的载体和动力资源,保障体系是科技创新的根本支撑。

(二)交通科技创新发展成就

近年来,交通运输科技创新工作以深化交通运输科技体制机制改革、强化重大科技研发、推进创新能力建设、优化科技创新环境为着力点,统筹资源、开放共享,取得了显著成效。

一是科技创新体制机制改革不断深化。行业科技管理工作由抓科技研发项目为主向抓战略、抓政策、抓规划、抓服务转变。组织实施重点科研项目清单管理,启动重大创新成果库建设,开展扩大高校和科研院所自主权试点。印发重大科研基础设施和大型科研仪器开放共享办法,出台加强行业科学技术普及工作的意见,增强了行业科技资源的统筹和协调力度。

二是关键核心科技攻关取得新突破。组织实施了一批国家重大科研项目,攻克了以跨海集群工程、高原高寒高海拔高速公路建设为代表的重大基础设施建设技术,突破了自动化码头、大型挖泥船、大型盾构机等一批重大装备技术瓶颈,突破了一批运输装备的关键技术。攻克了一批交通运输信息化和智能化关键技术,为奥运会、世博会等国家重大活动提供了强有力的技术保障,推动我国交通系统的发展转型,初步培育了我国智能交通产业。掌握了交通运输安全保障核心关键技术,极大地促进了交通运输向更加安全和可持续的方向发展。引领了世界交通基础设施建养技术发展,突破了以桥梁、隧道为代表的一批重大交通基础设施建设和养护关键技术。当前,我国高速列车、重载列车、城轨列车、港口装备、超大型船舶和电动汽车等交通运输装备水平跃居世界前列。推动了大吨位打捞、深水应急搜救等技术快速发展,有力支撑了港珠澳大桥等重大工程顺利建成。深入组织开展自动驾驶、无人船、氢能源汽车、太阳能路面等前瞻性技术研究,联合公安部、工信部出台智能网联汽车道路测试管理规范,从国家层面首次提出了自动驾驶道路测试管理规范。

三是交通科技创新平台建设硕果累累。建设运营了一批包括国家重点实验室、工程技术研究中心、国家工程实验室在内的国家创新能力平台,组建了一批国家产业技术创新联盟,形成了机制化的协同创新模式,夯实了我国交通科技能够可持续发展的基础。"十三五"以来,以企业为主体,在综合交通运输大数据应用、网络安全、现代物流、城市轨道交通运营安全、基础设施智能制造、建筑信息模型(BIM)技术等领域,认定建设了30家研发中心和2家重点实验室,目前行业科研平台总数已达137家。中车、徐工、百度、阿里等100余家研发实力强劲的创新型企业和清华、同济、哈工大等一批知名高校进入行业科技创新体系,为行业科技创新诸如了新的活力和动力。同时,组建了一批国家产业技术创新联盟,形成了机制化的协同创新模式,夯实了我国交通科技可持续发展的基础。

(三)交通运输科技发展存在的问题

经过"十二五"的快速发展,我国交通运输紧张状况总体缓解,运能制约瓶颈基本消除,初步适应了国民经济和社会发展的需要,也为未来交通运输发展奠定了坚实基础。站在新的历史起点上,交通运输仍面临系列挑战,包括交通装备制造由大国向强国转型的挑战,交通领域节能减排的挑战,交通运输高安全、高效能、高品质服务的挑战等。

全球科技迅猛发展,科学技术前沿不断拓展,学科间交叉融合加速,产业体系汇聚重构已成常态。相关领域科技的快速发展并与交通运输行业深度融合,形成并强化了交通领域科技发展的新趋势,也就是交通能源动力系统的电动化、高效化和清洁化,交通装备设计制造的轻量化、数字化和一体化,交通运输系统集成的智能化、网联化和协同化,以及用户消费需求的体验化、共享化和综合化。

交通运输行业科技创新成绩斐然,但与落实国家创新驱动发展战略,加快推进交通强国建设的要求相比,交通运输科技创新工作还存在以下突出问题:

一是基础性前瞻性技术创新仍是短板。交通运输是科学技术应用最广泛的行业之一,但是长期以来交通运输行业科技创新需求来源于工程建设和运营管理等现实需求,成果直接服务于工程建设和运营管理等领域,应用型科研的特征明显,集成创新有余,原始创新不足。基础理论创新的人才、团队、基地都十分薄弱。

二是支撑行业转型升级关键技术研发亟待加强。在道路交通、航空运输和水路运输的装备产业中"核心技术空心化"现象依然存在,汽车、飞机和船舶等战略性载运装备的动力及控制系统研发基础薄、能力弱、自主创新能力不足,对国外技术依存度依然较高,无脑、无芯、无神经问题突出,高效低排动力总成与国际先进技术存在较大差距。

三是激发行业高质量发展的创新动力不足。科技进步贡献率还不高,项目、基地、人才的结合还不够紧密,领跑科技创新的重点科研平台、科技领军人才和卓越创新团队相对缺少,重点科研平台的"创新高地"作用有待进一步发挥。行业重点科研平台布局与协同有待进一步优化,行业具有较强影响力的高层次科技领军人才不足。

四是引领行业发展科技创新链条设计不畅。以市场为导向的交通行业科技统筹管理和协调发展体制机制尚未建立,基础研究、技术研发、成果转化、产业发展的科技创新全链条创新设计与通道不够畅通,成果的工程化、产业化、市场化、品牌化程度不高,尤其是行业外先进技术转化应用不足,规模不大,支撑行业转型升级的作用尚未充分发挥。交通运输行业科技与经济融合程度不高,科技成果推广和科技成果转化率低,成果与生产技术需求契合度和产业化程度不高。

二、交通科技创新发展思路与目标

(一)科技创新发展趋势

以人工智能、移动通信、物联网、区块链为代表的新一代信息技术,和以清洁高效可持续为目标的能源技术发展,将引发全球能源变革。世界科技的大跨步发展,给交通运输发展带来了机遇与挑战,要求交通科技创新瞄准世界科技前沿,部署重点方向和关键技术研发,为建设好现代化交通运输体系发挥好支撑引领作用,为促进新技术与交通行业深度融合发展提供强大动力支持。

建设世界科技强国和交通强国,是指引我国科技事业和交通运输事业发展的纲领性文件。现代交通运输业是建设现代化经济体系的重要组成部分,建设交通强国必须把创新作为引领发展的第一动力,构建交通运输创新发展体系,加快建立以科技创新为引领、以智慧交通为主攻方向、以人才为支撑的创新发展体系,全面支撑交通强国建设,全面建成安全便捷、经济高效、绿色智慧、开放融合的现代化综合交通运输体系。

科技创新是交通运输高质量发展的保障和驱动力,提高基础设施耐久性和可靠度,提升行业管理效能和公共服务水平,推进交通运输绿色智能平安发展,有效降低运输与物流成本,增强安全保障与应急处置能力等各领域,突破一批共性关键技术瓶颈,全面提升科技进步水平,促进行业发展转型升级;要促进交通运输新模式、新业态、新动能不断涌现,以智能交通为引领,实现交通运输从传统产业向现代服务业转型升级,推动交通运输高质量发展。

(二)科技创新发展主要思路

交通科技创新发展要以满足构建我国安全、便捷、高效、绿色现代综合交通运输体系和国家总体安全重大需求为总体目标,强化人工智能、新材料和新能源等赋能/赋性技术与交通运输需求的深度融合,大力发展高效能、高安全、综合化、智能化的系统技术与装备,形成满足我国需求、总体上国际先进的现代交通运输核心技术体系。培育壮大新能源载运工具、现代轨道交通、现代通航运输、绿色水运装备等产业,提升我国交通运输业和装备制造业的核心技术全球竞争力和产业可持续发展能力。具体而言,分为轨道交通、道路交通、水运交通、空中交通、综合交通运输与智能交通等领域。

一是分步实施现代交通领域重点专项,构建具有国际竞争力的产业技术体系。在交通系统安全保障、综合效能提升和可持续性等战略方向,形成包括核心技术、关键装备、集成应用与标准规范在内的成果体系。二是围绕拓展创新发展空间,构建全面创新能力。优化整合科研能力资源,完善以国家高速列车技术创新中心为引领的国家交通科技创新能力平台建设。培育造就一批具有全球领域影响力的科学家、科技领军人才、高技能人才和高水平创新团队。三是突破共性前沿和颠覆性交通核心技术。培育重要战略性创新力量,聚焦重大科学问题,引领交通技术未来发展方向。

(三)科技创新发展目标

到2020年,实现科技体制机制深化改革,突破一批重大关键技术瓶颈,逐步形成政产学研用深度融合的交通运输科技创新体系。

到2035年,基本建成以科技研发为核心的新时期交通运输科技创新体系,交通运输关键技术取得突破性成果,行业科技创新能力显著提高,交通运输产业进入全球价值链中高端,行业科技创新现代治理体系基本形成,行业科技进步贡献率显著提高,科技创新成为支撑引领交通强国建设发展的第一动力,具体是:

一是交通运输科技创新技术水平迈进世界前沿。行业科技创新服务国家重大战略实施,不断实现行业转型升级,综合运输智能管控、基础设施耐久性、大数据、物联网、自动驾驶等技术取得重大突破,总体扭转以跟踪为主的局面,在若干重点领域由跟踪转向并行最终领跑。

二是科技创新能力处于国际领先水平。一批国际领先水平的行业重点科研平台和全产业链科技创新协作平台不断涌现,一批现代科研院所、学科和高端智库团队进入世界一流,科技创新领军人才海内外知名,大型仪器设备和基础设施向全社会开放共享,行业内外形成协同创新的新格局。

三是交通运输产业进入全球价值链中高端。交通运输行业新技术、新工艺、新产品、新材料的研发与应用取得突破,科技创新驱动发展的新模式和新业态、新需求和新市场逐步建立,行业实现更可持续的发展,产品和服务质量与效率提升,交通运输产业进入全球价值链中高端。

四是科技创新现代化治理体系基本形成。行业科技创新资源配置效率和创新效率明显提高,创新成果得到充分保护,形成政产学研用为一体的交通运输科技创新链条。科技创新驱动发展的新模式和新业态、新需求和新市场逐步建立,交通运输创新与产业发展实现较高程度融合。行业科技创新环境进一步优化,形成崇尚创新创业、勇于创新创业、敢于创新创业的价值导向和文化氛围,全社会创新活力竞相迸发、创新源泉不断涌流。

展望到2050年,形成大众创新、万众创业的创新环境,形成崇尚创新、勇于创新、敢于创新的社会文化,企业成为科技创新的主体,交通运输行业全产业链创新体系形成,科技创新成为引领交通强国建设的第一动力。

三、交通科技创新体系建设主要任务

交通运输科技创新体系要注重强化技术研发,努力增强创新能力,夯实创新根基,不断完善实施体系,提升创新效率,完善创新机制,优化创新环境。

(一)强化前沿关键科技研发

1. 加强交通运输前瞻性、颠覆性技术研究

大数据、云计算、物联网、移动互联网等新一代信息技术在行业建设、养护、运输组织和管理领域广泛应用,在船联网、车联网、物流信息平台、出行信息服务、数字航道、海事监管智能化等方面取得了显著进展,初步培育了我国智能交通产业,"互联网+交通运输"等新业态快速发展,推动了我国交通系统的发展转型,为交通运输当好发展先行官提供了重要支撑和引领。

交通基础设施建设、运输装备研发应用、综合运输服务和行业治理的深度融合的智能化发展,将加快推进工程领域监测检测的数字化、维修养护的智能、无人技术与装备的研发应用。只有提前谋划布局智能运输装备研发和应用,才能为打造具有国际竞争力的运输装备产业集群奠定基础。要大力发展自动驾驶技术和轨道交通系统,在智能化、高端化运输装备制造方面主动作为、加快发展,切实将关键核心技术掌握在自己手中。港珠澳大桥就是人工智能技术在交通基础设施实施运维管理的典型示范工程。

新一代旅客联程运输发展,要求大力推进不同运输方式、不同区域之间货运服务信息共享、标准衔接,要积极打造智能多式联运系统,以人工智能推进运输服务产业变革,在创新引领、绿色低碳、共享经济、现代供应链等领域培育新的增长点、形成新动能。智能化不仅是技术创新,还要及时跟进建立健全适应人工智能发展的法规制度、规划战略、产业政策、标准规范等,才能确保交通运输领域人工智能安全、可靠、可控。要大力推进开发适用于行业服务和决策的人工智能系统,提升交通运输治理能力和现代化水平。

创造有利于创造智能网联汽车发展大环境,加快推进智能网联汽车与智能交通、信息通信等产业的融合发展,积极推动汽车、交通、通信、互联网等行业的协同,推动建设新型产业生态体系。建设覆盖全国的新一代无线通信网络,推动建立开放型大数据平台,实现车、路、人、云平台之间的互联互通。

新能源产业的发展既是整个能源供应系统的有效补充手段,也是环境治理和生态保护的重要措施,是满足人类社会可持续发展需要的最终能源选择。新能源交通是未来的发展方向,随着可再生能源比例的不断提高,绿色电力将有效推动各行各业的低碳化发展。

2. 加强交通装备动力传动技术和发动机装备设备关键技术研发

加强汽车动力传动系统研发。我国汽车动力及传动系统与国际先进水平相比,存在较大差距。低油耗低排放发动机、无凸轮轴进排气系统、高性能增压系统汽油机直喷系统、柴油机高压共轨系统、新型工作循环发动机等系统技术落后或存在空白。自动变速器的研发和制造,长期依赖进口和外资。虽然在自动变速器领域已经基本实现了核心技术的突破,但产业化突破仍然面临巨大的挑战。

加强民用飞行器动力传动系统研发。航空大功率发动机被称为"现代工业的王冠",代表了人类工业科技文明的最高水平,是工业科技的集大成者。当前,全世界能生产民用飞机的国家有十几个,但能独立研发民用喷气式大功率发动机的国家只有五六个。我国民用航空动力技术相对落后,尚未突破大功率发动机产业的瓶颈,相关市场全部被国外产品占领。目前只有CJ-1000AX与C919等的核心部件都是自行研发、制造,实现了自行装配。最新研制的AEF3500涡扇发动机即将问世,最大推力为35吨,可以用于升级运-20大型运输机,并对大型轰炸机研制提供一定的借鉴作用。除此之外,CR-929客机还可改装成预警机、加油机以及电子战机,这将进一步增强我国空军的整体实力。

加强船舶动力系统研发领域,特别是新型推进系统无成熟的自主产品。目前国内由于缺乏设计制造经验以及大量的实用运行数据,针对新型推进器研发工作尚处在起步阶段。各科研单位和院校主要在数值计算、性能分析、仿真控制、总体设计方法上进行了深入研究,也研制了小型的实物样机。但在大型推进器的研发方面,还未建立相关的设计、研发以及验证体系。

3. 加强综合交通管控和服务技术研发

加强区域综合交通网络协调运营与服务技术研发。区域综合交通网络作为一种新的交通服务体系,是指通过统一的综合控制协调平台,对交通管理、交通运输、公众出行等交通领域全方面以及交通建设管理全过程进行管控支撑,使交通系统在区域、城市甚至更大的空间范围具备感知、互联、分析、预测、控制等能力,以充分保障交通运输安全、发挥交通基础设施效能、提升交通系统运行效率和管理水平,为通畅的公众出行和可持续的经济发展服务。通过交通监控、管理和协调,最终提供出行服务。要加大信息技术应用,改善机场、高铁等大型对外交通枢纽与轨交、公交等市内交通网络的高效联系,在提高综合交通系统性整合协调水平和层次性服务的基础上,改善与提升区域交通出行的整体效率和服务质量。

加强城市综合交通协同管控技术研发。城市综合交通协同管控技术,可以实现城市交通的实时监控、态势动态分析、异常智能预警、应急可视指挥、管理科学精细、精准发布、设备全生命周期管理和控制过程,提升城市交通通行效率,提高城市交通协同管控能力。当前城市综合交通协同管控技术研发,主要有以下几个方面:信息全面感知及智能化分析研判预警,交通运行状态实时监测、问题诊断及智能决策系统,"情指勤督服"一体化可视化指挥调度,智能信号控制与诱导协同,基于大数据的交通管理精准信息服务技术,交通设施云端运维管理技术,车路协同管控技术等。

加强基于船岸协同的内河航运安全管控与应急搜救技术研发。航运安全监管技术装备更新换代速度将不断加快,只有利用最新信息化技术装备,才能提升内河航运安全监管、应急处置与环境保护水平,促进航行更安全、水域更清洁、航运更便捷。船岸协同系统依托现有的长江航运信息网络与公共通信网络设施,实现船-岸、船-船间连接的连接。综合交通流数据库、电子航道图以及信息处理系统,对船舶交通流各类数据进行分析挖掘,获取长江在航船舶实时的交通流状态信息以及时空分布状况。

4. 加强轨道运输储备技术研发

时速600公里级高速磁悬浮系统研发。磁悬浮列车核心技术,解决了高速条件下车体轻量化、强度、刚度、噪声等系列难题,开发出轻质高强度的新一代车体;研制出高精度悬浮导向、测速定位装置和控制系统,性能指标达到国际领先;突破了列车高速条件下流固耦合复杂作用的制约,解决了气动阻力、升力等问题,气动性能达到国际先进水平。目前,高铁最高运营速度为350公里/小时,飞机巡航速度为800~900公里/小时,时速600公里高速磁悬浮,可以填补高铁和航空运输之间的速度空白。

时速400公里级高速轮轨客运列车系统研发。科技部于2016年11月正式启动研制时速400公里速度等级动车组,以及研究复杂耦合条件下轮轨、弓网、流固耦合关系及列车动态行为等,研究超高速动车组降低运行阻力、智能驾驶、轻量化技术等,研究跨国互联互通的适应性、可变轨距转向架、多制式牵引系统等。时速400公里高速动车组具备六大技术特点:运营速度世界第一、具备跨国互联互通能力、低能耗轻量化的绿色环保动车组、智能化水平更高、安全性更高、舒适度更高。

低真空管道(隧)高速列车系统研发。真空管道高速交通是一种高效、环保、节能的高速长途交通工具。在两个距离遥远的城市之间架设高架管道,内部铺设双向轨道,并抽成真空,气密性的列车在真空管道内高速运行。车站与列车可进行类似太空舱间的对接,旅客可以通过密封的通道进入列车。高架桥上的真空管道的外壁,可用透明的有机聚酯材料制造,不仅外表美观便于观察,且重量轻强度高。我国真空管道列车将成为新世纪铁路发展的方向。

(二)大力发展智慧交通

智慧交通是基于智能交通系统实现对交通运输体系中各种要素的全面感知、泛在互联、协同运行、高效服务和可持续性发展;是集成物联网、大数据和云计算等新一代信息技术,结合人工智能、知识工程技术等实现具有一定自组织能力、判断能力和创新能力的更加高效和敏捷的交通运输系统。对交通管理、交通运输、公众出行等交通领域全方面以及交通建设管理全过程进行管控支撑,使交通系统在区域、城市甚至更大的空间范围具备感知、互联、分析、预测、控制等能力,以充分保障交通运输安全、发挥交通基础设施效能、提升交通系统运行效率和管理水平,为通畅的公众出行和可持续的经济发展服务。

1. 推动新技术与交通深度融合发展

应用新技术提高交通智能化水平,是提高交通运输效率、安全和服务水平的关键抓手,借助于交通大数据、移动互联、云计算、人工智能等信息技术的深度应用和跨界融合应用。大数据、互联网、人工智能、区块链、超级计算等新技术与交通行业深度融合,为智慧交通提供了强大的技术支撑。"交通+"新技术的跨界融合,将使交通运输行业的运行和发展更加安全、高效、便捷、经济、环保、舒适。"交通+物联网技术"可以全面感知交通运输基础设施的质量和交通运载工具的状况,同时监控整个交通系统的运行情况;"交通+大数据技术"可以充分挖掘和利用信息数据的价值,盘活现有数据,在此基础上进行应用、评价、决策,服务于交通主管部门的管理与决策;"交通+云计算"为各类交通数据的存储提供了新模式,"交通云"的建立将打破"信息孤岛",彻底实现信息资源共享、系统互联互通;"交通+互联网技术"可以实现信息在各种交通系统间的顺畅传输、交换,从而实现各种运输方式的合理布局及协调、高效运行。可以有效提高交通违法举报、罚款、收费工作效率,有助于缓解交通堵塞,辅助城市停车管理。使道路变得通畅,能源消耗减少,环境污染得到改善,保障我们的出行安全。

2. 建设综合性交通信息网络

推进交通基础设施网、运输服务网和新能源与信息网络融合发展,构建泛在先进的交通信息基础设施。内畅外联的交通基础设施网络,是各种运输方式融合发展的基础和支撑。我国综合运输的智能化发展主要体现在四个方面,分别是综合交通基础设施智能化、载运工具智能化、交通运行监管与协调智能化以及大型综合交通枢纽协同运行与智能服务。要按照"体系优化、网络完善、智能管理、畅行无阻"的要求,将铁路、公路、航道、港口、机场、邮政站所紧密融合,推进高品质、高质量、广覆盖的交通基础设施网络建设。

运输服务网与信息网络的融合发展,打破了传统运输业中各种运输方式的界限,形成了融合制造业、运输业、仓储业、货代业和信息业的完整的供应链,建立了货物"门到门"的全程服务体系。要进一步完善信息网络融合,推进交通基础设施加密延伸,加强一体化综合交通枢纽建设,促进各种运输方式有机衔接。要推进交通基础设施网与信息技术紧密结合,实现智能管理,推动互联网、大数据、人工智能与交通运输深度融合发展,构建智慧交通体系。

目前,我国信息化发展领域已全面拓展到陆地、海洋、天空、太空等生产生活科研空间,构建多网络融合发展、多空间维度一体化、综合智能化的泛在先进信息基础设施体系架构,形成推动我国信息化发展的强劲动力。建设泛在先进的交通信息基础设施体系是综合交通运输信息化发展的主要方向,加快物联网设施、云计算中心、大数据平台、内容分发网络等设施部署,加快以信息传输为核心的网络设施向融合感知、传输、存储、计算、处理为一体的智能化信息基础设施的演进,实现网随云动。实现与其他基础设施同步规划、同步设计和同步施工,加快交通沿线配套信息基础设施建设,推进设施开放,创新建设合作模式,实施共建共享,建设智慧型交通信息基础设施网络。

3. 构建综合交通大数据中心体系,深化交通公共服务和电子政务发展

构建综合交通大数据中心体系。建立国家级、省级、市级三级大数据共享平台,数据逐级汇聚,形成覆盖全国、统筹利用、统一接入的交通大数据共享平台,实现跨层级、跨地域、跨系统、跨部门的协同管理和服务。为此,应推进以下工作:制定数据接入、共享系列标准,整合交通基础设施数据、载运工具基础数据、交通运行数据、交通管理运营数据、交通出行数据及企业运营数据等交通相关数据,推动技术融合、业务融合、数据融合;制定数据安全管理规范。不断完善数据资源共享机制,推动交通大数据深度应用,综合运输智能化协同突破。

深化交通公共服务和电子政务发展。目前,城市智慧交通公共服务主要包括智能客运服务、智能公交系统、智能停车系统、智能枢纽系统、智能慢行系统、一站式出行服务平台软件、智能货运服务等公共服务系统。在电子政务背景下,政府的治理结构、治理观念、管理体制等方面都发生了较大变化。电子政务的运用,将政府职能电子化、网络化,实现资源共享、信息互通,推动部门协同合作,简化审批流程,提高审批效率,逐步实现政府职能以管制主导向服务主导的转变,提高政府部门工作人员行政管理水平,实现政府的高效管理,适应了社会主义市场经济的发展。

4. 推进北斗卫星导航系统应用

北斗卫星导航系统(简称北斗系统)是我国着眼于国家安全和经济社会发展需要,自主建设、独立运行的卫星导航系统,是我国重要的空间基础设施。交通运输行业是北斗系统重要的民用行业,做好交通运输行业北斗系统应用工作,是落实国家战略和促进经济社会发展的重要举措,同时也是新时期新形势下推进综合交通运输发展,

建设交通强国的迫切需要。下一步将继续深化研究,扩大在智能导航、交通监管、出行服务和智慧城市等方面的应用,深化功能研发,加强在行业道路系统和应急搜救系统的应用。

(三)完善科技创新机制

交通科技创新体系建设,就是要充分发挥科技创新在交通强国建设中的支撑和引领作用,围绕交通强国建设目标,深入分析把握交通运输科技发展需求,不断改进和完善科技创新发展方式,有效整合和优化配置社会创新资源,充分调动和吸收行业内外、国内外一切可以利用的先进技术、人才和资金等发展资源,不断完善行业科技创新体系,提升行业科技创新能力,促进科技创新与行业发展深度融合。要不断完善科技体制机制改革,突破一批重大关键技术瓶颈,逐步形成政产学研用深度融合的交通运输科技创新体系,促进科技创新资源、成果的开放共享。加强协同创新、资源的共享与成果转化,以交通科技创新带动全产业链创新。

1. 推进产学研深度融合

建立以企业为主体、市场为导向、产学研深度融合的技术创新体系,是国家"完善科技创新体制机制"系列部署中的关键环节。产学研协同创新,是行业、企业、高校、科研机构以创新资源共享、优势互补为基础,以合作研发、利益共享、风险共担为原则,政府进行政策引导、搭建平台和引导外部需求推动,企业主导多方合作,高校为基地吸引企业合作,各方联手打造区域集群,组合形成一段时期的利益共同体,共同开展科技创新、推进成果转化。交通运输行业要更好地发挥政府引导和协调作用,强化企业创新的主体地位,以协同创新平台为载体,以重点技术突破为契机,加强部际合作、部省合作,统筹利用行业资源,积极开展国际科技合作,促进科技创新资源、成果的开放共享。

建立交通行业创新联盟。交通运输行业不断统筹科技创新资源,完善行业重点科研平台布局,鼓励各类创新主体拓展科技创新载体,已经取得了一定成绩,组建了一批国家产业技术创新联盟,形成了机制化的协同创新模式,夯实了我国交通科技可持续发展的基础。主要体现在以下几个方面:一是,加快人工智能、自动驾驶、无人船、出行服务、绿色能源、先进材料等领域科研平台。鼓励发挥科研机构、高校的基础骨干作用,形成面向全球、服务行业的合作、开放、共赢的创新合作平台体系。二是,加强交通重点学科方向规划,优化行业基础研究资源布局,加快重大科研基础设施、大型仪器设备和基础科技资源开放共享,充分释放创新服务潜能。三是,发挥交通运输、高科技等骨干企业的主体作用,发展众创空间,孵化培育小微企业,形成大众创业、万众创新的生动局面。四是,行业技术创新人才队伍不断壮大,高层次人才和创新团队培育初见成效,行业创新实力不断增强。

建立关键核心技术攻关机制。随着世界科技的大跨步发展,交通运输发展面临着巨大的机遇与挑战,要求交通科技创新瞄准世界科技前沿,部署重点方向和关键技术研发,为建设好现代化交通运输体系发挥好支撑引领作用,为促进新技术与交通行业深度融合发展提供强大动力支持。要注重对接国家重大发展战略及国家科技政策,凝练行业重大科技需求,加强跨行业、跨部门沟通协调,争取国家科技资源支持,形成多部门共同推进的合力,推动重大研发任务实施。要加强部省联动、跨区域联动,强化不同层级政策衔接,促进科技资源共享与科研项目合作,完善联合攻关机制,实现上下联动、左右互动,下好全国交通一盘棋。要进一步引导全社会加大对研发的投入力度,尤其是前瞻性和应用性基础研究领域。突出企业的科技创新主体地位,支持企业持续加大科技投入、提升创新能力,加强企业对科技发展的引领作用。要支持科研机构、大专院校等强强联合,形成区域性和专业性技术创新联合体,促进交通科技资源的合理配置和高效利用。

2. 建设有影响力的实验室、试验基地和技术创新中心

建设有影响力的实验室、试验基地。交通运输行业积极统筹部署推进交通科技创新能力建设,积极推进有行业重点实验室、试验基地建设。行业实验室、试验基地主要是针对国家和行业重大需求,优先考虑可实现产业化发展和应用的领域,突破现代交通领域的关键技术;同时,面向全球交通建设市场,聚焦交通基础设施与装备重大共性技术和复杂重大工程,兼顾其他对行业发展、技术进步具有重要意义的研究方向,确保实验室创新功能、创新资源配置与创新过程的良性可持续发展。在交通系统各学科领域实现并跑和领跑,产出国际一流成果,形成面向全球、服务全行业的合作、开放、共赢的创新平台。

建立科技创新中心。围绕交通强国目标和战略需求,整合行业现有各类创新平台资源,完善交通科技创新平台体系,一批世界一流的综合性交通科技创新中心和重点科研平台建设成效显著,建设规模和质量不断发展,布局更加合理,方向更加明确,覆盖更加全面,构成行业科技创新核心力量。要建立目标导向、绩效管理、协同攻关、开放共享的科技创新平台运行机制,建立健全科技资源开放共享机制,开展重大科研基础设施、大型科研仪器现状调查和开放能力评估,建立资源清单和开放共享平台;分类制定开放共享目标,建设交通行业科技基础数据库,建立信息共享机制,大幅提升科技资源利用效率。集聚和培养一流人才,推动交通行业重大科技问题研究,形成一批引领性原创成果。

加大资源开放共享力度。交通运输行业要瞄准"交通强国战略"需求,坚持协同和开放共享,以重大交通基础设施智能建养、综合运输与智慧服务、绿色新能源运载工具技术的研发和产业化发展为目标,更好发挥政府引导和协调作用,强化企业创新主体地位,统筹集聚创新资源,深度融合创新链和产业链,以协同创新平台为载体,加强部际合作、部省合作,统筹利用行业资源,积极开展国际科技合作,促进科技创新资源、成果的开放共享,形成多方共建、共享、共治体制与技术、项目、人才、资金等全方位开放共享体制。

保障交通科技创新平台资金投入。交通科技创新要有效整合和优化配置社会创

新资源,充分调动和吸收行业内外、国内外一切可以利用的先进技术、人才和资金等发展资源,要优先保障基础科学研究财政性资金合理、稳定、持续,大力支持行业重点科研平台基础条件建设。争取国家科技资源支持,加大交通运输战略与前瞻性技术、共性关键技术等研究投入,通过后补助、购买服务、间接投入等方式鼓励企业和其他社会力量投入,发挥金融创新对交通运输技术创新的助推作用,建立健全多元化科技资金投入机制,确保科技资金稳定投入,形成财政资金、金融资本、社会资本等多方投入的新格局。

3. 构建交通高质量发展标准体系

构建交通运输高质量标准体系。交通运输标准规范体系是包括铁路、公路、水运、民航、邮政,以及两种或两种以上运输方式协调衔接的综合交通运输等领域的标准,按照内在联系形成的科学有机整体,包括政策制度体系、技术标准体系、标准国际化体系、实施监督体系和支撑保障体系五个方面。随着交通新技术、新业态、新产业、新模式不断涌现,需要不断提升交通运输供给质量和效率,加快交通运输标准规范体系建设。通过标准的实施促进科技成果的应用,推动经济高质量发展。

目前,我国交通标准采用国际标准的比例较低,与国际标准的一致性程度有待提高。参与国际标准化活动较少,部分领域尚未与国际标准组织建立明确的对口关系,参与国际标准化工作的渠道有待畅通。另外需要加强重点领域标准的外文版翻译工作,结合海外工程承包、设备出口和对外援建等,以标准为媒介,推动世界了解中国交通技术的特点和优势。

高质量的交通运输标准体系全面覆盖标准体系建设、标准制修订、标准实施监督、标准国际交流合作、计量检测与认证、标准化保障等标准化工作环节。要充分发挥标准在交通运输高质量发展中的支撑、引领和保障作用,加强综合交通、工程建设与养护、运输服务、节能环保和信息化、安全应急等重点领域标准有效供给。围绕功能完备、规范有序的安全治理体系,加强交通基础设施和运输服务安全生产风险管控与隐患治理、关键安全设施设备技术要求等标准供给,加快制定交通网络信息安全基础关键标准,推进交通运输信用信息采集和管理、信用信息应用标准研制,加强交通政务服务管理、综合执法标准制定。

第二节 交通绿色发展

一、交通绿色发展的内涵与主要特征

(一)交通绿色发展的内涵

从内涵看,绿色发展是在传统发展基础上的一种模式创新,是建立在生态环境容量和资源承载力的约束条件下,将环境保护作为实现可持续发展重要支柱的一种新型发展模式。交通绿色发展内涵广泛且丰富,在所涉及要素层面,从不同视角及维度来分析,可以从以下几方面来阐释。

在运输方式上,绿色交通涵盖"大交通"各方面,包括铁路、公路、水运、航空、城市交通、管道等各种交通运输方式;在系统构成上,包括绿色基础设施、绿色运输装备、绿色运输组织、绿色管理服务等;在关键领域上,包括节能降碳、资源集约节约循环利用、污染防治、生态保护等;在发展环节上,体现全生命周期理念,将绿色发展理念贯穿于决策、规划、设计、施工、运营、维护、运输、管理等全过程之中;在发展对象上,涵盖资源环境的土地、岸线、能源、材料等要素,以及大气、水、土壤、声等自然生态环境。

交通绿色发展在发展路径上,其基本内涵具体体现为:牢固树立生态文明建设和绿色发展的核心理念,以节约保护优先为指导方针,牢固树立节约集约循环利用的资源观,以尽可能少的能源资源消耗,满足最大的交通运输需求。坚持转型升级、提质增效,深化改革、创新驱动,以绿水青山、永续发展为目标,在节能降碳、污染防治、生态保护和资源节约循环利用等主要领域,全面推进交通运输基础设施立体互联、配套衔接,运输装备先进适用、节能环保,运输组织创新集约、经济高效,运输服务便捷舒适、公平优质,绿色交通治理体系和治理能力基本实现现代化,最终实现交通运输与经济社会和自然环境的协调发展。

(二) 交通绿色发展的主要特征

交通绿色发展的主要特征为高效能、高效率、高效益、低消耗、低排放、低污染,具体体现在:

一是高效能,是指综合采取经济、行政、技术等手段,交通运输行业资源环境治理体系和治理能力现代化水平较高,交通运输建设与运输市场运行高效有序,交通运输系统组织管理与综合服务效能显著提高。

二是高效率,是指通过提升运输组织效率,以尽可能少的交通运输行业能源资源消耗和生态环境影响,最大限度地满足交通运输服务需求,实现交通运输系统运行效率和行业能源利用效率显著提高。

三是高效益,是指通过提高交通运输能源利用效率,实现交通运输系统运行成本、全社会物流成本有效降低,尽可能提高发展效益,实现经济效益、社会效益和环境效益的有机统一。

四是低消耗,是指交通运输发展对土地、岸线、通道、水、建筑材料等自然资源占用尽可能降低,油品、电力等能源消耗量尽可能减少。

五是低排放,是指交通运输建设养护与运输生产过程中产生的温室气体、废水、废气、固体废弃物、噪声等排放显著降低。

六是低污染,是指交通运输发展产生水污染、大气污染、噪声污染等显著降低,有效保护和改善水、大气、土壤、生态等环境,使交通运输发展造成的环境负面影响有效降低。

二、交通绿色发展的现状

(一) 交通绿色发展的主要做法

近年来,我国大力推进交通运输绿色发展并做了长期持续的努力,坚持"以人为本""可持续发展"的原则,引导交通绿色发展。交通运输部根据中央关于推进生态文明建设的总体部署,提出了建设"综合交通、智慧交通、绿色交通、平安交通"的战略部署,确立了"绿色交通"的引领地位,要求以节约资源、提高能效、控制排放、保护环境为目标,加快推进绿色循环低碳交通运输体系建设。

2013年,交通运输部印发了《加快推进绿色循环低碳交通运输发展指导意见》,明确提出将生态文明建设融入交通运输发展的各方面和全过程,到2020年,基本建成绿色循环低碳交通运输体系。2014年,国务院发布《能源发展战略行动计划(2014—2020年)》,提出实行绿色交通行动计划,完善综合交通运输体系规划,加快推进综合交通运输体系建设。积极推进清洁能源汽车和船舶产业化步伐,提高车用燃油经济性标准和环保标准。加快发展轨道交通和水运等资源节约型、环境友好型运输方式,推进主要城市群内城际铁路建设。大力发展城市公共交通,加强城市步行和自行车交通系统建设,提高公共出行和非机动出行比例。2015年,《中共中央关于制定国民经济和社会发展第十三个五年规划的建议》提出,推进交通运输低碳发展,实行公共交通优先,加强轨道交通建设,鼓励自行车等绿色出行。2016年,交通运输部发布了《交通运输节能环保"十三五"发展规划》,提出要把绿色发展理念融入交通运输发展的各方面和全过程,着力提升交通运输生态环境保护品质,充分发挥企业主体作用,加强公众绿色交通文化培育,加快建成绿色交通运输体系。国务院发布《中国交通运输发展》白皮书,强调推动运输服务绿色发展。2017年,交通运输部发布《关于全面深入推进绿色交通发展的意见》,提出到2035年形成与资源环境承载力相匹配、与生产生活生态相协调的交通运输发展新格局,绿色交通发展总体适应"交通强国"建设要求,有效支撑国家生态环境根本好转、美丽中国目标基本实现,并提出全面推进实施绿色交通发展的七大重大工程。

随着交通绿色发展的持续有效推进,我国交通节能减排取得了显著成效,绿色交通标准体系逐步健全,运输通道、枢纽、装备等资源集约利用效果得到提高,新能源和清洁能源运输工具不断增加,公共自行车系统快速兴起。同时,外部社会环境的变化,对我国交通绿色发展提出了更高的要求。实现交通运输与经济、社会、自然环境和谐统一的目标,交通绿色发展任务任重道远,需进一步提高绿色发展水平,以应对新的形势与期望。

(二) 交通绿色发展存在的问题

交通运输行业不断深入贯彻落实以习近平同志为核心的党中央关于生态文明建设的新理念新思想新战略,全力推动交通运输的科学发展,在交通绿色发展方面取得了积极成效。但总体上看,交通运输发展方式相对粗放、运输结构不尽合理、绿色交通治理体系不尽完善等问题依然存在,主要体现在以下几个方面。

1. 综合交通运输体系不够完善,各种运输方式衔接不畅

各种运输方式尚未进行有效资源整合,运输结构不够优化,相互之间衔接协调不畅。各种运输方式客货场站布局不合理,相互之间缺乏衔接配套,综合运输的整体效益尚未充分发挥。基础设施衔接不好、集疏运不畅,铁路货运站场进出通道能力不足,港口公路集疏运通道不完善。缺乏多式联运专用站场,铁水联运比例较低,海铁联运"前后一公里"问题未得到有效解决,多式联运发展总体滞后。

2. 新能源及清洁能源在行业内使用率不高,高能耗、高排放及噪声污染问题突出

目前我国交通运输行业新能源及清洁能源使用比重仍然偏低,特别是营运货车运输装备和机械设备的新能源利用和能源清洁化水平有待提升。行业能源消耗的增速高于全社会能源消耗的增速,交通污染严重,城市中私人小汽车在城市交通能源消耗体系中占比高达65%,对城市交通污染贡献率逐步增加。同时,来源于飞机起降、船舶及高速铁路运行等交通噪声污染日益突出。

3. 绿色出行方式分担率降低,城市公交服务水平不高

铁路和水路作为旅客运输领域的绿色出行方式,客运量、旅客周转量比例持续下降。城市交通也面临绿色交通出行方式持续萎缩的问题,自行车逐步被机动车取代。在道路通信资源分配方面,以小汽车需求为中心,忽视非机动车和行人的通行空间,大多数城市的自行车、步行出行环境不断恶化,导致自行车出行分担率下滑。同时,受资金、技术以及道路条件制约,公交系统发展速度相对滞缓,服务水平不高,体现在运行速度慢、换乘效率低、站点布局不合理、候车换乘时间长、超载情况严重、舒适性差等方面,导致公交出行在我国城市居民出行中所占比例较低,分担率低。

4. 交通运输绿色交通科技支撑与服务能力仍需增强

目前,我国交通运输绿色科技研发投入不足,缺乏鼓励绿色交通技术、产品推广的配套激励政策和机制,节能环保技术、产品的推广应用进展缓慢;现代信息技术应用推广还比较滞后,交通运输绿色技术服务体系尚未建立,绿色交通技术产品和服务市场还有待进一步规范。现代信息技术应用推广还比较滞后,行业总体信息化水平不高,公众出行和货物交易信息服务能力还有待增强。

5. 交通绿色发展制度标准体系不够完善,监管能力薄弱

交通绿色发展战略规划体系不完善,法规标准不健全,激励约束政策有待进一步强化,绩效评价考核指标体系尚未建立,交通建设工程节能减排设计标准建设滞后。交通运输节能环保统计监测能力较薄弱,基础数据匮乏,尚未建立交通运输行业能源统计、监测、分析制度,没有建立集采集、传输、加工、存储和使用于一体的能源和排放统计监测信息系统,数据收集缺乏时效性、连续性,交通运输节能环保统计监测业务能力建设亟待加强。

三、交通绿色发展的目标任务

（一）发展目标

交通绿色发展是实现交通运输可持续的重要途径，是综合交通的发展方向。同时，提供高质量、绿色智能的交通服务，也是交通强国建设的使命。在深刻理解交通绿色发展内涵的基础上，通过绿色规划引领、绿色方式主导、绿色工具主体、绿色设施支撑、绿色管理保障，构建"结构合理、集约高效、节能环保、以人为本"的绿色综合交通运输体系，提高资源利用效率，实现交通发展全环节、全寿命周期的绿色化。到2030年，实现绿色交通主导。交通全环节、全生命周期绿色化，铁路客货运量、多式联运占比明显提升。城市绿色出行分担率和新增车船中清洁能源车辆占比继续提高。建成完善的步行与自行车道路系统，部分领域进入世界前列。到2045年，绿色交通成为世界的样板。建成便捷高效、绿色智能的综合交通运输体系。交通绿色发展进入世界交通强国前列，成为世界交通绿色发展的样板和示范。

（二）主要任务

1. 促进资源节约集约利用

加强土地、海域、无居民海岛、岸线、空域等资源节约集约利用，提升用地用海用岛效率。统筹集约利用综合运输线位、运输枢纽、跨江跨海通道等资源。大力推行适应资源节约集约要求的交通运输工程技术，提高交通建设用地用海及港口岸线资源使用效率。

加速更新淘汰高能耗、高排放、低效率的老旧车船、工程机械、工程船舶等交通工具老旧设施，推广施工材料、废旧材料再生和综合利用，推进邮件快件包装绿色化、减量化，提高资源再利用和循环利用水平，推进交通资源循环利用产业发展。

2. 大力推进节能减排，强化污染防治

优化交通能源结构，推进新能源、清洁能源应用，促进公路货运节能减排。推动新能源汽车在城市交通和公路客货运输领域的应用，推动城市公共交通工具和城市物流配送车辆全部实现电动化、新能源化和清洁化。优先使用电能或天然气等作为动力的港口装卸设备和运输装备，大力推广天然气车辆、船舶。

强化污染防治。打好柴油货车污染治理攻坚战，统筹油、路、车治理，深化燃油车退出市场机制模式及其配套措施研究，推进营运车辆、作业机械尾气后处理，有效防治公路运输大气污染。严格执行国家和地方污染物控制标准及船舶排放区要求，推进船舶、港口污染防治。注重交通装备降噪、减振技术的研发与应用，降低交通沿线噪声、振动，妥善处理好大型机场噪声影响。开展绿色出行行动，倡导绿色低碳出行理念。

3. 强化交通生态环境保护修复

严守生态保护红线，严格落实生态保护和水土保持措施，严格实施生态修复、地质环境治理恢复与土地复垦，将生态环保理念贯穿交通基础设施规划、建设、运营和养护全过程。综合应用先进的生态工程技术,严格落实生态保护和水土保持措施,加强植被保护与恢复,推进绿化美化工程建设,提升交通基础设施景观服务品质。推进一批生态友好型公路、港口、航道、枢纽站场等交通基础设施的建设。

推进生态选线选址,强化生态环保设计,避让耕地、林地、湿地等具有重要生态功能的国土空间。切实实施综合交通枢纽与周边用地的一体化开发模式,实现公共交通走廊、综合交通枢纽及沿线土地一体化规划和开发,引领城市布局集约发展。建设绿色交通廊道。

4. 加强绿色交通组织管理,全面实现绿色交通优先

科学合理组织管理绿色交通,一方面要推动有限的通行空间资源向绿色交通方式倾斜;另一方面,要提高运输组织精细化程度和信息化水平,以提高交通基础设施使用效率,推广包括多式联运、城市共同配送等高效、便捷、先进的运输组织模式,以提高交通运输效率,节约能源资源,降低运输成本。

推动通行空间资源向绿色交通方式倾斜。在资源投入、路权分配、政策倾斜、资金优先等方面优先保障绿色交通发展,优先设置公交专用车道和步行、自行车道,改变以畅通小汽车为主的规划思路和设计模式。优化交通信号及标志标线,确保"公交优先、骑行优先、步行优先"。

四、交通绿色发展措施

(一)调整创新综合协调机制,促进交通运输融合发展

加强交通绿色发展的组织领导,明确专门的组织机构、人员,建立健全综合协调机制,建立交通绿色发展目标责任制和问责制、绩效考核机制。共同推进交通绿色发展体系实施。交通绿色发展涉及相关部门多、产业链条长,交通、财政、发展改革、环保、工信、科技等各相关部门应加强协商、协调联动、创新机制,形成促进交通绿色发展的综合合力。建立健全综合交通运输发展协调机制,明确职责关系和工作运行机制,促进各种交通运输方式融合发展。

(二)完善并推广促进交通绿色发展的财政政策与机制

在政策上加强对交通绿色发展的引导,进一步完善对交通绿色发展的财政补贴政策,加大财政支持力度,并给予相关税收优惠,鼓励交通运输企业增加投入,逐步形成以国家和地方政府资金为引导、企业资金为主体的良性投入机制。为更好发挥铁路、水路在大宗物资运输、长距离运输中的骨干作用,要建立铁路运价动态调整机制,支持大宗、长距离货物运输从公路向铁路转移。根据城市交通供求矛盾突出的现状,在大力发展城市公共交通、倡导绿色出行的同时,考虑采取征收城市拥堵费、提高停车收费标准等措施,用价格机制引导私家车出行。

(三)完善交通绿色发展标准体系,提升绿色发展规范化制度化水平

标准化规范体系是进行科学管理的基础和前提,是各级部门、各个环节都能够有

组织、有计划地按有关规定进行高效率工作的准则,而我国的基础设施建设与管理养护绿色标准体系亟待完善。应全面开展标准规定的制定和修订工作,涵盖公路、铁路、港口等基础设施建设及管理养护等方面,并推动基础设施及管理养护手段向规范化转变;深化管理体制改革,完善管理养护机制,形成系统性的标准规范体系。把坚持生态优先、绿色发展的理念贯彻落实到规划、建设、运营、养护的全过程中。需要充分考虑不同基础设施的工程计划、勘测设计、建设、养护、管理等整个周期不同阶段的特点,从而健全标准体系总体架构、标准分类与内容、实施计划、责任分工及保障措施等方面。同时,着力推进基础设施建设地方标准编制工作,形成以国家和行业标准为主体,以区域特色鲜明的地方标准为补充的标准体系。

(四)完善交通运输绿色发展监管、执行、考核机制

交通绿色发展要实现规范、有序、高效,需要行业监管、执行、考核机制的保障。进一步强化交通运输绿色发展的宏观设计,探索适合交通运输行业的管理手段,全面加强节能环保监管能力。加强交通基础设施全生命周期的环境监管和污染控制,减缓对生态环境的不利影响。积极开展针对交通基础设施的节能环保专项规划与设计,增强设施自身的污染防治能力。建立监管信息通报制度,打通各环节监管部门之间的信息沟通渠道,并定期向社会公开监管信息。鼓励绿色廊道和绿色枢纽建设,注重交通建设工程的生态补偿与修复等生态保护工作。为了降低交通设施对周边生态环境的不利影响,应严控设施建设和运营中的污染物排放,联合相关部门,形成多部门联合执法制度,同时推进废水废物的循环利用。建立监督考核机制,制定标准实施的监督奖罚措施,定期对计划执行情况开展检查,并与综合考核挂钩。建立激励机制,对参与交通运输绿色发展工作的货运客运单位,在资质就位、市场信誉等方面给予政策倾斜,提高企业参与绿色交通的积极性,逐步建立政府主导、企业参与的技术研发应用体系。

(五)推动绿色交通文化建设,完善绿色交通文明制度体系

生态文明建设与每个人息息相关,只有人民群众广泛参与,全社会一起发力,美丽愿景才能成为现实。推动交通绿色发展与文化建设有机融合,大力推进绿色交通文化理论创新,丰富绿色交通文化内涵,强化公众参与,积极培育具有时代特征、行业特色的绿色交通文化,将其融入行业核心价值体系加以推广和弘扬。积极培育绿色交通文化新载体,推动绿色交通文化传播。深入开展形式多样的节能环保宣传、培训、交流与实践活动,宣传国家和交通运输行业资源节约和环境保护的方针、政策、法律及法规,充分发挥舆论引导和监督作用,通过媒体宣传等方式,强化公民的环保意识,形成绿色低碳、资源节约、环境友好的交通消费模式。推动绿色交通发展,建立绿色交通文化,重在建章立制,用制度与法律法规保障绿色交通文明的实现,健全自然资源资产管理体制,落实环境损害赔偿制度,完善绿色交通奖罚制度,提升公众参与绿色交通的积极性。

第三节 交通运输开放合作

一、交通运输开放合作的内涵

(一) 开放合作释义

开放表示张开、释放、解除限制等。合作即个人与个人、群体与群体之间为达到共同目的,彼此相互配合的一种联合行动、方式。开放是自信的表现,合作是一种行动方式。开放合作是交通强国建设的重要组成部分,既是强国的特征之一,也将有效促进交通强国建设。

(二) 交通运输开放合作的意义

根据十九大全面开放新格局的阐述,所谓开放合作,既要引进来,又要走出去。交通运输发展开放合作有两层意义:一是交通运输不是自生的而是派生的,交通运输的需求来自经济、社会和人类活动的需求,加强交通运输开放合作,将推进我国与沿线国家建设高质量、可持续的基础设施,推动陆上、海上、空中、网上四位一体的"硬联通",加强政策、规则、标准等方面"软联通",推动我国融入国际新秩序,为世界提供更好的交通公共产品,为推动构建人类命运共同体作出更大贡献。二是交通运输自身的发展,通过"引进来、走出去",完善国际运输新布局、参与交通全球新治理,充分发挥政府、国际组织、企业等不同主体的作用,共同探索合作共赢模式;加大人才培养力度,强化国际间人才交流互动,提高科研水平和创新能力,推动我国交通强国建设。

二、交通运输开放合作的现状

(一) 发展历程

交通运输行业是我国最早对外开放的行业之一。新中国成立不久,我国与苏联签署了《中苏国境河流航行及建设协定》,开启了与周边国家的互联互通建设史。1951年,我国与波兰成立了新中国第一家中外合资企业—中波轮船公司。1965年,我国开始援外公路建设,建设中巴喀喇昆仑公路。1972年,中华人民共和国恢复在联合国的合法席位后,迅速对外建立起正常海运关系,签署了《中意海运协定》。1979年,交通部驻港企业在深圳创办蛇口工业区,在全国改革开放的棋盘上先行一步。1984年,国家设立的14个沿海开放城市,成为对外开放的"窗口"。2001年,我国加入WTO后,交通运输进一步开放,启动了瓜达尔港建设合作。共建"一带一路"倡议提出以来,交通运输对外开放取得新进展,"六廊六路多国多港"的合作格局基本成型,一大批互联互通项目成功落地。铁路、公路、港口、航道、机场、油气管网等基础设施关键项目稳步推进。多层次政府间宏观政策沟通机制加快构建,发展规划与技术标准对接持续深入,沿线大通关合作机制逐步完善。与沿线国家签订的道路运输便利化协定已达 18 个,签订的海运协定达 39 个,与沿线 62 个国家签订了双边政府间航空运输协定,与 45 个沿线国家实现直航。中国交通运输企业正在从传统的劳务输出和工程承包向资本输出、技术输出、管理输出、标准输出转变,一批具有全球竞争力的世界一流交通运输企业正在成长。我们成功出任联合国亚太经社会、国际民航组织、国际海上人命救助联盟等国际组织重要职务,多次连任国际海事组织 A 类理事国、国际民航组织一类理事国、万国邮联经营理事国,国际话语权不断提升。

(二)现状分析

1. 运输服务保障方面

1)铁路

铁路在"一带一路"倡议中的骨干作用更加凸显,亚吉铁路、蒙内铁路先后建成通车,中老铁路、雅万高铁、中泰高铁相继开工建设;成功打造中欧班列国际物流品牌。截至 2019 年 4 月,自中欧班列首次开行以来,已累计开行 1.4 万列,联通了中国 62 个城市和欧洲 15 个国家的 51 个城市,铺行的路线达到 68 条。

2)公路

据不完全统计,"一带一路"倡议提出以来,20 余家中国企业在"一带一路"沿线,共承建当地公路新改建项目 50 余个、大桥近 30 座。国际道路运输便利化也取得多项成果,基本实现与周边国家的互联互通,签署了 21 个双边及多边道路、过境运输和运输便利化协定。国际道路客货运输线路已开通 356 条,初步形成了与"一带一路"沿线国家联通的国际道路运输网络。

3)水运

2015 年,国家发展改革委、外交部和商务部联合发布了《推动共建丝绸之路经济带和 21 世纪海上丝绸之路的愿景与行动》,明确重点加强上海、天津等 15 个沿海港口建设。这 15 个重点港口不断提升对外开放门户,并各自形成了更为清晰的港口定位。在"21 世纪海上丝绸之路"建设中,我国与 200 多个国家和地区的 600 多个港口建立了航线联系,海运服务覆盖"一带一路"沿线所有国家。

4)航空

截至 2018 年底,我国与其他国家或地区签订双边航空运输协定 126 个,其中亚洲 44 个(含东盟)、非洲 27 个、欧洲 37 个、美洲 11 个、大洋洲 7 个。共有定期航班航线 4945 条,其中港澳台航线 100 条,国际航线 849 条,定期航班通航 65 个国家的 165 个城市。

2. 国际交通企业方面

交通行业不断推进企业"走出去",高铁成为"走出去"的新亮点,高速公路建设、深水筑港、轨道及港口装卸设备加快走出国门,实现港口机械和轨道交通等领域结合产品、资本和技术出口,从单纯的货物贸易出口向产品、工程、服务、技术标准等全方位输出升级。目前,我国港口集装箱机械市场占有率连续十几年位居世界第一,产品遍布世界88个国家和地区。在亚洲、非洲等180个国家和地区建设了一批具有重大国际影响力的工程。交通工程建设方面,中国承包商在多个业务领域和市场保持领先地位,全球业务量前十名中占有七位。根据德国SCI交通公司(SCI Verkehr)发布的2016年度轨道交通装备企业排行榜,中国中车集团排名第一位。海运方面,中国远洋海运集团经营船队综合运力排名世界第一。民航方面,南航、东航、国航等客运量和货物周转量排名世界前十。但也还存在交通企业盈利能力相对较弱、经营管理水平有待提升、市场开拓水平有待提高、国际市场话语权较弱、技术创新能力不足、品牌建设能力较弱等现象。

3. 国际交通话语权方面

国际交通话语权可分为国际交通事务话语权和国家交通标准和规则制定的话语权。我国已经成为国际交通组织的重要成员之一,积极参与国际海事组织、国际民航组织、国际铁路联盟、国际道路联盟等组织活动,连续当选国际海事组织A类理事国、国际民航组织一类理事国、万国邮联经营理事国、国际航标协会理事会理事。多名人才出任国际民航组织秘书长、国际海事组织理事会主席、国际船级社主席等重要职位。特别是与"一带一路"沿线国家形成了较为密切的合作,签署了《上海合作组织成员国政府间国际道路运输便利化协定》《中国—东盟航运协定》等200多个运输协定。积极参与各类交通运输会议和有关谈判工作,在诸多国际事务中发挥了重要作用。成功举办"一带一路"国际合作高峰论坛"加快设施联通"平行主题会议、世界交通运输大会等,有效推动国际和区域交通运输发展。但大多数国际交通组织中任职人数偏低,在我国落户或设立办事机构的重要国际交通组织偏少等问题。

目前,铁路参与UIC\ISO重要国际标准55项,其中主持23项;2017年新参与国际标准12项,其中主持2项;参与国际建筑信息模型协会标准4项,其中主持1项。在此过程中,积极委派中方人员承担国际组织领导职务。在公路建设领域,埃塞俄比亚Addis-Adama高速公路、乌干达Kampala-Entebbe高速公路等一批公路项目示范工程采用中国标准修建并高质量完成。中国标准成为国际标准的数量日益增多,如船用北斗卫星导航系统通过IMO海上安全委员会审议等。无人机管理等民航领域的中国标准也逐步走向国际。但在重要国际标准和规则制定中,我国仍然处于跟随状态,国内交通标准体系与国际标准存在较大差异,国标国际化活动参与度有待提高。

三、加大交通运输开放合作的目标任务

在"一带一路"倡议背景下,交通运输应发挥行业优势和特点,转变单一式和粗放型发展模式,实现交通企业竞争力由规模推动向创新推动转变,国际运输服务保障能力由国际需求拉动型发展向主动参与国际合作转变,国际交通事务治理由跟随者向参与者转变,建成若干具有国际竞争力的世界一流交通企业和与我国全球化产业布局相匹配的交通运输服务网络体系,成为国际交通标准制定、交通运输全球治理的主要参与者。

(一) 构建互联互通、面向全球的交通网络

1. 推进基础设施互联互通

2013年11月,中共十八届三中全会通过《中共中央关于全面深化改革若干重大问题的决定》,明确推进丝绸之路经济带、海上丝绸之路建设,以形成全方位开放新格局。"丝绸之路经济带"的构想,是中国全方位对外开放格局的深化,适应中国国内发展与外贸增长的现实,对促进东西部均衡协调发展具有重要意义。

围绕"六廊六路多国多港"总体布局,以丝绸之路经济带六大国际经济合作走廊为主体,聚焦重点地区、重点国家和重点项目,发挥好中巴经济走廊交通基础设施联合工作组、中缅经济走廊交通合作组的牵头单位作用,推进与周边国家铁路、公路、航道、油气管道等基础设施的互联互通。

2. 提高海运、民航的全球连接度

与相关国家重点城市合作开发建设若干重要港口。按照"一带一路"建设重点,积极参与东南亚、南亚、北非地中海、南太平洋、非洲东西两岸等区域具有重要区位优势和腹地发展潜力的港口建设。推进国际航空枢纽机场建设。加快北京、上海、广州三大国际枢纽机场建设,加大航权开放力度,增加国际重要城市的通航点和航班频次,培育国际枢纽功能。推动乌鲁木齐、哈尔滨、昆明、西安、重庆、成都、深圳等机场成为面向"一带一路"的国际航空枢纽,提升面向东北亚、东南亚、南亚、中亚地区的枢纽辐射作用。建设世界级的机场群。推动京津冀、长江三角洲、珠江三角洲、成渝等世界级机场群建设,推进协同发展,提升航空枢纽的整体国际竞争力。全面提升民航的国际航线全球服务能力。逐步推进与东盟、中亚、南亚、东北亚及欧美澳非等地区航权开放,建设连接欧洲、美洲、大洋洲等重点航空市场的空中快线,加大对南美洲、非洲的辐射广度与深度,实现我国民航的国际航线网络覆盖全球五大洲。

3. 建立高效快捷的国际寄递物流供应链体系

综合考虑海运、铁路、航空等交通方式的衔接,建设设施高效衔接、客货运快速运转、信息互联互通、服务高效便捷的国际多式联运组织体系。依托国际交通枢纽和运输网络,支撑全球物流与供应链体系建设,更好发挥交通运输的支撑保障和辐射带动作用。拓展国际航运物流。依托海外重要支点建设,拓展海陆双向物流服务体系,加快拓展航运金融、信息、交易、法律仲裁、教育研发等现代航运服务业。发展铁路国际班列。依托中欧班列等骨干列车,通过中转集结方式,形成覆盖欧亚的铁路物流服务网络。打造连接东北亚、中亚、东南亚、南亚和欧洲方向的集装箱班列集结中心,建立全面的协调配合机制,促进通关便利化。发展航空物流枢纽。以国际航空物流枢纽为支点,以航空运输为核心,加强航空公司间的合作,高度集中航空货运资源,整合货运物流业务。推进航空货运物流智能化、信息化,将物联网、移动互联网、云计算、大数据等技术,应用在产品订造、智能配货、在线查询调度、自动配送等领域,实现货物销售和运输全流程管理。

4. 维护国际海运重要通道安全与畅通

落实"一带一路"倡议精神,根据国际贸易流量流向现状及未来发展趋势,加强对马六甲海峡、苏伊士运河、霍尔木兹海峡、直布罗陀海峡、曼德海峡、巽他海峡、龙目海峡、土耳其海峡、北极航道、巴拿马运河等研究,构建以服务"一带一路"沿线国家为主的全球航运服务网络的关键通道。

合作开发建设经营位于重要海运通道关键位置的港口支点,不断拓展应急保障等服务功能,提升对支点及航运网络的配套补给能力,如海事服务、信息保障、燃油供应、引航拖轮、保税仓服务、保税物流、应急救援等。强化与关键通道区域的海事救捞等合作,形成联合协同,强化对航运物流服务的保障。加强与所在地国家合作,互通信息、互通战略、加强政策对接,形成相互补充、协同运作的格局,共同维护世界海运安全。完善中国—马六甲、中国—印度尼西亚—印度洋等海上通道的合作开发建设和安全维护,提高中国与发达经济体之间的海运航线密度,加强中国与新兴经济体之间的海运班轮航线,促进沿线国家相互贸易往来。

(二)加大对外开放力度

1. 吸引外资进入交通领域

第十三届全国人民代表大会第二次会议上正式表决通过的《外商投资法》,其中非常重要的内容是"国家对外商投资实行准入前国民待遇加负面清单管理制度"。实施准入前国民待遇加负面清单的管理制度,是党的十八大以来推出的扩大开放方面标志性举措,是中国加强同国际经贸规则的对接,深化外商投资管理制度改革,营造法治化、国际化、便利化投资环境的重要举措。"准入前国民待遇"是指企业在设立、取得、扩大等阶段给予外国投资者及其投资不低于本国投资者及其投资的待遇。负面清单是指关于外资进入或者限定外资比例的行业清单,是国家规定在特定领域对外商投资实施的准入特别管理措施,明确列出不予外商投资准入或有限制要求的领域,清单之外领域则充分开放,国家对清单之外的外商投资给予国民待遇。

在基础设施、交通运输、商贸物流等领域取消或者放宽外资限制,对外资实行准入前国民待遇加负面清单的管理模式。大幅降低外资准入门槛,促进投资自由化。

2. 协同推进自由贸易试验区、中国特色自由贸易港建设

中国将党的十九大报告提出,"赋予自由贸易试验区更大改革自主权,探索建设自由贸易港。"支持自由贸易试验区深化改革创新,持续深化差别化探索,加大压力测试,发挥自由贸易试验区改革开放试验田的作用。协同推进自由贸易试验区、中国特色自由贸易港建设,强化自有贸易港基础设施建设,强化码头港口的服务能力,研究提出建设自由贸易港政策和制度体系,加快探索建设中国特色自由贸易港进程。形成一批可复制、可推广的经验,进一步释放市场活力。

3. 打造世界一流交通企业

依托共建"一带一路"平台,推动国内交通企业更好走出去。鼓励企业积极参与

"一带一路"沿线交通基础设施建设和国际运输市场合作,推动其从工程承包向资本输出、技术输出、管理输出、标准输出转变。依托我国在工程建设、运输装备等传统领域的深厚积累、运输市场的规模优势以及在新兴交通领域形成的基础和潜力,以科技创新为根本,打造产业链竞争力为具体抓手,形成一批交通领域具有特色优势的跨国企业。

(三)深化交通国际合作

1. 提升国际合作深度与广度

根据构建新型国家关系需要和交通运输行业发展需求,通过上海合作组织、中国—东盟10+1、中国—中东欧16+1等区域合作机制,利用主办北京APEC会议、杭州G20峰会、"一带一路"国际合作高峰论坛、金砖国家领导人厦门会晤等主场外交,深化与美俄等大国、亚欧发达国家、周边国家、发展中国家的交通合作,完善双边和区域合作平台,提升国际合作的深度和广度,形成国家、社会、企业多层次和合作渠道。

2. 拓展国际合作平台

加快提升我国在现有重要国际交通组织中的话语权和影响力,加强与国际交通组织的沟通协商,争取举办相关国际性会议和论坛,提升我国在国际交通组织中的知名度。超前研究并积极向国际交通组织的机构改革、发展方向、政策重点等方面提案,为国际交通组织的发展和改革作出贡献。依托传统优势领域,积极争取国际道路联盟、国际海事组织、国际民航组织等国际交通组织来我国设立办事处和亚洲分部。依托我国技术优势、区域影响力以及新型交通领域的市场和平台优势,通过官方和非官方的深度合作,新设一批由我国倡议建立的交通运输建设、运营和管理组织。

3. 积极推动全球交通治理体系建设与变革

深入参与行业全球治理,发出中国声音,贡献中国智慧,积极推动全球交通治理体系建设与变革。加强与"一带一路"沿线国家标准互认、区域标准共建工作。与美国、欧盟、日本等发达国家和地区开展国际标准的兼容研究,为推出适应国际需求方的标准体系提供技术支持。以新技术引领新标准,选择有国际竞争优势尤其是新兴交通领域的技术率先突破,形成中国标准,并促进其国际化。跟踪与标准相关的国际组织工作动态,了解标准制修订情况、研究范围及方向、发展趋势等,参与有关重要标准的前期研究工作,更多承担国际标准制定和修订工作。鼓励新兴交通企业和品牌参与国际竞争,实施交通企业"走出去"计划。办好第二届联合国全球可持续交通大会,向全球展示中国交通可持续发展成就,提升我交通运输行业在全球范围的影响力。

第七章 交通强国保障体系建设

第一节 交通运输安全

安全是国家的命脉,是人民美好生活的基石。交通运输安全是我国公共安全的重要组成部分,做好交通运输安全工作,既是交通强国建设的前提和基础,也是国家经济社会健康持续发展的必然要求,同时还是实现人民群众美好生活的必要条件。交通强国建设作为我国未来长期交通运输发展的方向,必须把交通运输安全提升到国家战略层面。交通运输安全作为综合交通运输发展的本质要求和基本前提,交通强国建设必须突出"交通安全",突出"完善可靠,反应快捷"的安全保障体系建设。

一、交通运输安全的内涵与重要性

(一)交通运输安全的内涵

交通运输安全是指交通运输系统(包括道路、水运、民用航空和城市交通)为避免发生人员伤亡或财产损失的技术和管理活动,兼顾交通基础设施施工、建设等工程中的安全生产问题。交通运输安全是国家安全的重要组成部分,是国家大事、民生大事,交通运输安全与人民群众的美好生活息息相关,事关人民福祉,事关经济社会发展大局。要充分认识交通运输安全的重要性,同时,也要兼顾绿色发展和效率问题。要把交通运输安全提升到国家战略层面,以国家安全和人民美好生活为指引,全力深化交通运输改革发展,奋力推进交通强国建设,为决胜全面建设小康社会、建设社会主义现代化强国奠定坚实基础。

交通运输安全保障是指在交通活动过程中,能将人身伤亡或财产损失控制在可接受水平道路交通安全的状态。交通运输安全意味着人或物遭受损失的可能性是可以接受的;若这种可能性超过了可接受的水平,即为不安全。交通运输系统作为动态的开放系统,其安全既受系统内部因素的制约,又受系统外部环境的干扰,并与人、车辆及环境等因素密切相关。系统内任何因素的不可靠、不平衡、不稳定,都可能导致冲突与矛盾,产生不安全因素或不安全状态。

交通运输安全保障具有四方面特征,即交通运输安全是在一定危险条件下的状态,并非绝对没有交通事故的发生。交通运输安全不是瞬间的结果,而是对交通系统在某一时期、某一阶段过程或状态的描述。交通运输安全是相对的,绝对的交通运输安全是不存在的。对于不同的时期和地域,可接受的损失水平是不同的,因而衡量交通系统是否安全的标准也不同。

(二)交通运输安全保障的重要性

党的十九大报告强调,统筹发展和安全,增强忧患意识,做到居安思危,是我们党治国理政的一个重大原则。习近平总书记高度重视安全生产和防范化解重大风险工作,多次召开政治局和政治局常委会会议,研究安全生产和防范化解重大风险工作,做出重要指示,发表重要讲话,深刻回答了如何认识安全生产和重大风险,如何抓好安全生产和防范化解重大风险等重大理论和实践问题。

中国特色社会主义进入新时代,我国社会主要矛盾已经转化为人民日益增长的美好生活需要和不平衡不充分的发展之间的矛盾。交通运输安全作为综合交通运输发展的本质要求和基本前提,无论交通运输发展到哪个阶段,都必须坚持人民利益至上,始终把安全放在首要位置,决不能以牺牲人的生命为代价来换取所谓的发展。交通运输安全事关亿万人民的生命财产安全,事关国家经济社会的发展与稳定,做好交通运输安全工作,不断提高交通运输安全水平,保障人民群众生命财产安全,实现交通"零死亡"愿景,是建设交通强国的基本要求。

二、交通运输安全保障的现状

随着我国国民经济的持续快速发展和人民群众交通出行需求的日益增长,现阶段,交通运输行业安全生产事故总量虽然总体上呈现持续稳定下降的趋势,但是仍处于事故多发期,事故总量仍然很大,交通运输安全问题已经成为制约我国交通运输发展和交通强国建设最大短板,交通运输安全生产形势依然严峻。现阶段,人民群众的生活水平普遍得到提高,对交通出行的便捷性、高效性和安全性的要求越来越高,交通出行关系到人民群众的切身利益。

(一)发展成就

近年来我国交通运输安全取得了很大成绩。持续开展了"6+1"平安交通专项行动、"安全生产月"和"道路运输平安年"以及危险货物港口作业安全治理等活动。创新了安全监管机制,组织开展了安全生产风险管理试点工作,建立和完善了安全生产考核评价、诚信建设、风险管理、危险品运输安全监管等重要制度,初步形成了约谈、挂牌督办、责任追究等惩戒约束机制。例如,开展了铁路科普日及教育基地等安全意识宣传教育,在既有线安全管理、提速安全保障技术和高速铁路运营实践基础上,初步建立起较为完善的安全体系。通过这一系列活动,强化了安全发展观念,提升了全民安全素质,并以此为契机,推动交通企业以思想无懈怠、管理无空档、设备无隐患、系统无阻塞为目标,打造本质安全,让全社会共享平安交通。水上安全通信系统、船舶动态定位跟踪监测实现了重点水域全覆盖。救助直升机、巡航救助船、大型打捞工程船、船标测绘船等有了新的发展,沿海立体监管救助体系初步形成。在交通运输事故方面,整体体现为"四降一升",即道路、水路、铁路和民航交通事故数量和事故总量明显下降,较大以上事故数量明显下降,主要相对指标明显下降以及安全生产水平交通提升。总体上,交通运输安全形势稳中趋好,交通运输事故总量、较大以上事故数量、主要相对指标明显下降,例如,2019 年,全年未发生特别重大、重大铁路交通事故,铁路交通事故死亡人数比上年下降 8.1%。

交通运输安全管理方面,道路运输已经形成由道路运输安全法、行政法规等组成的较为完善的法律法规体系,建立了道路运输标准体系,包括基础标准、服务标准、技术标准、产品标准等;水运方面已经形成了内河交通安全管理条例和海上交通安全法;民航建立了完整的立法框架,已拥有 1 部法律,30 部安全类行政法规,132 部行业安全规章,且我国民航的标准和规章是合为一体的;铁路方面建立了铁路法、铁路安全管理条例、铁路交通事故应急救援和调查处理条例及地方性法规等法律体系等。

总之,从我国道路交通、水路交通、民用航空、铁路运输的安全数据来看,交通运输领域安全生产形势稳定,重特大事故降幅较大,工程建设领域安全生产形势稳定,交通安全生产水平得到了较大提升。

(二)存在主要问题

当前我国交通运输安全方面的问题主要体现在:交通运输安全管理职能分散,综合治理体系缺乏;交通运输安全技术标准偏低,市场调控能力不足;农村道路交通运输安全管理缺失,交通参与人员素质相对偏低;内河航运方面,水路运输标准体系需要进一步健全和完善,且内河救助打捞整体力量不足,应急救助能力极其薄弱;民航安全和效率之间矛盾突出,智能决策技术手段不完善;铁路运输安全风险犹在,安全管理体系有待加强;城市轨道交通系统人员密集,安全保障能力有待提升。

三、交通运输安全保障的重点任务

交通运输安全是交通强国建设的基本前提。交通强国建设作为我国交通运输未来长期发展的方向,必须把交通运输安全提升到国家战略层面。要贯彻落实总体国家安全观,牢固树立安全发展理念,坚持生命至上、安全第一,全力建设平安交通,突出"交通安全",突出"完善可靠,反应快捷"的安全保障体系建设,着力提升本质安全水平、完善交通运输安全生产体系、强化交通应急救援能力,全面提升安全发展水平和保障国家安全能力。

(一)提升本质安全水平

1. 本质安全的定义和内涵

狭义的概念,指的是通过设计手段,使生产过程和产品性能本身具有防止危险发生的功能,即使在误操作的情况下,也不会发生事故。广义的角度,就是通过各种措施(包括教育、设计、优化环境等)从源头上堵住事故发生的可能性,即利用科学技术手段,使人们生产活动全过程实现安全无危害化,即使出现人为失误或环境恶化也能有效阻止事故发生,使人的安全健康状态得到有效保障。所以,本质安全是指通过设计等手段,使生产设备或生产系统本身具有内在的安全性,能够从根本上防止事故发生的功能,即使在误操作或发生故障的情况下也不会造成事故的功能。包括两种安全功能:一种是失误—安全功能:操作中即使出现失误,也不会发生事故或伤害;另一种是故障—失误功能:设备、设施或技术工艺发生故障或损坏时,还能暂时维持正常工作或自动转变为安全状态。上述两种安全功能应该是设备、设施或技术工艺本身固有的,即在他们的规划设计阶段就被纳入其中,而不是事后补偿。

交通本质安全包括从业人员、车船设备、公路港航基础设施和管理等要素,含有内在的能够从根本上防止发生事故的功能,是安全生产中"预防为主"的根本体现,也是安全生产的最高境界。铁路公路水运等交通运输工程本质安全的内涵包括安全管理、安全责任、安全文化、安全培训教育、安全技术等。通过健全安全管理体系,达到安全生产有序可循、有制度可依;通过责任落实,增加管理人员的积极性和主观能动性;通过宣传基本安全文化,强化全员的安全意识;通过培训教育,使作业人员掌握必要的岗位安全技能;通过创新安全技术,节约安全成本,达到最佳的安全生产状态。

目前我国安全管理建设还处于初级阶段,安全管理还比较粗放,通过引进本质安全管理模式和健全安全管理体系,使事故发生率逐年呈下降趋势。针对公路工程建设的特点,实施有效的交通基础设施施工安全管理,是当前建筑领域面临的一大问题。只要紧紧抓住本质安全这条主线,积极推进人员、技术、措施和谐统一的本质安全管理,公路建设单位就能掌握安全工作的主动权,实现公路工程的安全管理目标。公路水运工程作为我国交通基础设施建设中的重要一环,建设本质安全的意义重大。

党中央、国务院高度重视安全生产工作,交通运输部把本质安全作为推进交通运输行业安全生产的一项重要战略举措,坚持牢固树立科学发展、安全发展理念,强化底线思维和红线意识,全面、严格履职尽责,着力打造交通运输本质安全,加快推进"平安交通"建设,持续推进交通运输安全,提升交通运输本质安全水平,推动交通运输持续健康发展,增强人民群众的获得感幸福感安全感。

2. 提升本质安全的思路

近年来,我国交通运输安全形势稳中趋好,交通运输事故总量、较大以上事故数量、主要相对指标明显下降,交通运输安全生产水平得到了较大改善,特别是交通本质安全方面取得了显著成效。但是,交通运输安全基础总体薄弱,基础设施安全技术标准规范不完善;现代化工程建设质量管理体系不健全,精品建造和精细管理亟待加强;基础设施养护管理和信息化水平需要进一步强化;载运工具基础共性技术不足等,均成为制约交通强国建设最大短板。因此,要抓住本质安全这条主线,完善交通基础设施安全技术标准规范,持续加大基础设施安全防护投入,提升关键基础设施安全防护能力;构建现代化工程建设质量管理体系,推进精品建造和精细管理;强化交通基础设施养护,加强基础设施运行监测检测,提高养护专业化、信息化水平,增强设施耐久性和可靠性;强化载运工具质量治理,保障运输装备安全等,提升交通本质安全水平。

3. 提升本质安全的重点任务

1) 重视交通基础设施安全

交通安全防护设施是我国交通系统中的重要内容,关系着整个交通工程的安全和质量。交通安全设施不但是维护交通设施行车秩序的有效手段,而且是预防交通事故发生的重要举措,在交通运输安全中发挥着必不可少的作用。并且,整个交通工程的安全性和整体质量,取决于安全设施的完善与否。

交通基础设施是交通运输发展的基础和载体。交通基础设施安全技术标准规范,是保障交通基础设施安全的基础。根据我国交通基础设施安全技术标准规范尚不完善的发展现状,要完善交通基础设施安全技术标准规范,首先要健全交通运输系统的安全技术标准。健全交通运输系统的安全技术标准与技术体系,是实现交通运输安全强国的基础,包括建立交通安全技术标准和规划体系,从源头上保安全;落实交通运输系统建设工程质量管理,从基础上保安全;落实运载工具产品质量管理,从装备技术上保安全;严格控制交通运输系统的运营管理,在运行过程中保安全;全面开展自然灾害风险防控,在防灾减灾中保安全;重视交通事故现场应急处置,在事后处置中保安全。

2) 健全交通运输安全技术标准规范

健全交通运输系统的安全技术标准,要结合交通运输系统的发展,构建涵盖交通基础设施、运载工具、运营管理等方面的交通运输系统的安全标准与技术体系,系统制定交通运输系统的产品技术标准、工程建设标准、运营维修技术规章体系。在制定标准时,考虑我国各种地区不同自然环境(大风、冰、雪、等不良环境)、不同交通环境(桥梁、交通流等)、不同设计标准对通行的影响,并将其划分为不同的标准,充分分析其对交通运输安全的影响,以保证交通运输安全。

制定安全生产国家标准或行业标准,重点应围绕铁路公路水运等基础设施建设运营与养护、运输工具和装备设施、生产作业等,制定完善相应的安全生产标准规范。鼓励依法成立的社会团体和企业制定更加严格规范的安全生产标准,结合国情积极借鉴实施国际先进标准。同时,整合现有标准规定,修订完善不适应的安全设施标准。建立铁路公路水路等交通领域工程技术标准的动态发展工作机制,并根据需要不断修订完善标准,重点研究修订低等级设施的技术标准,如低等级的公路技术标准。同时,在交通系统规划阶段,注重交通安全设施的规划,并积极开展交通系统规划的安全评价。

3) 强化交通安全基础设施建设

强化交通安全基础设施建设,首先要科学编制交通安全设施建设规划,统筹安排年度建设任务,确保将农村公路急弯陡坡、临水临崖等重点路段隐患整治低限指标落实到位,同时鼓励有条件的地区将工程规划建设向村道延伸。加大公路安全生命防护工程、危桥改造、隐患隧道整治、渡口改造、渡改桥、过河建筑物通航安全设施配布等的实施力度。提升农村道路交通安全设计水平、完善防撞设施、视线诱导设施等,规范和完善农村道路交通标志、标线,加强急弯、视距不良、长陡下坡等道路的警示标志及减速带设置。提升水路基础设施安全水平,加强航道管理与养护,加强通航水域岸标、浮标、桥涵标等通航设施设备和布设。严把工程质量安全关,确保基础设施完好、适用、适航。加快完善通航安全标志标识。

其次,做到新改建项目安保设施与主体工程同时设计、同时施工、同时交工投入使用。特别是新建、改建、扩建省级及以上公路时,公路建设投资应按有关要求,必须计列安全设施,审批部门应进行必要的审核,监管部门要加强监督管理,确保安全设施投资足额到位并同步建成。严格落实安全生产"三同时"制度,新建、改建、扩建公路建设项目必须充分考虑安全设施建设,切实做到同时设计、同时施工、同时投入使用。工程建设单位在编制项目可行性研究报告时,应制定安全专篇。设计单位应严格依据可行性研究报告进行设计,落实安全对策措施,对技术标准中的非强制性指标,应在确保安全的基础上,经过综合论证后确定,避免因过多使用指标下限造成安全隐患。

最后,交通安全设施建设必须符合有关工程技术标准和合同约定的要求。鼓励采用标准化结构、标准化施工,严格执行基本建设程序,不得随意降低标准、更改设计方案,保证交通安全设施齐全有效。要进一步健全工程交工验收制度,严格按照公路工程管理权限,吸收相应层级的公安交通管理、安全监管等部门人员参加,将安全设施作为验收重要内容。验收不合格的,不得交付使用、通车运行。

4) 加大安全防护设施金投入

加大安全保障资金投入力度,多渠道筹集资金,拓宽交通安全设施建设资金来源渠道,确保安全防护设施的建设。一是有关部门要引导和鼓励装备制造、设施建设和运输、保险等相关行业企业积极参与交通安全设施建设,鼓励社会各界捐赠资金,按照相关规定和市场化原则探索引入保险资金,拓宽安全设施建设资金来源渠道。二是经营性收费公路的安全设施完善资金由收费企业承担。地方各级人民政府及相关部门要督促收费企业整治安全隐患,加强对治理计划和实施进度的监督检查。普通国省干线公路安全设施完善资金通过现有资金渠道予以保障。三是农村公路安全设施完善资金由县级人民政府财政预算内资金给予保障,省级财政要根据地方实际进行补助,中央财政通过车辆购置税等多种渠道安排资金投入,支持县级人民政府开展农村公路安全隐患治理工作。

5) 构建现代化工程建设质量管理体系,推进精品建造和精细管理

交通工程项目建设投资大,建成及使用周期长,只有符合工程质量标准的交通工程,才能投入生产和交付使用,发挥投资效益,满足社会需要。因此,要构建现代化工程建设管理体系,强化交通建设工程质量管理,保障基础设施安全可靠,提升工程建设管理水平,推进精品建造和精细管理。

(1) 强化交通建设工程质量管理

建设交通强国要提高整体抗外部各种风险的能力,需要有相关技术和产业支撑,以保障可持续性,其中包括现代工程建设技术。从基础上保安全,提升交通系统建设技术、管理、作业三大标准,施工过程做到"事事有标准,事事有流程,事事有责任人",

构建标准化管理体系。以管理制度标准化、人员配备标准化、现场管理标准化、过程控制标准化为基本内涵;以技术标准、管理标准、作业标准和工作流程为基本依据;以机械化、专业化、工厂化、信息化为支撑手段。要强化设备质量源头控制,建立产品质量业绩档案,加强造修质量评价,对源头质量问题依法追责、依法索赔。集中整治交通安全相关设备缺陷,精准补强设施设备薄弱环节。

(2)提高安全防护设施质量

安全防护设施质量,将直接影响到交通工程安全管理质量,需要不断加强对安全防护设施的管理,提升整体道路安全管理水平。施工人员在建设过程中,一定要严格选用材料,确保防护设施原材料的安全性,符合国家对高速公路防护设施安全建设的标准。保证防护设施的质量,不仅需要建设施工单位对其原材料质量进行综合掌控,还需要交通管理部门后期的维护与管理。

(3)加强工序质量控制和施工过程管理

在施工流程方面,要进行专业化、规范化、科学化的施工方案的制定,对其重点施工部位的质量进行控制。安全防护设施的施工过程是一个漫长而复杂的过程,有许多关键技术要点,施工管理者要对整个施工过程实行有效管理,必须首先做到对项目施工的各个环节具体流程的了解。进入施工阶段后的管理是全方位的管理,其中涉及许多细节,管理人员应当根据实际情况,分别制定不同的施工管理办法,并提出相应的施工工作合格率的考核办法,促进工作人员严格执行管理制度。

6)强化交通基础设施养护

(1)建立现代基础设施养护管理体系

结合养护实际和技术发展水平,将养护工程从前期准备到末端监督管理所涵盖的所有环节进行系统梳理,以此为主线,搭建现代公路养护管理体系,使"点式管理"转变为"链条式管理",推进公路养护科学化、专业化、规范化,提升养护工程管理的系统性、全面性和科学性。一要推行养护决策科学化,研究出台基础设施养护科学决策相关指导意见,加快建立基础设施养护科学决策机制和技术要求等;二要推进养护管理制度化,健全养护工程管理制度体系,完善养护预算管理制度,建立养护监管与考核制度;三要实行养护作业标准化,构建以技术标准和规范要求为约束的养护检测、实施、评价一体化标准流程和固定行为模式;四要促进养护工程精准化,加大普通国省道改造力度,全面开展预防性养护,强化干线公路综合养护,开展公路安全提升工程,并加强农村公路养护管理;五要倡导养护生产绿色化,积极应用快速养护及修复技术缩短养护作业时间,加快淘汰落后工艺;六要强化桥隧养护规范化,强化桥梁隧道养护责任落实和运行监管,加强长大桥隧健康监测和动态运行监管等。七要实现人才队伍专业化。

(2)重视设施日常养护工作

重视设施日常养护,狠抓日常养护管理,全面提升精细化水平。迅速开展路面路基、沿线设施、标志标线、绿化等调查摸底,全面掌握路况短板弱项,尽快明确路况整治重点内容。坚持以问题为导向、以整改为核心,严格巡查考核,坚决动真碰硬,严肃通报问责。强化路基路面小修监督指导,精准问诊把脉,解决质量通病。统筹局段两级内业资料规范化整理工作,细化分解具体任务,不断加强管理水平。加强对桥涵、隧道的日常养护工作,在桥涵养护中做到日常检查与维修并举,通过对桥梁的经常检查、定期检查,较早发现桥梁的缺陷和异常,提出合理的养护措施,并尽早加固或维修,杜绝"小病拖成大病,大病拖成癌症"的做法。

在保证桥面清洁的基础上,日常养护工作中要加强对泄水孔及伸缩缝的养护,及时清理泄水孔及伸缩缝,桥栏杆、扶手损坏的及时修复,桥涵进出口的垃圾及洞身中的淤积及时清除,保证排水畅通,防止水流对桥涵基础及桥涵台的冲刷。

(3)加强预防性养护工作管理

预防性养护是指在基础设施技术状况衰减初期,在最适当的时机,应用最适当的预防性养护措施,以最小寿命周期成本、最大程度延缓路况退化。在基础设施养护管理工作中,加强预防性养护管理非常重要。作为公路养护工作中的一环,预防性养护能够对基础设施的各项性能进行维护加强,减少外界对设施的破坏,从而使设施的使用寿命得到延长。防患于未然,要强化在基础设施养护工作中的防范意识,积极把养护工作中发现的小的细节问题的维修工作转化到日常防范检查工作中,使得基础设施使用过程中存在的隐患得到相应的解决,防止基础设施损坏的进一步加大,减少相应的养护成本。

(4)强化养护工程重要节点管理

在养护工程前期阶段加强工程项目储备管理,在计划编制环节加强工程计划编制、审核和报备管理,在工程设计环节加强设计文件管理,在工程施工环节加强交通组织、施工质量和安全管理,在工程验收环节加强验收时限和步骤要求。按照建设交通强国,公路率先转型升级发展的要求,结合"五大发展理念",从专业化、绿色化、智能化等方面,提出公路养护工程管理措施要求,引领公路养护发展方向。

7)加强基础设施运行监测检测

为了提高基础设施的安全性,必须加强基础设施运行监测检测,提高养护专业化和信息化水平,增强设施耐久性和可靠性,提升交通基础设施安全水平。

(1)加强基础设施运行监测检测

延长基础设施使用寿命,避免发生安全事故,必须提高基础设施运行管理水平和应急服务能力,完善铁路、公路、港口、机场等基础设施运行监测体系,加强应急保障体系建设,做实"互联网+交通安全",加快推进安全生产监管、交通运行监测与应急指挥等信息系统建设,加强基础设施运行监测检测。

(2)提高基础设施运行管理水平

加强重大基础设施修建、实时监控、救援与保障等方面的投入。强化基础设施运营安全,加强设施交通安全评价,强化设施管理和服务设施的科学合理配置,加强铁路、公路、桥梁、隧道、港口、机场等的安全运行监测与预警系统建设。

(3) 完善基础设施运行监测体系

建立责权清晰、相互衔接、互联互通的运行管理体制,加强跨区域跨部门的交通网协调联动机制;建设交通网监测体系,实现部与省级、省级与各市县各类交通网监测数据的统一接入和调用;加强交通基础设施运行态势研判与辅助决策能力建设,为经济分析、养护管理、应急管理、公共服务等提供数据支撑;推进部省两级交通网监测管理与服务平台建设,实现全国联网。

(4) 推进"互联网+交通安全"管理

推进交通运输安全生产监管、交通运行监测与应急指挥等信息系统建设;推动大数据、云计算、物联网等信息技术的集成创新与推广应用;建立实时交通网运行监测监控体系,建立跨区域跨部门的信息共享与交换机制;重点围绕养护管理、运行监测、应急调度指挥、综合执法管理、出行信息服务等,加强交通网管理各项核心业务系统建设和应用,实现系统的互联互通、多级联动与共享服务。

8) 提高养护专业化、信息化水平

云计算、物联网、大数据、北斗定位、5G通信、人工智能等新技术的兴起和快速发展,为交通基础设施养护提供了强大的技术支持,智慧养护、互联网+、大数据、5G技术、智能监测等将成为养护发展趋势,养护管理智能化和信息化对养护管理科学化、规范化、系统化和决策分析具有重要作用,未来基础设施养护将沿着大数据与养护管理深度融合以及信息化、智能化的创新路径展开。一是大数据库建设。先期收集建设期的基础数据,运营后的检查、检测、养护维修数据自动或同步上传,实现数据库动态更新;二是特殊结构桥梁、边坡监测。监测数据同步上传数据库,自动预警;三是养护决策评价系统建设。基于大数据库的数据,自动做出决策评价,为养护决策提供依据;四是数据高效采集。利用移动互联网技术,通过智能手机实现养护数据的野外现场实时采集,提高数据采集的高效性、规范性,并让采集的数据以最便捷的方式进入到养护管理系统,避免数据采集的重复录入操作,从根本上提高基层养护人员养护数据采集的工作效率;五是数据高效查询。信息化系统能够动态反应路况的历史变化情况,提供强大的检索、查询功能,并结合一定的图形化、可视化技术,为养护管理者提供形象、全面的养护对象和业务演变过程,为养护决策分析提供科学依据;六是智能化管理。信息化系统可提供业务分析提示功能,解决养护业务人员监督工程实施情况难度大、难以发现可疑情况的问题。

9) 强化载运工具质量治理,保障运输装备安全

载运工具质量治理是加快载运工具发展,提高运输装备水平,实现运输装备现代化的最主要、最有效的手段。全面推进交通运输载运工具质量治理,重点推进船型标准化和车辆标准化,引导企业加快淘汰落后载运工具和装备设施,提高整体抗外部各种风险的能力,大力提升载运工具安全水平。

(1) 提高运输装备安全性能标准

为了提高载运工具安全水平、智能水平,改善载运工具技术状况,应制定载运工具

安全配置标准。一要推进船舶标准化和车辆标准化,加快老旧车船更新改造工作,提升运输装备安全性能和本质安全水平。二要提高道路运输装备专业化、标准化、智能化水平,优化客运车辆等级结构。三要加强车辆技术管理,配备齐全有效的安全防护设备设施,严格落实车辆安检制度,坚决杜绝安检不合格的车辆运营。四要加强客运车辆运行动态监控,及时发现和纠正违法违规行为并严肃处理。五要规范企业动态监控平台(室)建设,推动企业动态监控水平有效提升。

(2)加强载运工具产品质量管理

载运工具产品质量是保证交通运输安全的根本,为了提高交通运输的安全性,必须提高载运工具产品质量,加强载运工具产品质量管理。一要对运载工具整体及部件生产企业实行生产资质管理和设计型号合格管理,对载运工具制造实行验收制度。二要对载运工具设备、产品实行产品认证与质量检验等准入制度,杜绝质量不合格的产品进入载运工具领域。

(3)加强载运工具市场运行管理

为了保障载运工具运行安全、可靠性,必须加强载运工具市场管理。一要加强对载运工具生产、市场准入的监管,加强对老年代步车、电动自行车等载运工具的行业监管和生产监管,严格准入和登记,避免出现生产监管空白地带。二要大力排查运输企业,落实企业安全生产主体责任,重点检查企业安全制度落实、动态监控责任履行、载运工具安全状况达标、从业人员交通违法处理等情况。三要严把载运工具检验关,避免安全性能不达标的载运工具投入运营。四要加强载运工具强制报废管理,引导企业加快淘汰落后载运工具。

(二)完善交通运输安全生产体系

1. 交通运输安全生产的定义和内涵

交通运输安全生产是关系人民群众生命财产安全的大事,是经济社会协调健康发展的标志,是党和政府对人民利益高度负责的要求,也是建设交通强国的基本要求。交通运输安全生产体系包括政策法规体系、安全责任体系、预防控制体系、事故调查评估体系、网络安全保障体系、支撑保障体系、自然灾害交通防治体系以及综合治理体系。

交通运输安全生产是国家安全的重要组成部分,做好交通运输安全生产工作是落实总体国家安全观的重要体现。安全生产是国家大事、民生大事,事关人民福祉,事关经济社会发展大局。交通运输安全生产是我国公共安全的重要组成部分,抓好交通运输安全工作既是交通强国建设的前提和基础,也是国家经济社会健康持续发展的必然要求,同时还是实现人民群众美好生活的必要条件。

党中央、国务院历来高度重视安全生产工作。党的十八大和十八届三中、四中、五中全会把安全生产作为全面深化改革、全面依法治国的重要内容,明确提出:要牢固树立安全发展理念,坚持人民利益至上,健全公共安全体系,完善和落实安全生产责任和管理制度,切实维护人民生命财产安全。

交通运输安全生产工作,事关人民群众生命财产安全,事关经济发展和社会稳定。确保交通运输安全稳定,是建设交通强国最重要、最根本、最紧迫的前提。支持和保障交通强国战略实施,就必须强化安全生产顶层设计,系统谋划新时代交通运输安全发展的新目标、新任务、新举措,构建交通运输安全发展支撑体系,确保交通运输安全发展,不辜负人民群众的信任和期盼,让人民群众真真切切地享受安全发展的成果、分享安全发展的红利。

2. 完善交通运输安全生产的思路

交通运输安全生产是我国公共安全的重要组成部分。抓好交通运输安全工作既是交通强国建设的前提和基础,也是国家经济社会健康持续发展的必然要求,同时还是实现人民群众美好生活的必要条件。所以,交通运输系统要深入贯彻落实习近平总书记关于安全生产工作的重要指示精神,突出以人民为中心的安全发展理念,突出坚决遏制重特大事故的目标要求,突出推动安全生产领域改革发展,突出汲取事故教训和问题整改,突出安全生产责任担当和责任落实,突出监督检查和严肃问责,切实做到稳中求进、扎实工作,全力保障交通运输安全生产情势延续稳定。必须牢固树立安全发展理念,始终把交通运输安全生产工作放在首位,作为一切工作必须坚守的底线和底板,按照"党政同责、一岗双责、齐抓共管、失职追责"和"管行业必须管安全、管业务必须管安全、管生产经营必须管安全"的总要求,全心全力、尽职尽责做好安全生产工作。

我国交通运输发展进入新时代,建设交通强国对交通运输安全提出了新的更高要求。推进交通运输安全体系建设,是贯彻落实党中央国务院关于安全工作部署的重要举措,是建设"平安交通"的客观要求,是依法加强交通运输安全生产和监督管理、提高安全发展水平的必然选择。交通运输系统必须立足现实、着眼长远,构建科学完善的交通运输安全体系,为我国经济社会健康发展和人民群众安全便捷出行提供可靠的交通运输安全保障。完善交通运输安全生产体系的主要路径为:完善依法治理体系,健全交通运输安全生产法规制度和标准规范。完善安全责任体系,强化企业主体责任,明确部门监管责任。完善预防控制体系,有效防控系统性风险,建立交通装备、工程第三方认证制度。强化安全生产事故调查评估。完善网络安全保障体系,增强科技兴安能力,加强交通信息基础设施安全保护。完善支撑保障体系,加强安全设施建设。建立自然灾害交通防治体系,提高交通防灾抗灾能力。加强交通运输安全综合治理,切实提高交通运输安全水平。

3. 完善交通运输安全生产体系的重点任务

(1)完善依法治理体系,健全交通运输安全生产法规制度和标准规范

一要推进相关法律和行政法规的废改立释,包括《中华人民共和国铁路法》《中华人民共和国海上交通安全法》《中华人民共和国港口法》《中华人民共和国民用航空法》《铁路运输安全条例》《国内水路运输管理条例》《内河交通安全管理条例》《中华

人民共和国国际海运条例》《中华人民共和国道路运输条例》《城市公共交通条例》《道路危险货物运输安全管理规定》《网络预约出租汽车管理办法》等。二要推进制定进一步细化新《安全生产法》中关于安全生产行政执法和生产经营单位安全生产主体责任等方面内容的法规和规章。推进制定行业标准和强制性国家标准，更好地指导行业安全生产工作。三要推进地方交通主管部门及时制定相关政策文件，推动地方制定地方性法规、地方政府规章和地方标准，更好地落实行业安全生产监管责任。倡导行业协会、学会、商会等社团组织制定行业标准，倡导生产经营单位制定企业标准。四要推进出台与交通新技术、新业态有关的安全生产法规制度和标准规范。

（2）完善安全责任体系，强化企业主体责任，明确部门监管责任

一要参照《地方党政领导干部安全生产责任制》要求，细化交通运输主管部门、有关负有安全生产监督管理及行政执法职责的机构班子成员的任期安全生产责任制，细化日常工作依责尽职、发生事故依责追究的要求。二要依法依规制定交通运输主管部门、有关负有安全生产监督管理及行政执法职责的机构的安全生产权力和责任清单，对于交通运输主管部门、有关负有安全生产监督管理及行政执法职责的机构工作人员尽职照单免责、失职照单问责。三要建立企业生产经营全过程安全责任追溯制度。

（3）完善预防控制体系，有效防控系统性风险，建立交通装备、工程第三方认证制度

一要完善预防控制工作体系。加快完善安全风险管理和隐患治理的相关标准规范，健全相关工作制度，指导督促企业有效开展安全生产风险辨识、评估和管控，对重大安全生产风险实施备案管理。推广应用交通运输行业可复制、可推广的典型经验和做法，全面构建交通安全预防控制体系。二要加强风险研判和科学防范。根据季节、环境、区域及运输方式等特点，科学研判确定风险区域、类别和程度，及时部署管控措施，做好信息发布和应急准备。加强对自然灾害、人为破坏等非传统安全风险的研判，结合交通运输实际，采取针对性防范措施，最大限度地减少非传统安全带来的不利影响。三要严格管控重特大事故风险。加强跨行业跨部门跨地区安全风险联防联控，落实安全风险管控措施，有效防控系统风险。加强风险源头管理，严格按照国家和行业标准规范，控制项目安全风险。加强对港口危险品储存区域、综合客运枢纽等区域内的安全风险的系统辨识和评估，有效管控区域安全风险。加大对涉及安全的新材料、新工艺、新业态的安全风险评估和管控。四是完善隐患排查治理体系。建立交通运输企业隐患排查治理系统联网的信息平台，完善线上线下配套监管制度，实现企业自查自改自报与部门实时监控的有机统一，以信息化推进隐患排查治理能力现代化。督促企业扎实开展隐患排查治理工作，做到整改措施、责任、资金、时限和预案"五落实"，实现隐患排查治理及验收的闭环管理。强化隐患排查治理监督执法，对重大隐患实行严格的挂牌督办，建立重大事故隐患问责、失职渎职追责机制。

（4）强化安全生产事故调查评估

一要按照四不放过原则，严格事故调查处理，依法严肃追究责任单位和相关责任

人责任。对发生安全生产事故重大责任的社会服务机构和人员实施相应的行业禁入。二要考虑未来建设我国独立的事故调查与处理机制,从源头上提高事故调查的客观性和科学性。推动建立行业内部相对独立监管部门的直属中央政府事故调查机构,一方面发挥行业部门熟悉情况、掌握业务技能的优势,另一方面保障事故调查相对独立于基层监管部门和生产经营单位,有利于兼顾事故调查的公正和效率。

(5) 完善网络安全保障体系,增强科技兴安能力,加强交通信息基础设施安全保护

针对未来智能化、无人化、网联化的先进交通系统的重大需求,构建网联安全、控制可靠、网络韧性和灾后恢复的技术链条;围绕先进交通系统(包括道路、水路、铁路、民航)的技术发展需求,突破先进交通系统存在的主要技术难点,形成先进交通系统的韧性与可靠性技术体系和系统平台。设计先进交通系统安全科技创新工程,面向先进交通系统的网联安全、控制可靠、网络韧性和灾后恢复等四大问题。具体来说,分别从保密性、安全性、可靠性等方面,实现先进交通系统的信息安全;从控制系统、通信系统和调度系统等方面,实现先进交通系统的可靠控制;从状态检测、安全行为识别、风险预测等角度,实现先进交通系统的网络韧性;从人员疏散、应急处置和应急物资配送等方面,实现先进交通系统的灾后恢复。

(6) 完善支撑保障体系,加强安全设施建设

一要强化安全基础设施建设。强化交通基础设施的安全设施建设,加大公路安全生命防护工程、危桥改造、隐患隧道整治、渡口改造、渡改桥、过河建筑物通航安全设施配布等的实施力度。提高农村道路交通安全设计水平,完善防撞设施、视线诱导设施等,规范和完善农村道路交通标志、标线,加强急弯、视距不良、长陡下坡等道路的警示标志及减速带设置。提升水路基础设施安全水平,加强航道管理与养护。加强通航水域岸标、浮标、桥涵标等通航设施设备的配备和布设。二要保障基础设施安全可靠。加强重大交通基础设施修建、实时监控、救援与保障等方面的投入。提升工程设计水平,强化系统设计,以工程质量安全耐久为核心,深化工程全寿命周期理念,切实提高工程质量和耐久性,确保工程建设安全。提升工程管理水平,加强建设单位专业化管理能力建设,推进工程施工标准化、精细化。强化公路运营安全,加强公路交通安全评价,强化公路管理和服务设施的科学合理配置,加强道路、桥梁、隧道、港口等的安全运行监测与预警系统建设,提高基础设施运行管理水平和应急服务能力。

(7) 建立自然灾害交通防治体系,提高交通防灾抗灾能力

严格交通运输系统的运营管理,在运行过程中保安全。在交通运输系统运营调度指挥体系中,进一步落实运营管理安全措施,强化过程管控,优化交通参与人员管理和培训体系,实施固定设施和移动装备动态监测和养护维修制度。及时判定交通运输系统设备的技术动态,实现视情维修,保证运营安全,建立相关安全指标体系。全面开展自然灾害风险防控,在防灾减灾中保安全。健全风、雨、雪、异物侵限等灾害实时预警和监控体系,强化春运、暑运、黄金周等重点时段安全监管和应急值守,做好极端天气

的预防、预警、防范和应急保障工作,建立交通运输系统恶劣环境和突发事件下的防护体系,保证在自然灾害情况下的交通安全。加强治安防范,防止人为破坏,做好重点时段运输服务安保工作和行业反恐怖防范。推进科技信息化、指挥扁平化、安保实战常态化建设,加强治安、反恐斗争,提升交通安防水平。重视交通事故现场应急处置,在事后处置中保安全。严格落实安全风险管控和隐患排查治理双重预防机制,实现对安全隐患的及早发现、闭环整治。坚持应急处置导向安全的理念,加强应急救援指挥体系和应急处置能力建设,加强水上搜救应急预案和国家重大海上溢油应急处理预案的宣贯落实,举办国家重大海上溢油应急处置部际联动演练,强化深远海搜救能力建设,统筹规划建设全国联动、水陆空协同、军民融合的应急救援体系,完善相关预案和处置措施,实现现场应急处置规范有序。

(8) 加强交通运输安全综合治理,切实提高交通安全水平

坚持安全第一、预防为主、综合治理的方针,健全政府主导、企业主体、技术驱动和全社会参与的交通安全综合治理与防控体系。一是政府主导,依法构建现代治理体系。完善安全生产中长期立法计划,推进立法进程、有效实施及效果评估,增强安全生产法治建设的系统性、完备性和有效性,切实做到安全生产领域"科学立法、严格执法、公正司法、全民守法";建立以强制性标准为主体、推荐性标准为补充的交通运输安全生产标准体系,推进相关国家标准、行业标准、地方标准制定工作,支持制定有关安全生产的团体标准和企业标准;强化安全生产监督执法,加大监督执法力度,建立日常监管和行政执法信息共享机制。二是企业主体,落实安全生产管理责任。落实企业全员一岗双责和安全生产责任制,大力推进企业安全生产标准化建设;加强企业安全生产信用管理,积极推进交通运输企业安全生产诚信体系建设,建立和完善安全生产违法行为信息库,建立企业"黑名单"制度,加大对失信企业的惩戒力度;明晰部门监管责任,按照法律法规规章规定,建立安全生产权力清单和责任清单,厘清、明晰各级管理部门职责边界。三是技术驱动,突出科技提升安全的作用。研究起草科技支撑安全发展的指导意见;建立政府、企业、科研院校、社会多方参与的交通运输安全生产技术研发机制;积极推广科技成果转化、应用。四是全社会参与,提升全民交通运输安全素养。加强宣传引导,定期发布交通运输安全发展白皮书,鼓励主流媒体加大宣传力度,开展交通运输"安全生产月"等活动;创建交通运输安全国家文化,将交通运输安全文化作为国家安全文化建设的重要组成部分;鼓励和引导企业和社会力量参与交通运输安全文化的创作和推广,传播安全价值观和理念,营造"我要安全"的社会氛围;大力实施从业人员安全素质提升工程,完善安全生产教育培训机制;加强重点人才培养,推荐交通运输安全生产和应急的各层级、各领域人才队伍建设。

(三) 强化交通应急救援能力

1. 交通应急救援的定义和内涵

应急救援是指针对突发、具有破坏力的紧急事件采取预防、预备、响应和恢复的活

动与计划。涉及交通运输突发事件的应急救援属于交通应急救援。其中交通运输突发事件,是指突然发生,造成或者可能造成交通运输设施毁损,交通运输中断、阻塞,重大船舶污染及海上溢油应急处置等,需要采取应急处置措施,疏散或者救援人员,提供应急运输保障的自然灾害、事故灾难、公共卫生事件和社会安全事件。

交通应急救援是通过应急救援系统,实现应急信息、应急资源的高效管理,通过调用分析模型,实现应急指挥的决策分析、交通诱导与疏散等智能化应用,进而通过统一信息报送、运营事件协调处置及定制化的监测信息和视频共享等功能,实现交通相关部门间的信息上传下达、多级交通运行监测协同工作、在紧急事件的交通疏堵过程中,各行业发挥协调联动的工作机制。

交通运输安全生产和应急体系是我国安全生产和应急体系重要的组成部分,是推动现代交通业发展的重要保障。随着我国经济社会的快速发展,公众对安全和应急的关注度和要求越来越高。我国交通运输应急工作主要涉及铁路运输、水运运输、公路运输,城市交通以及工程建设的应急处置等方面。

交通运输系统的安全救援能力是检验安全状况的重要标准。应急救援能力是交通运输系统运营诸多方面综合能力的体现,主要包括监测预警能力、应急管理能力、应急处置能力和应急设施设备四个方面。经过多年的发展,全国交通运输应急体系已基本建立,我国交通应急能力、应急处置水平显著提升,但与严峻复杂的交通运输安全形势还不相适应。主要表现在:法规标准体系不健全,政策保障措施不完善,应急管理基础能力亟待加强;各地交通运输基层应急队伍建设发展不平衡,组织管理规范化和队伍建设专业化水平尚待提高,应急能力需进一步加强;应急队伍救援装备和核心能力不足,专业和区域分布结构不均衡;应急物资储备结构不合理,快速调运配送效率不高,资源共享和应急征用补偿机制有待健全,应急信息发布和传播能力不足,应急保障能力需进一步提升;基层应急能力薄弱,公众参与应急管理的社会化组织程度较低,公共安全意识和自救互救能力总体薄弱,社会协同应对机制有待健全;参与国际应急的能力亟须提高。

2. 强化交通应急救援的思路

近年来,气候变化异常,极端自然灾害频繁,给交通运输安全生产带来了极大影响。我国正处于社会转型期,影响经济安全和社会稳定的因素很多,恐怖袭击、人为破坏、公共安全等突发事件时有发生,而目前安全和应急保障的基础比较薄弱,防范地域非传统安全的能力比较脆弱,道路、桥梁等交通基础设施老化现象严重,各类灾害引起的次生灾害的影响大,面临着许多潜在风险和现实威胁。此外,人民的物质和文化需求不断增加,社会交流更加频繁,各种大型公共活动越来越多,人们的安全权利意识越来越强,更加追求安全稳定、高质量的现代生活,交通运输安全已成为社会大众共同关心的重要内容,交通运输安全生产和应急工作的责任越来越大。

交通强国建设,对交通运输安全生产和应急工作提出了新的要求,要求交通运输安全和应急救援紧紧围绕统筹推进"五位一体"总体布局和协调推进"四个全面"战略布局,坚持稳中求进工作总基调,坚持新发展理念,坚持推动高质量发展,坚持以供给侧结构性改革为主线,坚持以人民为中心的发展思想,牢牢把握交通"先行官"定位,适度超前,进一步解放思想、开拓进取,推动交通发展由追求速度规模向更加注重质量效益转变,由各种交通方式相对独立发展向更加注重一体化融合发展转变,由依靠传统要素驱动向更加注重创新驱动转变,构建安全、便捷、高效、绿色、经济的现代化综合交通体系。而且,随着综合交通运输体系的加速建设,不同运输方式将进一步有效衔接,交通运输安全生产和应急救援工作跨行业、跨地域、相互交叉的特征更加明显。这就要求交通运输安全生产和应急工作必须适应新时代交通运输发展和交通强国建设需要,进一步拓展安全监管覆盖面,实现由单一监管到综合监管的转变,建立交通运输安全监管全天候、全方位、全过程无缝衔接的新模式,进一步提升应对各类突发事件的能力,建立健全反应快速、处置高效的应急保障体系。所以,强化交通应急救援能力的主要路径为:建立健全综合交通应急管理体制机制、法规制度和预案体系,加强应急救援专业装备、设施、队伍建设,积极参与国际应急救援合作。强化应急救援社会协同能力,完善征用补偿机制。

3. 强化交通应急救援能力的重点任务

1)建立综合交通运输安全应急救援体系

坚持预防为主、综合治理,加强综合交通运输安全应急救援体系建设,建立全国联动、水陆空协同、军民融合的应急救援联动机制。健全高效的社会化交通运输安全应急救援系统,逐步建立应急救援队伍社会化体系,引导发展空中救援模式,提高医疗急救服务的联动效率。强化应急救援平台构建,提升应急处置能力。坚决遏制重特大事故频发势头,对易发生重特大事故的行业领域采取风险分析管控、隐患排查治理双重预防工作机制,推动安全生产关口前移,加强应急救援工作,最大限度减少人员伤亡和财产损失。

(1)加快应急物资储备基地建设

进一步完善水上交通运输安全监管与救助布局,完善监管救助基地、站点建设,完善监管救助基地、站、点的布局和功能,以适应海事巡航、搜救等业务工作的需要。充分利用现有的装备设施资源,合理布局、统筹规划,推进国家、省、市级交通应急装备物资储备体系建设。建立交通行业应急管理专家库,覆盖各相关门类和专业,促进提升交通行业应急处置能力。

(2)加强应急救援体系建设

强化深远海搜救能力建设,统筹规划建设全国联动、水陆空协同、军民融合的应急救援体系;进一步完善应急预案体系、管理机制、法律法规、工作机制,完善交通运输运行监测与应急指挥系统。推动出台加强水上搜救打捞工作的意见和国家重大海上溢油应急处置预案,举办国家重大海上溢油应急处置部级联动演习。强化春运、暑运、黄金周等重点时段安全监管和应急值守,做好极端天气的预防、预警、防范和应急保障工作。做好重点时段运输服务安保工作和行业反恐怖防范工作。

(3) 加快安全应急信息化系统建设

大力推进交通重点领域的监管监察、危险货物运输信息共享、培训教育等信息化系统建设。以安全应急平台建设为核心，完善信息共享机制，建立安全应急业务数据库，实现移动端监察与视频联网联控，提高安全应急管理效率。加强交通事故趋势分析和综合研判研究，提高指挥调度与辅助决策能力。研究建立危险货物运输以及港口运营等共享信息技术和数据的统一标准。

2）建立健全综合交通应急管理体制机制、法规制度和预案体系

各级政府和交通运输主管部门应加大对应急的立法支持，切实加快相关法律立法进程；在职责配置、机构设置、人员编制、工作条件等方面给予充分支持，进一步建立健全组织机构，提高管理效能；强化队伍的培训和演练，加强人才队伍的培养和选拔，提高队伍的整体素质，并建立相应的激励约束机制，充分调动从业人员的工作积极性。

国务院交通运输主管部门应当根据国家突发事件总体应急预案和相关专项应急预案，制定交通运输突发事件部门应急预案；县级以上各级交通运输主管部门应当根据本级地方人民政府和上级交通运输主管部门制定的相关突发事件应急预案，制定本部门交通运输突发事件应急预案；交通运输企业应当按照所在地交通运输主管部门制定的交通运输突发事件应急预案，制定本单位交通运输突发事件应急预案。

交通运输主管部门、交通运输企业应当按照有关规划和应急预案的要求，根据应急工作的实际需要，建立健全应急装备和应急物资储备、维护、管理和调拨制度，储备必需的应急物资和运力，配备必要的专用应急指挥交通工具和应急通信装备，并确保应急物资装备处于正常使用状态。

进一步建立健全海上救捞双多边交流合作机制，加强理念、信息、技术、装备及人才的共商、共建、共享，积极参与国际重大救援行动，为中国政府履行相关国际公约以及双边协定作出重要贡献。

3）积极参与国际应急救援合作

一要构建常态化应急联动机制，携手打造海上人类命运共同体。要切实加强国际海上人命救助合作，充分利用现有多边、双边合作机制和渠道，相互交流，取长补短，共同分享海上应急管理和人命救助的技术与经验，共同保障海上公共安全。要充分利用国际海上人命救助联盟搭建的平台，加强信息交流和搜救合作，增强安全保障措施和应急处置能力，切实提高事故的防范能力和救助的及时性、有效性。要支持发展中国家，根据其实际需要和现有条件，在经济、技术、人力资源等方面加大援助力度，促进海上救助事业协调发展。二要着力构建"一带一路"沿线海上应急救助打捞保障合作机制。中国救捞将建立国际海上应急救捞队，努力实现24小时全球海上应急救捞力量投送。三要着力提升高海况条件下大规模人员遇险应急救助能力、深远海搜寻扫测定位打捞能力、大吨位沉船快速整体打捞能力和大面积海上溢油和沉船存油泄漏及危化品污染应急处置能力。四要进一步建立健全海上救捞双多边交流合作机制，加强理念、信息、技术、装备及人才的共商、共建、共享。积极参与国际重大救援行动，为中国

政府履行相关国际公约以及双边协定作出重要贡献。

4)强化应急救援社会协同能力,完善征用补偿机制

强化公众自防自治、群防群治、自救互救能力,支持引导社会力量规范有序参与应急救援行动,完善突发事件社会协同防范应对体系。一是建立专家咨询制度,聘请专家或者专业机构,为交通运输突发事件应对活动提供相关意见和支持;开展交通运输行业从业人员救援能力专业培训;充分发挥广播、电视、报纸、杂志等传统媒体和微信、微博等新媒体的宣传教育作用,鼓励开发制作电视专题片、公开课、微视频、公益广告、动漫游戏等,增强应急科普宣教的知识性、趣味性、交互性,提高公众安全应急文化素质。二是鼓励发展社会化应急救援。支持专业化社会应急救援力量发展,鼓励专业社会工作者和企业自建的应急救援队伍提供社会化救援有偿服务;完善政府与社会救援力量的协同机制,通过政府购买服务、与企业签订"服务协议"、搭建协作服务平台等形式,支持引导社会力量有序有效参与应急救援行动。三是鼓励发展应急管理社会中介服务。建立由行业协会、安全评估机构、技术咨询机构、保险机构等共同参与的社会中介服务体系,支持其开展风险评估、隐患监测治理、管理咨询、应急检测检验、教育培训等活动;支持创办专业化应急管理服务企业。四是加强应急志愿服务法规制度建设,明确应急志愿服务范围和志愿者的权利义务;健全志愿者和志愿服务组织参与应急的工作机制,完善志愿者招募、注册、技能培训与管理,引导志愿者和志愿服务组织有序参与应急救援与服务;鼓励发展专业性应急志愿者队伍,提升我国应急志愿服务能力和专业化水平。五是建立健全应急响应社会动员机制,发挥社会公众在信息报告和协助救援等方面的作用,引导社会公众有序参与重特大突发事件应急救援行动。六是应当根据生产安全事故、自然灾害等级,制定应急救援时社会应急救援力量的征用条件、征用范围;对应急救援物资,交通运输部门应当组织优先运输;被应急征用的救援车辆和其他交通运输工具通过收费公路的,交通运输部门应当组织优先、免费通行;应急救援工作结束后,有关部门应当及时汇总被征用应急救援力量使用情况,形成社会应急救援力量损毁或者灭失清单,并将清单与可返还的应急救援力量一起交付被征用单位或者个人;被征用单位或者个人应当自应急救援结束之后,提出应急救援补偿申请。

5)加强应急救援专业装备、设施、队伍建设

加快安全监管应急救援船舶、飞机、基地和长江干线监管救助和抢险打捞能力建设,完善安全监管和应急配套设施建设。进一步完善水上交通运输安全监管与救助布局,完善监管救助基地、站点建设,完善监管救助基地、站点的布局和功能,以适应海事巡航、搜救等业务工作的需要,全面提升水上交通运输安全保障和应急处置能力,建设完善近岸通信监控系统布局,加强深远海通信监控能力;加强大吨位抢险打捞、深海远海搜寻救助和打捞装备建设,加强长江等主要内河监管救助和抢险打捞能力建设。充分利用现有的装备设施资源,合理布局、统筹规划,推进国家、省、市级交通应急装备物资储备体系建设,加强安全设施和装备建设。建立交通行业应急管理专家库,覆盖各

相关门类和专业,促进提升交通行业应急处置能力。统筹应急物资储备基地布局和建设,研究推进危化品应急处置能力建设。加强交通运输应急队伍建设,交通运输主管部门可以根据交通运输突发事件应急处置的实际需要,统筹规划、建设交通运输专业应急队伍;交通运输企业应当根据实际需要,建立由本单位职工组成的专职或者兼职应急队伍。

第二节　交通运输人才队伍建设

一、交通人才运输队伍建设的内涵

人才队伍,是指具有一定的专业知识或专门技能,进行创造性劳动,并对社会或国家做出贡献的人,是人力资源中能力和素质较高的劳动者的总和。

交通运输行业是以"人便其行、货畅其流"为目标,由铁路、公路、水运、航空、邮政等五个子行业组成的,涵盖投资、建设、运营、服务全链条的公益性、基础性、战略性、服务型行业。

交通运输人才队伍是交通运输行业创新发展的主导力量,其规模、质量决定了行业的发展水平。交通运输人才队伍就是交通行业各领域、各链条中从事交通运输工作的能力和素质较高的劳动者的总和。主要包括:高水平的交通运输科技人才、素质优良的交通运输劳动者大军和高素质专业化交通运输干部队伍。交通运输人才队伍具有保障性和引领性、开放性和流动性、共享性和层次性等特征。

二、交通运输人才队伍建设的现状

(一)交通运输人才队伍保障体系

1. 交通运输人才建设政策规划

为深入贯彻落实人才强国要求,交通运输部印发了行业人才发展总体规划纲要,国家铁路局、中国民用航空局和国家邮政局等分别印发了相应领域人才专项规划,提出了多项任务举措,为人力资源保障体系建设各项工作有序推进提供了政策指引。基于行业发展制定了《交通运输科技"十三五"发展规划》《铁路标准化"十三五"发展规划》《民航科技发展"十三五"规划》和《国家邮政局关于推进邮政业服务"一带一路"建设的指导意见》等。针对行业人才发展,交通运输部印发了《公路水路交通运输中长期人才发展规划纲要(2011—2020年)》和《中国船员发展规划(2016—2020年)》,以及中国民用航空局印发的《民航科技创新人才推进计划实施方案》等。

2. 交通运输人才建设体制机制

交通运输人才工作的体制机制和组织架构不断健全。交通运输部成立人才工作领导小组,加强对行业人才工作顶层指导,部和三个国家局制定和修订了一系列加强人才队伍建设的政策制度,在选才、用才、聚才等方面取得了明显成效。部内及国家局设有专门的人事机构,系统管理人事相关工作,在部级层面形成了各司其职、统筹协调的管理架构。各省厅设有专门的人事管理部门,统筹全省行业人才工作,多个省份也分别建立了以省委书记为小组组长,各省厅单位为小组成员的省人才工作领导小组,针对本省人才政策和发展实际,建立健全工作机制,对全省人才工作和人才队伍建设进行统筹规划。

3. 交通运输人才建设管理服务方面

交通运输人力资源的培养与教育机制不断完善健全,首先是加强优秀拔尖人才培养,包括高层次科技人才、高技能实用人才、高素质管理人才等;其次是加强重点领域急需紧缺人才培养,包括综合运输人才、工程管理人才、现代交通物流人才、道路运输人才、轨道交通人才、港口与航运人才、救助打捞人才、行政执法人才和信息化人才等;最后是继续支持中西部地区人才队伍建设,实施对口援助计划、实施西部地区干部培训计划、建立健全科技合作计划等。资金激励和保障发挥重要作用,如持续做好部设立行业高层次人才培养专项经费,中央财政从车辆购置税和港口建设费中安排资金,用于交通运输科研工作,促进了交通运输行业总体科研能力和科技人员素质的提高。行业重点科研平台建设为人才成长提供了沃土,平台作为人才培养基地的作用日渐凸显。

(二)交通运输人才队伍建设存在的主要问题

1. 高层次和高技能人才相对短缺

新领域新业态专业技术人才和技能人才较为短缺。交通运输与其他技术密集型行业相比,对高端领军人才的吸引力仍显不足。面对日趋复杂的自然条件和更加严重的资源环境制约,解决交通运输重大工程建养、运输服务、安全保障、节能环保等重点领域科技难题的科技领军人才相对匮乏;高技能人才严重不足,具有技师及以上技能等级的高技能人才远远低于全国平均水平和有关目标要求。

2. 人才的专业与地区分布不够合理

现有人才尤其具有高级专业技术职务的高层次人才,主要集中于交通工程科技研发、勘察设计和施工领域,而养护管理、运输服务、安全保障和节能环保等领域十分缺乏,广大中西部地区和基层单位所需的各类专门人才普遍不足。

3. 高层次人才使用不够合理

人才队伍发展的引进、培养、使用、管理服务等方面的体制机制和政策制度有待进一步完善。"行政化""官本位"导致人才隐形流失现象严重,人才的可持续发展问题突出。

三、交通运输人才队伍建设的目标任务

(一)交通运输人才队伍建设的主要目标

人才是第一资源,建设交通强国,必须加强人才队伍体系建设。交通人才队伍建设要以高层次科技人才、高端智库人才、高技能实用人才、高素质管理人才为重点,加强对优秀技术人才和急需紧缺人才的培养,继续支持中、西部地区专门人才队伍建设,统筹推进各类人才队伍建设,为交通强国建设提供坚强的人才保障和广泛的智力支持。

到2030年,基本建成与国家基本实现现代化、达到世界先进水平相适应的交通运输人才队伍体系,交通运输人才队伍素质大幅提高,人才技术和专业结构优化,分布合理,国际化程度高;到2045年,人才队伍体系建设处于世界领先水平,加强优秀拔尖人才培养,以人才创新能力建设为核心,重点加强对科技领军人才和优秀青年人才培养。

(二)交通运输人才工作的主要任务

1. 大力培育高水平的交通运输科技人才。

以人才创新能力建设为核心,重点加强战略科技人才、科技领军人才、青年科技人才的培养,着力打造科技创新团队、一线创新团队,加强智库建设,解决行业高端人才短缺问题,显著提升行业专业技术人才队伍的梯队结构。

2. 打造素质优良的交通运输劳动者大军

造就一支素质优良的知识型、技能型、创新型劳动者大军,大力培养支撑交通强国建设的交通运输技术技能人才队伍,目标是把素质较低的劳动者提升为素质较高的劳动者,把普通形态的劳动者提升为技术技能形态的劳动者,把职业化程度较低的劳动者提升为职业化程度较高的劳动者。

3. 建设高素质专业化交通运输干部队伍

以交通运输主管部门公务员和所属单位领导干部为重点,以提高领导素质和管理能力为核心,加强实践锻炼与教育培训,造就一批德才兼备、勤勉廉洁、求真务实、奋发有为的高素质管理人才。

四、交通运输人才队伍建设的举措

(一)以需求导向优化交通运输人才布局和结构

在现代经济社会发展中,人才不仅具有支撑作用,高端人才还具有开拓创新、引领发展的作用。首先,调整、优化人才结构,使人才结构不断完善,更好地适应交通运输发展需要。人才结构包括宏观结构、中观结构和微观结构。在重视人才的宏观和中观结构优化的同时,要高度重视人才的微观结构优化和现代化。优化人才布局和结构,谋划人才专业素质结构、层级结构、分布结构的战略性调整。

1. 优化人才构成结构

牢固树立"人才是第一资源"理念,以战略性、前瞻性决策咨询智力建设为核心,大力培育和引进高端交通智库型人才,促进政府科学决策、行业改革推进和产业转型升级。坚持以科技人才队伍建设为主线,在解束缚、拓平台、优服务、建梯队、引外脑、提素质上下功夫,形成合力。大力培育现代交通运输业发展、交通转型升级、提质增效急需紧缺科技人才队伍。大力加强对综合运输、现代物流、先进交通装备与制造、交通运输安全、智慧交通、绿色美丽交通、交通执法等重点领域和特种专业急需紧缺人才的培养，着力优化人才队伍的专业构成在交通强国战略研究结构调整中实现人才总量的有效增长。以交通运输主干专业和紧缺人才为重点，继续推进技能人才实训基地和示范院校建设，确保交通运输基础设施畅通与客货运输安全需要。以增强人才的实践能力为核心，推进知识更新工程，重点加强高技能人才培养，大幅提高具有技师及以上技能等级人才比例，切实提高交通运输行业从业者的整体水平。

2. 调整人才区域结构

贯彻落实国家区域发展战略，紧密结合各地交通运输发展的阶段特征，以增加人才总量、改善人才结构、提升人才素质为核心，实施对口援助、干部培训和科技合作等人才培养专项计划，促进中西部地区、东北地区高层次人才培养。建立健全中西部地区引进急需人才、稳定现有人才、培养民族人才等人才发展专项政策，加快培养能长期服务并扎根于当地的优秀专业人才。

(二) 以创新思维推进交通人才引进与培养

按照交通强国建设统筹人才发展规划，制定人才培养和发展的实施细则，创新人才工作机制。

1. 构建引才用才机制

牢固确立人才引领发展的战略地位，真正把人才放在重要位置考虑，探索创新引才机制，优化政策导向，向高精尖缺人才倾斜。推进引才工作机制和人才适用平台建设，制定引进高精尖缺人才指导目录，建设和完善信息服务平台，建立专业人才库。推进行业两院院士后备人才评选与培养工作，完善新世纪十百千人才工程实施方案，采用导师制、工作站和流动站等多种形式加大传帮带力度，造就一批在国内外具有较高知名度和较大影响力的学术带头人。结合行业发展需要和科研基地建设，引进和用好能突破关键技术、发展高新技术产业的海外高层次人才，鼓励并支持重点科研基地开展国际国内学术交流，聚集和培养一批国际化交通运输科技人才。

2. 完善人才培养支持机制

要注重把握行业全局，体现人才培养的战略性；注重立足现实基础，突出人才开发的针对性；注重细化工作抓手，强化人才培养的实用性。创新教育培养模式，选派人才领衔承担行业内跨专业、跨学科的事务或项目，促进青年人才脱颖而出。加大对优秀青年人才的评价、发现和培养力度，大力培养各领域中的骨干青年力量。坚持以重大建设工程、重点科研项目、重点科研基地为依托，采取倾斜政策，支持科研骨干潜心开展基础研究和科技攻关，加强高层次创新人才培养。抓住岗位培训、考核评价、竞赛选拔、表彰激励、社会保障等环节，完善政策，创新机制，健全用人单位培养、选拔、使用、激励普通技能人才的工作体系，形成有利于高技能人才成长和发挥作用的制度环境和社会氛围，促进劳动者队伍整体素质的提高。

第七章　交通强国保障体系建设

3. 健全人才流动机制

破除人才流动障碍,畅通流动渠道,健全人才流动市场机制,促进人才顺畅有序流动。加强对管理干部的教育培训,学习先进的管理理念和方法,切实提高履职能力。强化专业能力培养,增强干部队伍适应现代化综合交通发展要求的能力。加大轮岗、交流和挂职力度,在艰难、复杂环境和急难险重工作中培养锻炼干部。畅通人才跨所有制流动渠道,完善柔性引才政策措施,建立以业绩为导向的柔性引才激励办法,重点支持重点领域、贫困地区高技能人才落户等相关政策。落实建设高素质专业化干部队伍要求,着力提升干部的综合素质与能力,打造一支忠诚干净担当的高素质干部队伍。

4. 创新人才评价激励机制

健全人才分类评价体系,完善符合行业特点的以能力和业绩为导向的人才评价体系,修订优秀人才评选制度,坚持德才兼备、以德为先,突出能力和业绩导向,克服唯学历、唯职称等倾向,分类建立符合不同领域、不同行业、不同岗位人才特点的评价标准和评价方式。加大人力资源激励力度。综合运用工作激励、感情激励、制度激励及物质激励等多种手段。

5. 完善国际人才培养与储备机制

深化交通运输类高等院校人才培养,特别是国际化人才培养教育改革,试点设立交通运输行业重点高校国际组织人才培养基地,打通院系、专业壁垒,变革教育组织模式,构建互联互通的人才培养体系。提升本土交通运输行业人才国际化程度,加强交通运输行业海外人才引进。深入实施交通运输行业高层次人才支持计划,完善支持政策,创新支持方式。完善海外人才引进方式,实行更积极、更开放、更有效的人才引进政策,柔性汇聚全球交通运输领域人才资源。以服务交通强国建设为导向,以创新组织形式和管理方式为重点,建设一批定位清晰、特色鲜明的新型智库。引导各类智库开展战略和公共政策研究,搭建合作共享平台,推动交通运输新型智库联盟化发展。

(三)以目标导向健全交通运输人才制度与机制

1. 完善交通运输人才工作机制

完善人才领导体制。坚持党管人才原则,形成有关部门各司其职,密切配合的人才工作格局,建立健全交通运输主管部门人才工作跨部门协调机制,建立各部门相关资源整合利用的经常性协商渠道,建立健全行业人才工作联动机制。创新人才激励机制,充分调动人才工作的积极性、主动性和创造性。深化行业人才发展体制机制改革,坚定不移走人才强交之路,最大限度激发人才的创新创造创业活力。要改革人才培养、引进、使用、激励机制,努力造就一批高水平的科学家、科技领军人才、工程师和高水平创新团队,大力培养规模宏大、结构合理、素质优良的交通运输创新型科技人才队伍。

2. 建立健全配套的制度体系

把制度建设贯穿交通运输人才队伍建设各环节。以制度创新为核心动力,构建一整套完善的制度体系,促进形成人力资源保障并引领交通强国事业持续推进的长效机制。认真贯彻落实相关国家法律、行政法规、党内法规等的要求,研究制定促进行业人才发展的法律法规。开展规划总体设计,适时开展现行规划实施效果评估工作,面向"十四五"期以及中长期,研究制定交通运输人才发展规划以及人才队伍建设纲要。完善行业规划体系,强化各类相关规划之间的统筹考虑、衔接协调。鼓励各级行业主管部门根据实际,适时启动地区、行业系统或重点领域的人才发展规划编制工作。强化配套政策制定,在人才培养教育政策、选拔任用政策、考核评价政策、人才优化配置和流动政策、激励保障政策等方面,加强政策制修订工作。

第八章 交通强国治理体系建设

第一节 交通运输治理体系与治理能力概述

推进交通运输治理体系和治理能力现代化是推进"国家治理体系与治理能力现代化"在交通运输领域的具体落实和总体工作目标,是建设交通强国的应有之义,更是建成交通强国的根本保障。

一、交通运输治理体系与治理能力现代化的概念

交通运输治理体系是党领导下进行交通运输管理的制度体系的总和,是在建设交通强国目标下对交通运输政府、市场和社会关系进行重构和优化组合所建立的一整套紧密相连、相互协调的体制机制和法律法规安排。

交通运输治理能力是运用制度管理交通运输各方面事务的能力,包括建构一个高效的交通运输行政管理体制、引导形成一个开放公平健康的交通运输经济发展环境、引导形成一个共建共治共享的交通运输治理格局、引导形成先进的交通运输文明体系等方面。其核心在于,形成政府、市场和社会高效良性互动共赢的交通运输治理格局。

二、交通运输治理体系与治理能力现代化的发展目标

全力推进交通运输治理体系和治理能力现代化,是交通运输现代化发展的基本思路之一。其核心目标在于,在提高交通运输制度建设水平的同时,增强治理能力。最终目标是使交通运输治理水平和治理能力适应国家治理体系和治理能力现代化体系建设总体需求,适应"两个一百年"的奋斗目标。具体而言,交通运输治理体系与治理能力现代化的发展目标包括以下两步:到 2035 年,基本实现交通运输治理体系和治理能力现代化;到 21 世纪中叶,交通运输治理体系和治理能力达到国际先进水平。

三、交通运输治理体系与治理能力现代化的主要工作任务

(一)建立形成规范、系统、有效的交通运输制度体系

立足于交通运输的基础性、先导性、服务性,持续完善和深化交通运输体制机制建设,为交通运输更好服务国民经济、社会发展提供支持和保证。这主要包括:一是完善综合交通运输管理体制与运行机制,促进综合交通运输融合发展与协同发展;二是加

快完善交通运输市场规范、引导和监管制度体系,建立公平开放、统一透明、健康可持续发展的交通运输市场;三是建立健全交通运输现代行政管理制度体系,明晰政企关系、政社关系,持续推进交通运输行政审批制度改革、交通运输行业社会组织管理体制改革,完善交通运输强制性标准体系、职业资格体系,深入推进部属事业单位分类改革;四是继续深化交通运输投融资制度改革,建立事权和支出责任相适应的制度,完善社会资本参与交通建设机制和交通运输预算管理机制;五是持续深化公路、水路管理体制机制建设,不断完善公路建设管理、养护管理、运行和运营管理机制建设,深化港口管理、航道管理、海事管理、搜救打捞体制机制建设;六是完善现代运输服务支持体制机制,持续深化公共交通管理体制机制建设,深入推进道路客运、出租汽车、汽车维修和驾培行业市场化发展引导规范机制建设,推动物流业体制机制建设;七是建立和完善支撑交通运输转型升级体制机制,推进智慧交通、平安交通、绿色交通体制机制建设,加强交通运输对外合作与开放体制机制建设,深化交通运输文化建设体制机制建设,持续推进行业发展党建引领和反腐倡廉体制机制建设。

(二)建成交通运输法治政府部门

坚持运用法治思维和法治方式,推进交通强国建设,基本建成职能科学、权责法定、执法严明、公开公正、廉洁高效、守法诚信的交通运输法治政府部门。这主要包括:一是完善交通运输法规体系,加快形成完备的综合交通运输法治制度体系;二是建立完善高效的交通运输法治实施体系、严密的交通运输法治监督体系和有力的交通运输法治保障体系;三是建立健全交通运输依法决策机制,提高领导干部运用法治思维和法治方式解决问题的能力。

(三)不断优化交通运输市场环境

进一步厘清政府与市场的边界,发挥市场在交通运输资源配置中的决定性作用,加快转变政府职能,更好发挥政府作用。这主要包括:一是健全市场治理规则,深入推进简政放权,破除区域壁垒,防止市场垄断,完善运输价格形成机制,构建统一开放、竞争有序的现代交通市场体系;二是全面实施市场准入负面清单制度,构建以信用为基础的新型监管机制;三是推动国家铁路企业股份制改造、邮政企业混合所有制改革,支持民营企业健康发展。

(四)不断提升社会对交通运输的参与度

不断深化人民主体思想,积极引导社会力量协同参与交通运输治理,形成共治共享共建的交通运输社会治理格局。这主要包括:一是不断深化交通运输发展战略、规划和政策制定的社会协同机制,健全公共决策机制,实行依法决策、民主决策;二是鼓励交通行业组织积极参与行业治理,引导社会组织依法自治、规范自律,拓宽公众参与交通治理渠道;三是推动政府信息公开,建立健全公共监督机制。

(五)不断提升交通文明

在传承交通文化和交通精神的同时,倡导文明出行,推动社会交通文明发展。

这主要包括:一是推进优秀交通文化传承创新,加强重要交通遗迹遗存、现代交通重大工程的保护利用和精神挖掘,讲好中国交通故事;二是弘扬以"两路"精神、青藏铁路精神、民航英雄机组等为代表的交通精神,增强行业凝聚力和战斗力;三是全方位提升交通参与者的文明素养,引导文明出行,营造文明交通环境,推动全社会交通文明程度大幅提升。

第二节 综合交通法规体系建设

一、综合交通法规体系建设的现状

当前,综合交通运输法律规范体系还不完善,综合交通运输法规体系建设的立、改、废、释任务依然很重,制度建设质量需要进一步提高。一是在现行交通法律法规体系中,没有制定专门的《综合运输法》。现有的交通立法是按不同运输方式分别立法,如《铁路法》《公路法》《港口法》《航道法》《民用航空法》《海上交通安全法》等,形成了分散立法、自成体系、协调性差的状况。其中涉及综合运输的内容很少,仅在《铁路法》《国防交通法》《合同法》《海商法》等法律中提及多式联运,在综合运输设施建设方面几乎是空白,仅仅对有关规划做了原则性规定,综合交通运输基础设施与枢纽建设法律制度尚未建立,不足以支持综合交通运输体系建设。二是一些重要法律法规的修订制定进程亟须加快。例如,在优先发展城市公共交通的大背景下,亟须加快《城市公共交通条例》的立法进程。三是立法质量有待提高。某些领域法律法规的制定尚有空白,存在无法可依的情况;有些领域虽然有相关法律法规,但其中某些内容未能随着交通运输事业的发展和变化适时修订;有的领域基本法律法规已制定,但配套规章制度没有及时跟上;行业立法整体效能和优势发挥还不够,部分法规之间衔接不畅,甚至存在相互矛盾的规定;有些制度不能充分体现交通运输发展的客观规律,可操作性不强,不能有效解决实际问题;有些行政立法和规则制定尚未完全摆脱部门利益的束缚,借"法"扩权、以"法"争利现象依然存在,甚至造成违法损害公民权利、不当增设公民义务的现象。四是交通运输新业态立法比较滞后。

二、综合交通法规体系建设的目标任务

交通强国保障体系的建设目标,就是要实现交通领域的治理体系和治理能力现代化,以保障交通强国战略目标的实现。

法治体系是国家治理体系的骨干工程。党的十九届四中全会把坚持和完善中国特色社会主义法治体系摆在十分重要的位置,充分体现了以习近平同志为核心的党中央对全面依法治国、建设法治中国的高度重视。从国外情况看,发达国家和地区首先都建立了较为完善的综合运输法律法规体系,侧重于解决不同层次、不同阶段交通发展重点和不同领域的问题,如美国为推进各种运输方式的协调发展,先后颁布《库伦

议案》《航空商务法》《联邦公路资助法案》等一系列法案,1991年通过《冰茶法案》(即《陆路综合运输效率法案》,International Surface Transportation Efficiency Act),1998年又通过《续茶法案》(即《21世纪运输公平法案》,TEA-21:Transportation Equity Act for the 21st Century)。

我国综合交通法规体系的建立应当以《中华人民共和国宪法》为依据,按照建立完善社会主义市场经济体制和依法治国的要求,推进法治交通的进程,到2030年初步形成门类齐全、分工合理、上下有序、内外协调的综合交通法律法规体系,到2045年全面形成先进、科学、完备的综合交通法律法规体系。

(一)加快完成《中华人民共和国交通运输法》的立法工作

交通运输体系由不同运输方式组成。在科学的顶层设计下,制定共同的上位法,可以对发展中的基础性和共性问题形成统一认识和规制,避免各自为政、法出多门,促进综合交通融合、发展、高效发展。为此,应以党的十九大精神和《中共中央关于全面推进依法治国若干重大问题的决定》为指导,加快制定《中华人民共和国交通运输法》(以下简称《交通运输法》)。

《交通运输法》应明确交通运输的地位、交通运输主体及其权利义务、中央与地方政府权限、管理机构、交通运输设施与设备、交通运输服务、交通运输安全、交通运输契约及运输市场秩序、交通运输与资源环境、交通运输与城镇化、交通运输信息与统计等的法律责任与管理规则。该法所要解决的主要问题包括:(1)做好交通运输法律体系的顶层设计。通过制定并实施《交通运输法》,填补目前交通运输领域缺少基本法层次法律的重大缺项。(2)以立法形式巩固大交通改革成果。明确交通运输高质高效、协调发展的导向和基本规则,强调运输方式之间的联运、衔接与协作,强调系统的一体化与协同性。(3)平衡交通运输公平与效率的关系。明确公民基本交通权利、基本公共服务均等化的基本原则,在提高效率的同时兼顾公平。(4)建立交通运输依法行政体制,完善行政组织和行政程序法律制度,推进机构、职能、权限、程序、责任法定化。(5)理顺不同层级政府之间交通运输的事权关系。根据中央与地方政府在交通运输领域的事权划分,《交通运输法》对不同层级政府在交通规划、交通投融资、公共产品提供与运营监管等职责分工作出基本规定。(6)明确促进综合运输协调发展的基本原则。(7)处理好城市交通与综合交通运输的关系。要进一步明确公交优先战略,在城市公共交通规划、交通用地综合开发、交通引领城市形态以及都市圈、城市群交通等方面作出基本规定。(8)推动交通运输业沿着安全、绿色、节能、环保的可持续方向发展。应在交通运输安全和绿色交通发展方面提出明确性要求,并将其作为交通发展的基础性要求和重要绩效目标。(9)规范交通运输领域的政府责任与市场行为。应明确政府要提供交通公共服务、维护交通投资和运输市场公平正义的责任,对市场中各类主体的行为进行基本约束。(10)规范交通运输信息的获取与统计制度。

(二)引导和支持地方加强交通运输立法工作

鼓励地方在立法权限范围内,积极探索推动综合交通运输、农村公路、城市公共交通、出租汽车、工程质量和安全等方面的立法工作。鼓励和指导地方适应交通运输一体化发展的需要,开展跨行政区域的交通运输立法探索。加强对地方交通运输立法起草工作的指导,建立交通运输行业立法互动交流机制。

(三)及时推进交通新业态新模式的立法工作

互联网、物联网、人工智能、云计算、大数据技术在交通运输领域的蓬勃发展,催生了交通新业态新模式。交通法律法规体系要顺应科技发展趋势,适应未来交通新业态、新模式发展,及时推进相关运输法律法规的制定和完善。制定新型无人驾驶交通工具、载人飞行器和无人飞行器的相关法规,明确无人驾驶运载工具的法律责任主体。为网约车、共享汽车等新业态、新模式市场化发展提供规范的市场监管制度和市场秩序。

第三节　现代交通市场体系建设

2014年7月9日,国务院发布《关于促进市场公平竞争维护市场正常秩序的若干意见》(以下简称《意见》),明确要建设统一开放、竞争有序、诚信守法、监管有力的现代市场体系,加快形成权责明确、公平公正、透明高效、法治保障的市场监管格局,到2020年建成体制比较成熟、制度更加定型的市场监管体系。十九届四中全会通过的《中共中央关于坚持和完善中国特色社会主义制度、推进国家治理体系和治理能力现代化若干重大问题的决定》(以下简称《决定》)进一步提出"建设高标准市场体系"。健全现代交通市场体系,充分发挥市场机制的作用,是实现交通行业治理体系与治理能力现代化的根本保障。健全现代交通运输市场体系,必须完善市场治理规则,建立公平开放、统一透明的交通运输市场,完善交通运输价格形成机制,完善市场准入制度,加强市场监管。

一、完善交通运输市场规则

建立统一开放、竞争有序的市场体系,是市场起决定性作用的基础。新形势下完善市场体系,最重要的是建立公平开放透明的市场规则。交通运输业是我国最早实行政企分开的行业之一,市场化程度相对较高,但是目前还存在行政干预较多、市场监管不到位、条块分割和地区封锁等问题,影响了行业资源优化配置和发展活力。完善交通运输市场规则,充分发挥市场机制作用,是实现交通运输行业治理体系和治理能力现代化的根本保证。

(一)全面实施市场准入负面清单制度

市场准入负面清单制度,是指国务院以清单方式明确列出在中华人民共和国境内禁止和限制投资经营的行业、领域、业务等,各级政府依法采取相应管理措施的一系列制度安排。市场准入负面清单以外的行业、领域、业务等,各类市场主体皆可依法平等进入。地方政府需进行个别调整的,由省级政府报经国务院批准。这是负面清单管理模式在外商投资领域的运用。目前世界大多数国家均针对外商投资实行负面清单管理模式。《决定》提出"全面实施市场准入负面清单制度"。我国将负面清单管理模式从外资引入内资市场准入领域,是市场准入制度的重大突破。

交通运输"负面清单"管理模式是指交通运输主管部门和其所属的执法机构在职能、职责或管辖事务范围内,梳理管理事项,公示依法暂时不予许可审批等事项清单,引导交通运输领域投资的企业和个人对照清单自检,鼓励其做出适当的行为,全面实现交通运输部门由管理型向服务型政府部门的转变。

推行交通运输"负面清单"管理模式对于提高交通运输行政效能、塑造服务型政府形象具有十分重要的意义。交通运输部门探索分类建立负面清单,探索交通运输领域对外商投资实行准入前国民待遇加负面清单的管理模式。在已开放的领域,破除政策限制与不公正待遇。全面引入特许经营制度,规范政府行为和投资人行为。重点加强对投资准入与退出、投资行为与收益、收费价格、服务质量四个环节的监管,制定交通基础设施和公共服务的服务标准体系和评价指标体系、基础设施养护管理的定额标准。加强对交通PPP项目的运营监管。

(二)打破垄断,保护公平竞争

《决定》提出:"市场经济的核心是公平竞争,只有竞争是公平的,才能实现资源有效配置和企业优胜劣汰。要强化竞争政策基础地位,以竞争政策为基础来协调相关政策。""落实公平竞争审查制度,加强和改进反不正当竞争执法。"《决定》强调:"加强和完善宏观调控,更好发挥政府作用,是社会主义市场经济体制的内在要求。"在交通运输体制改革中,核心的问题是如何理顺政府与市场关系。当前,我国交通运输业市场结构不合理,交通运输市场监管和宏观调控的有效性上还不尽如人意,交通运输市场呈现有效竞争不足,过度竞争和行政垄断并存。建立公平开放、统一透明的交通运输市场,就需要全面清理交通领域妨碍统一市场和公平竞争的规定和做法,反对地方保护,反对垄断和不正当竞争。加强交通执法力度,联合公安等部门,对市场违法行为实行从严治理,维护市场秩序。

二、完善交通运输价格形成机制

(一)价格形成机制概述

价格形成机制是指价格在形成和运动过程中,受其相关因素制约和作用的状况与方式。价格形成机制有两个特点:一是企业自主制定价格;二是由市场形成价格。在计划经济体制下,政府是价格的主要决策者,企业没有定价权。市场经济则不同,它要求大部分产品和劳务价格放开,由企业自主定价。企业自主定价就会使企业自觉地提高经济效益,增强企业活力。这并不意味着全部价格都由企业决定。少数对政治、社会稳定和国民经济长期发展有重大影响的产品和劳务要由国家定价,大多数一般性商品和劳务的价格完全放开,由企业定价。

(二)交通运输价格形成机制

交通运输是国民经济的基础产业,是实现优化资源配置的重要环节。我国一直将交通运输价格作为政府监管的重点,并在逐步改革交通运输价格的管理体制和形成机制。加快推进价格改革进程,有利于使交通运输市场产品价格更加适应市场需求,发挥价格在合理调节出行需求中的作用。目前,铁路运输仍实行政府定价,国内航空运输、公路客运实行政府指导价,公路货运和水路运输已经完全放开,实行市场调节价。

交通运输价格改革应当妥善处理政府和市场、短期和长期、供给和需求的关系,因地制宜、稳慎推进,以进促稳、以稳保进,推进完善行业治理体系,为价格改革营造良好的市场环境。交通运输价格改革将从以下几方面不断完善:其一,关注交通运输市场各领域、各环节供求关系和竞争格局情况,注重发挥市场形成价格的作用,逐步放开铁路、公路、水路、民航、邮政等竞争性环节价格,及时放开新形成竞争的运输产品价格;其二,在保障基本公共服务基础上,对运输企业新开发、不属于基本公共服务的运输产品价格实行市场调节,鼓励运输企业开发更多能够适应社会需求变化的新型客货运输产品。提高公共交通、农村客运、航道等公益性服务定价透明度,公示收费项目和服务标准,接受社会监督。其三,对实行政府定价管理的公益性服务、网络型自然垄断环节的交通运输价格,强化成本监管,完善健全定价机制,规范定价程序,最大限度减少政府部门的自由裁量权,提高政府定价的科学化、规范化水平。转变政府职能,将工作重心从直接核定价格水平转移到规范市场主体价格行为。其四,规范港口收费,减少收费项目,对竞争性服务收费实行市场调节。加快修订《港口收费规则》。

三、构建以信用为基础的新型监管机制

在信用时代,推动交通运输信用体系建设向纵深发展,是实现交通运输治理体系和治理能力现代化、建设交通强国的有力支撑。随着交通强国建设的推进,信用作为提升行业治理体系和治理能力现代化水平的重要手段,将从软约束变成硬实力。

(一)信用监管概述

"监管"是一种政府行政执法行为,即政府在经济领域依法行政的各种举措和行动。以往政府监管以使用强制性手段为主,例如采用"羁束性"或"强制性"执法。未来在社会治理环境下,政府监管举措将更具伸缩性、柔韧性、服务性。信用监管是加强事中事后监管的重要举措,以大数据为纽带、以信用信息平台为依托、以多部门参与为手段、以联合惩戒为核心的监管模式。"信用监管"的着眼点在于治本,对市场上的失信和违规施行治本性质的监管,可说是监管方式的质变性升级,使监管更适应法治环境,适配社会治理创新。具体来说,信用监管是更为科学的市场监管方式,体现在监管形式和效果上的天罗地网式的覆盖性、分类分级的柔韧性、大数据技术支持下的精准性、主动亲民的服务性和社会治理的参与性。我国政府采用信用监管方式,起始于原工商行政管理部门对企业分类监管的实践。2003年春,国务院原副总理吴仪同志赴原国家工商总局主持剪彩仪式,正式启用"四级分类信用监管系统"。在2019年的两会上,李克强总理在《政府工作报告》中提出,推进"双随机、一公开"跨部门联合监管,推行信用监管和"互联网+监管"改革。这标志着"信用监管"首次被写入《政府工作报告》。2019年7月9日,国务院办公厅公布《国务院办公厅关于加快推进社会信用体系建设构建以信用为基础的新型监管机制的指导意见》(国办发〔2019〕35号),提出要创新事前环节信用监管,加强事中环节信用监管,完善事后环节信用监管,强化信用监管的支撑保障,加强信用监管的组织实施。

(二)信用交通体系的发展

交通运输部高度重视行业信用体系建设工作,认真贯彻落实党中央、国务院关于社会信用体系建设系列决策部署,推动交通运输信用体系建设迈出重要步伐,取得重要进展。目前,已经基本建立起涵盖公路建设、水运工程建设、道路运输、水路运输、安全生产、海事等行业管理的信用体系,对规范全国交通运输市场行为发挥了明显作用,尤其在顶层制度设计、信用评价、联合奖惩、信用宣传与培训、试点示范方面取得了重要突破。

早在2017年,交通运输部就启动了创建"信用交通省"的工作。2017年9月,交通运输部、国家发改委联合印发《"信用交通省"创建工作方案》,计划用3年时间,发挥各省优势,推进交通运输领域信用建设。其中,江苏、天津、河南等7个省(直辖市),作为首批重点指导地区,参与"信用交通省"的创建工作。2017年,中国铁路总公司和民航局也先后发布《铁路旅客信用记录管理办法(试行)》《民航行业信用管理办法(试行)》,将扰乱铁路、民航运输秩序等失信行为,纳入旅客信用信息记录管理。凡被列为严重失信人名单的旅客,将被限制乘坐火车飞机。

当前,我国交通运输信用体系建设还存在一些突出问题有待解决:信用体系顶层设计尚缺乏系统性和全面性,信用体系建设尚未真正实现铁、公、水、民航、邮政各领域的全覆盖,信用新型监管机制有待建立健全,信用监管与评价应用还需推进创新,诚信与市场监管手段运用不足,从业人员素质与水平有待提高等。

(三)信用交通体系的进一步完善

为贯彻落实党中央、国务院关于社会信用体系建设的决策部署,进一步完善交通运输领域守信联合激励和失信联合惩戒工作,2018年12月21日,交通运输部印发《交通运输守信联合激励和失信联合惩戒对象名单管理办法(试行)》。2019年4月3日,交通运输部办公厅印发《2019年交通运输信用体系建设工作要点》其中明确要以"信用交通省"创建为载体,聚焦信用信息归集和应用,加强信用法规制度和标准规范建设，推进信用数据共享公开，推动信用评价、联合奖惩和信用修复，加强行业信用评价工作，推动交通运输政务诚信建设，增强信用体系建设工作合力，开展诚信教育和诚信文化建设，进一步提升行业治理能力和治理水平。2019年9月19日，交通运输部联合国家发展改革委共同召开全国"信用交通省"创建阶段总结暨现场观摩交流会。会议强调，2020年是"信用交通省"建设工作阶段性收官之年，部省要合力着力夯实政策制度基础、平台网站基础，着力建立健全事前信用承诺教育机制、事中信用评价监管机制、事后信用奖惩应用机制，着力推进重点领域失信专项治理工程、信用融合服务工程、交通运输政务诚信工程、行业诚信文化宣传工程。

按照党中央、国务院对社会信用体系建设总体要求，交通运输信用体系建设划分为四个阶段：起步阶段、初期阶段、加速发展阶段、成熟发展阶段。近年来，交通运输信用体系总体上处于"加速发展阶段前期"。为健全以信用为核心的交通运输新型监管机制，交通运输从业机构应当建立健全涵盖交通运输工程建设、运输服务等领域的行业信用体系。针对不同交通运输从业主体，逐步建立具有监督、申诉和复核机制的综合考核评价体系。制定并落实守信激励和失信惩戒制度，建立健全交通运输市场主体和从业人员"黑名单"制度，实施动态监管。建立全国统一的交通运输行业信用信息平台，推进与公安、工商、税务、金融、安监等部门信用系统的有效对接和信息共享。

第四节　交通文明建设

新时代赋予了交通人建设交通强国的新使命，这是伟大光荣的使命，是需要奋斗和担当的使命。建设交通强国，需要交通人要展现艰难向前、爬坡过坎、决战决胜的决心和勇气，需要顶住压力和困难，知重负重，敢为善为，奋力谱写新时代的新篇章，交通文明就是凝聚起四千万交通人磅礴力量的纽带和源泉，是推动交通运输发展的强大动力，是行业生命力、凝聚力和创造力的源泉。

一、交通文明的内涵

（一）文明的概念

文明是有史以来沉淀下来的，有助于增强人类对客观世界的适应和认知、符合人类精神追求、能被绝大多数人认可和接受的人文精神、发明创造以及公序良俗的总和。文明的概念有广义和狭义之分。

广义的文明是人类在改造世界的实践基础上创造的物质财富和精神财富的总和，一般分为物质文明和精神文明。

世界上公认文明是较高层次的文化成果，是文化发展积极成果的综合，是良好的生活方式和精神风尚。并非一切人类实践活动都归属于文明范畴，只有那些对人类的生存有积极意义的、能通过历史检验的、"真、善、美"活动的产物（物质财富与精神财富),才构成人类文明。

狭义的文明是指与野蛮相对的理性的社会体系。

改革开放以来,我国的社会主义文明建设经历了从"两手抓"到"五位一体"的进程。改革开放之初,我国普遍存在着"物质文明一手硬,精神文明一手软"的偏向。针对这种情况,邓小平同志提出"两个文明建设,必须两手抓,两手都要硬",从此我国的文明建设走上了物质文明与精神文明协调发展的道路。1986年中共十二届六中全会和1996年十四届六中全会的2个关于社会主义精神文明建设的决议,是迄今为止最为系统、最为重要的文献,对社会主义精神文明建设的一系列基本问题都进行了系统阐述。

党的十二大报告指出,我们在建设高度物质文明的同时,一定要努力建设高度的社会主义精神文明。党的十六大报告,把发展社会主义民主政治,建设社会主义政治文明,确定为全面建设小康社会的一个重要目标。十六大通过的新党章也做出了建设社会主义政治文明的规定。这是我们党在全国代表大会的文件中,第一次明确地将政治文明与建设社会主义物质文明和精神文明一起,确定为社会主义现代化建设的三大基本目标。党的十七大报告在提出实现全面建设小康社会奋斗目标的新要求时,指出要建设生态文明的目标。这一目标的提出,使我国的原有的三个文明系统又增添了一个新的亮点,是对"三个文明"内容的丰富。同时,在党的十七大上也提出了建设社会文明,至此形成了"五个文明"。党的十九大报告提出到21世纪中叶,把我国建成富强民主文明和谐美丽的社会主义现代化强国。到那时,我国物质文明、政治文明、精神文明、社会文明、生态文明将全面提升。从2007年到2017年,"五个文明"建设不断完善、协调发展、相互影响、相互制约,是一个完整而全面的文明体系。物质文明是基础,精神文明是灵魂,政治文明是保障,生态文明是前提,社会文明是目的。

(二)交通文明的概念

交通文明是与工业文明、农业文明相类似的概念,是人类在交通实践中创造的物质财富和精神财富的总和,是人类推动交通运输发展的历史。人类推动交通运输发展的历史,就是交通文明不断进步、臻于至善的历史。建设交通强国就是在新时代下加快构建安全、便捷、高效、绿色、经济的现代化综合交通体系,进一步丰富和发展现代交通文明,是在传承中华传统文化和吸收世界现代文明优秀成果的基础上,不断丰富中华文明内涵、提升中华文明高度的重要内容。

在物质层面,几乎涵盖交通运输的方方面面。交通运输是国家经济发展的先行官,交通运输发展的各个方面,都实实在在地影响着人们物质生产的进步和物质生活的改善。在精神层面,主要涵盖交通思想政治建设(理想信念、意识形态等)、培育社会主义核心价值观(交通精神)、弘扬交通文化(交通品牌、物质文化建设)、加强宣传舆论工作等方面。在政治层面,涉及政治思想、政治文化、政治传统、政治结构、政治活动和政治制度等,多属于国家层面内容,体现在交通运输方面,主要是习近平总书记关于交通运输的重要指示精神、党的十八大以来交通运输发展理论成果与实践成就等内容。在社会层面,涵盖了交通参与者文明(行为文明、主体文明)、交通关系文明(文明生产、文明服务、文明执法行政、典型示范)等多方面。在生态层面,主要指交通基础设施建设与自然、社会和谐共生等内容。

基于以上及交通强国建设纲要,本书所指的交通文明,主要分为推进交通文化传承创新,弘扬交通精神,发挥好交通精神载体的作用,以及营造交通文明环境几个方面。

(三)交通文明建设在交通强国建设中的重要作用

要建成人民满意、保障有力、世界前列的交通强国,提升行业"软实力"是必由之路。必须融合各种运输方式的优秀文化,传承和弘扬新时代交通精神,为交通运输发展提供强大精神动力,强大交通的"精神内核",为建设交通强国汇集精神力量。

一是交通文明是建设交通强国的"精神内核"。建设交通强国是新时代交通人的新使命,交通运输系统将在新时代奋力开启建设交通强国的新征程。使命越是光荣,任务越是艰巨,就越需要强大的精神内核支撑。培育交通文明是交通强国建设的重要组成部分,交通文明代表了交通发展的现代化、文明化程度和社会形象。交通运输行业历来重视行业文明建设,相关工作覆盖全行业各个领域。建设交通强国,需要构建新时期交通运输发展价值理念,建立引领行业发展的共同理想和共同追求;需要融合铁路、民航、邮政等交通运输系统的优秀文化,真正做成"大交通",打造思想上的"综合交通体系";需要强化理论武装,增强交通运输行业的思想凝聚力;需要进一步升华新时代交通精神,形成最持久最深层的精神感召力,引领行业的价值导向;需要孕育共同的道德文化,建立起覆盖全面、特色鲜明的行业职业道德规范;要培树先进典型,不断增强榜样的影响力、感染力、带动力,传播交通运输正能量,共同树立交通运输好形象。

二是交通文明是提升交通行业"软实力"的重要抓手。交通强国建设需要全体交通人凝心聚力,弘扬奋斗精神、奉献精神、创新精神、英雄精神,需要积淀好交通强国建设的"软实力",以新时代交通精神滋养精神世界,积极应对交通强国建设中的各种挑战。培育交通文明,提升行业"软实力",必须把习近平新时代中国特色主义思想作为主心骨,以思想武装"铸魂"。全行业要深入学习贯彻习近平新时代中国特色社会主义思想,真正做到学而信、学而用、学而行。必须把交通载体作为弘扬社会主义核心价值观的主基地,以价值引领"聚气"。必须积极推动社会主义核心价值观进机关、进港站、进车船、进工地、进窗口,持续开展"爱岗敬业 明礼诚信"主题实践,组织开展"感动交通年度人物""最美养路工""最美司机""最美收费员"等群众性评议活动,挖掘身边的凡人善举,积极培树全国和行业重大典型,激励广大干部职工担当作为。必须把新时代交通精神作为交通人精神家园的主支撑以精神感召"赋能"。注重发挥交通精神在行业发展中的凝聚、激励和导向作用,不断丰富交通人的精神世界。必须大力弘扬"两路"精神,努力践行青藏铁路精神,发扬港珠澳大桥建设者奋斗精神,传承中国民航英雄机组精神、铺路石精神、救捞精神、灯塔精神等,唱响新时代交通精神的主旋律,为建设交通强国汇聚起强大精神力量。必须把交通文化建设作为行业成风化俗的主抓手,用文化"凝心聚力"。坚持立德树人、以文化人,不断丰富交通文化谱系,持续深入开展火车头文化、道路文化、水运文化、蓝天文化、鸿雁文化、海事文化等主题文化研究和实践,增强全行业的文化认同。加强交通文艺创作,实施交通文博工程,打造"有文化"的路桥港站。

三是培育交通文明有利于塑造交通运输行业的良好形象。建设交通强国,不但要自身强,综合实力世界领先,而且要国家强,有效支撑国强民富。可以说,交通强国建设关乎我们国家发展的整体形象,培育交通文明的重要性更加凸显。推进交通文明建设,有利于塑造新时代文明行业的良好形象。交通文明建设涵盖交通运输行业履职各方面,包括生产、服务、执法、管理等领域,将举全行业之力,从文明履职的各个层面,聚焦思想政治、价值观、文化、文明创建、新闻舆论宣传等,实现培育交通文明的目标。培育交通文明并实践新时期价值理念,引导行业建立正确的职业道德观,形成良好行业风尚,引导行业建管养运全过程文明发展,为行业发展树立起鲜明旗帜。同时,通过交通文明广泛传播、宣传,让社会公众深刻了解行业的特征和标志,塑造行业良好健康向上的品牌形象。

二、交通文明建设的现状

建设交通强国,需要高水平的交通文明匹配。一直以来,交通运输行业认真贯彻落实党中央国务院关于推进文明建设的各项部署,推动行业文明建设不断向纵深发展。出台了《交通文化建设实施纲要》《交通文明建设行动计划(2018—2020年)》《进一步提升交通运输行业软实力的指导意见》等文件,开展"爱岗敬业明礼诚信"社会主义核心价值观主题实践,以及交通运输文明出行等活动。这些交通文明建设已受到全行业的高度重视与持续推进,已被纳入交通运输事业发展的整体部署和重要工作之中。

(一)交通行业价值理念的发展

交通行业的价值理念已经成为引导各时期交通运输事业发展的重要力量。中华人民共和国诞生以来,中华民族实现了和实现着从站起来、富起来到强起来三次历史性飞跃。在这三次飞跃中,交通运输业发展大致可以分为五个阶段。"站起来"这次飞跃,可以分为(1949—1966)和(1966—1978)两个阶段;"富起来"的这次飞跃,可以分为(1978—1992)和(1992—2012)两个阶段;"强起来"的这次飞跃,是党的十八大以来开启的第五个阶段的新征程。对应着交通运输行业发展的阶段,交通行业的价值理念也在与时俱进,不断发展变化。

1. 第一阶段(1949—1966):恢复交通、初步发展阶段

新中国成立之初,国家的主要任务是巩固政权、恢复经济、重建国民经济体系。交

通运输要服务于"巩固国家政权、恢复国民经济",充分发挥交通的支持保障作用。1958年,随着"大跃进"运动的到来,当时的交通部提出了"地、群、普"交通发展的方针,即交通发展要"依靠地方、依靠群众、以普及为主",体现了交通在发展途径、发展目标上的价值取向。

2. 第二阶段(1966—1978):曲折前进,缓慢发展阶段

在这一阶段,交通运输被归属于非物质生产部门,投资严重不足,但是交通人仍在曲折中努力前行,交通设施、装备规模、运输线路仍在增加。但在这一阶段的发展中,并没有提炼出凝聚共识的行业价值理念。

3. 第三阶段(1978—1992):放开搞活,加快发展阶段

1978年,党的十一届三中全会作出了把党和国家的工作中心转移到经济建设上来、实行改革开放的重大决策,拉开了交通运输改革开放、加快发展的大幕。这一时期,形成了"经济要发展,交通要先行"的价值理念,即交通行业要做好经济发展的"先行官"。到了20世纪80年代,提出了交通发展的愿景是实现"人便于行,货畅其流",从交通发展的理想状态上提出了发展的核心目标,突出强调"方便和畅通",简洁明了、重点突出。同一时期,也提出过"依靠科技、振兴交通"的理念。

4. 第四阶段(1992—2012):大干快上,建设交通大国阶段

这一时期,党和国家领导人高度重视交通运输发展,也是交通运输大干快上、快速发展的20年,为形成综合交通网络奠定了坚实基础。20世纪90年代,交通行业普遍认同的价值理念是"科技兴交,人才强交",既强调了科技进步的作用,也强调了以人为本的理念。21世纪初期,交通主管部门针对交通快速发展面临的主要任务和突出问题,提出了"做负责任的行业、部门和岗位"的理念,体现了交通行业实现好、维护好、发展好公众利益、用户利益和员工利益的价值取向。随即,又提出了"以人为本、全面协调,可持续发展"的交通科学发展观,以及"构建和谐交通""建设创新型交通行业""实现交通又好又快发展",这些都是交通行业在21世纪初期贯彻落实中央精神而提出的价值理念。

在这一阶段,交通行业还提出了"建设现代化公路水路交通运输系统",全面体现了交通发展在目标上的价值取向,即公路水路交通发展的直接目标是建设一个更安全、更通畅、更便捷、更经济、更可靠、更和谐的现代化公路水路交通系统。这一理念是对20世纪80年代提出的"人便于行,货畅其流"的继承和发展,也是新时代交通价值取向的基础。

5. 第五阶段(2012—):高质量发展,建设交通强国阶段

党的十八大以来,在以习近平同志为核心的党中央领导下,我国交通运输事业发展取得重大成就,许多指标走在了世界前列。我国已成为名副其实的交通大国,为建设交通强国奠定了坚实的基础。"构建安全、便捷、高效、绿色、经济的现代化综合交通体系",是新时代建设交通强国的主要价值取向。其中,"安全"是交通发展永恒的主题,是经济社会稳定发展的重要前提。"便捷"是对交通供给能力和质量的要求,要

提高交通基础设施通达程度,注重交通公平性。"高效"是对交通供给效率的要求,要充分发挥各种运输方式的比较优势和组合效率,为社会再生产循环畅通奠定基础。"绿色"是满足人民对优美生态环境的需要,倡导绿色出行,促进交通与自然和谐共生。"经济"是对交通投入产出的要求,用户以可承受的价格,享受高品质的运输服务。

(二)交通精神的发展

交通精神即交通行业精神。交通精神是交通行业广大从业人员共同创造的精神财富,在长期交通工作实践中,交通行业先后涌现了各具行业特点和时代特征,从不同方面体现交通行业广大从业人员思想意志和精神风貌的先进典型代表。

1. 以"两路"精神为代表的新时代交通精神

2014年8月,川藏、青藏公路通车60周年之际,习近平总书记指出:"当年,10多万军民在极其艰苦的条件下团结奋斗,创造了世界公路史上的奇迹,结束了西藏没有公路的历史。60年来,在建设和养护公路的过程中,形成和发扬了"一不怕苦、二不怕死,顽强拼搏、甘当路石,军民一家、民族团结"的"两路"精神""新形势下,要继续弘扬"两路"精神。"❶2018年9月30日,习近平总书记在人民大会堂会见四川航空"中国民航英雄机组"全体成员时强调:"要学习川航"中国民航英雄机组"实际,弘扬英雄精神,把非凡的英雄精神体现在平凡的工作岗位上。"❷在中央财经委员会会议上,习近平总书记调,要发扬"两路"精神和青藏铁路精神,高起点高标准高质量推进工程规划建设。在港珠澳大桥开通仪式上,习近平总书记指出:"港珠澳大桥的建设创下多项世界之最,非常了不起,体现了一个国家逢山开路、遇水架桥的奋斗精神,体现了我国综合国力、自主创新能力,体现了勇创世界一流的民族志气。这是一座圆梦桥、同心桥、自信桥、复兴桥。"❸这些重要指示,丰富了新时代的交通精神内涵。

2. 奋斗精神

一直以来,交通人砥砺迎难而上、顽强拼搏,自强不息、奋发有为,勇于在艰苦奋斗中净化灵魂、磨炼意志、坚定信念,始终践行"奋斗本身就是一种幸福"的时代理念。在实践中产生了以青藏铁路精神、港珠澳大桥建设者精神为代表的奋斗精神。

[青藏铁路精神——"挑战极限,勇创一流"]

建设青藏铁路是几代中国人梦寐以求的愿望,是党和政府作出的关乎经济社会发展全局的重大决策。作为西部大开发战略的标志性工程,青藏铁路是藏族群众与全国各族人民的连心路,是雪域高原迈向现代化的腾飞路,也是勤劳智慧的中国人民不断

---

❶《习近平就川藏青藏公路建成通车60周年作出重要批示》,《人民日报》2014年8月7日。
❷《习近平在会见四川航空"中国民航英雄机组"全体成员时强调 学习英雄事迹 弘扬英雄精神 将非凡英雄精神体现在平凡工作岗位上》,《人民日报》2018年10月1日。
❸《习近平出席开通仪式并宣布港珠澳大桥正式开通》,《人民日报》2018年10月24日。

创造非凡业绩的奋斗路。一条青藏线，穿越历史和未来；一条通天路，寄托梦想与期待。在青藏铁路通车庆祝大会上，胡锦涛同志全面阐述了青藏铁路建设的重大意义，深刻总结了青藏铁路建设伟大实践的重要经验，充分肯定了铁路建设者们的伟大创举和建设奇迹，号召全党全国各族人民学习和弘扬"挑战极限、勇创一流"的青藏铁路精神。"挑战极限"概括了广大青藏铁路建设者在"生命禁区"，以不畏艰险的英雄气概和求真务实的科学态度，挑战生理心理极限，攻克"多年冻土、高寒缺氧、生态脆弱"三大世界性工程难题的卓绝表现；"勇创一流"概括了广大建设者以敢于超越前人的大智大勇，建设世界一流高原冻土铁路，拼搏奋斗，开拓创新，攀登不止的崇高精神。

[港珠澳大桥建设者"逢山开路、遇水架桥"的奋斗精神]

国家工程、国之重器的背后，是一支"功成不必在我、功成必定有我"的中国建设者队伍。6年规划、9年建造，15年来，面对许多世界级难题，港珠澳大桥的建设者们取得了一系列技术突破，获得1000多项专利，达到世界一流水平。他们顺境不骄、逆境不馁，在伶仃洋上"作画"，在大海深处"穿针"，体现了勇创世界一流的民族志气，彰显了"逢山开路、遇水架桥"中国奋斗精神……这座桥被外媒誉为"现代世界七大奇迹"之一、中国建设史上里程最长、投资最多、施工难度最大，集"桥、岛、隧"为一体的全球最长跨海大桥，展现了我国综合国力和自主创新能力的提高，也反映出我国几十年来从追赶世界到追求领先世界、超越世界，从"中国制造"到勇于实现"中国创造"的民族志气。习近平总书记出席大桥的开通仪式并宣布了港珠澳大桥正式开通。这一天，他会见了大桥管理和施工等方面的代表，并这样评价了大桥："这是一座圆梦桥、同心桥、自信桥、复兴桥。"这一天，总书记这样评价了大桥建设者："功不可没、劳苦功高。"❶

3. 奉献精神

交通人素来有甘于平凡、无私忘我的正气，忠于职守、乐于奉献，把个人理想追求融入国家和民族事业中，积跬步以至千里、积小流以成江海，用坚守和付出，书写非凡的人生华章。具有代表性的有"小扁担精神""铺路石精神""航标灯精神"等。

[小扁担精神——"为人民服务到白头"]

"小扁担精神"的精神实质在于"为人民服务"。"小扁担精神"是雷锋精神在现实生活中的集中体现，也是雷锋精神的延续和发展。"小扁担精神"为各级交通管理部门和企事业单位改善服务理念，创新服务手段树立了一个精神坐标。

"小扁担精神"来源于上海海运局服务员杨怀远。他用一条自制的小扁担，穿梭于旅客之中，不怕苦与累，不嫌脏与烦，为人们排忧解难，不取分文。他还制定了120多项便民措施，自制了多种方便旅客的用具，设立了方便箱，被旅客赞誉为"老人的拐

---

❶ 《习近平出席开通仪式并宣布港珠澳大桥正式开通》，《人民日报》2018年10月24日。

杖""孩子的保姆""病人的护士"。仅扁担他就先后挑坏了48条,小小扁担挑出了浓浓的旅客情,人间爱。

[铺路石精神——"爱岗敬业、默默奉献"]

"铺路石精神"是广大公路部门职工的精神写照。"铺路石精神"的实质是爱岗敬业、默默奉献,立足岗位、任劳任怨,兢兢业业工作,踏踏实实工作,将自己的一份心力无私奉献给交通建设事业,为交通建设添砖加瓦,为广大人民群众创造良好的出行条件。

"铺路石精神"的典型代表,是四川省甘孜藏族自治州公路局雀儿山五道班班长陈德华,他用自己的行动,对这一精神进行了最好的诠释。陈德华所在的雀儿山五道班驻地海拔4889米,工作和生活条件极其恶劣。由于历史原因,过去的雀儿山公路技术等级低,线形差,路基狭窄,坡陡弯急。陈德华带领工人们,以顽强的毅力克服了许多难以想象的困难,以"蚂蚁啃骨头"的精神,平整路面,加宽路基,降坡改弯,修筑挡墙,精心维护,硬是把雀儿山路段由"老虎嘴""石门坎""老一档"变成了安全通畅的"放心路",年平均好路率达到80%以上!

[航标灯精神——"燃烧自己、照亮别人、奉献社会"]

"航标灯精神"是践行社会主义荣辱观的具体体现。其实质是不怕苦、不怕累,燃烧自己、照亮别人,不求索取、无私奉献,在普通而平凡的工作岗位上,为交通事业贡献力量。

"航标灯精神"的典型代表是苏贵聪,广东海事局汕头航标处遮浪灯塔养护工。"航标灯精神"在这位灯塔工身上,得到了最好的体现。遮浪岛是红海湾一个只有0.1平方公里的孤岛,离陆地约有1000米的水路,生活条件艰苦,经常与大风大浪打交道。30年来,苏贵聪已记不清多少次遇险。有一次,一个巨浪打在正工作的他身上,将他重重地摔倒在礁石上,顿时头破血流,通过开颅手术,取出一大块淤血,才捡回了一条命。还有一次,小船被台风掀翻,苏贵聪与同事在大海里漂流了30多海里,才侥幸被渔船救起。死神的一次次擦肩而过,却没有动摇苏贵聪守护好灯塔的信念。苏贵聪管理的灯塔,保持了30年正常发光率和正常维修率2个100%的纪录,被誉为"红海湾不落的北斗"。

4. 创新精神

创新精神一直是交通人不断的追求,昂扬向上、勇于探索,善于钻研、敢为人先,坚定自主创新的信心和骨气,努力实现关键核心技术自主可控,把创新和发展的主动权牢牢掌握在自己手中。具有代表性的有詹天佑精神、起帆精神、华铜海精神等。

[詹天佑精神——"热爱祖国、奋发图强、艰苦奋斗、勇于创新"]

100多年前,詹天佑带领中国工程师自力更生,建成京张铁路,为当时积贫积弱的中国注入了一支强心剂。詹天佑是中国工程师的楷模。"热爱祖国、奋发图强、艰苦奋斗、勇于创新"的詹天佑精神，鼓舞着新时代的中国交通人努力创造无愧于时代、无愧于前辈的崭新业绩。

[起帆精神]

包起帆，上海国际港务(集团)股份有限公司副总裁、教授级高工，工人出身的发明家。他自进入上海港起，就如饥似渴地自学专业基础知识，刻苦钻研业务，和同事们研发出的木材抓斗，填补了国际港口装卸工具的空白。此后，他又发明多种"散货抓斗"，被誉为"抓斗大王"。他的发明极大地减轻了工人的劳动强度，提高了生产效率，确保了作业安全，并已在国内30多个行业的1000余家单位应用，还出口到10多个国家，累计为国家创造经济效益4亿多元。从一名普通的码头工人，通过刻苦学习，勤奋钻研，勇于创新，成长为科技带头人，这种"起帆精神"反映了交通人立足本职、追求卓越、勇攀高峰的拼搏进取精神。

[华铜海精神]

中远广州远洋运输公司"华铜海"轮自1984年开始出租，在出租的10多年时间里，没有出过一次事故，没有误过一天船期，没有违法违纪的事件发生，先后55次由装矿、装煤等改为装粮，验舱均一次通过，被国际航运界誉为"中国出租船的一面旗帜"，成为"海上中华名牌"。

在2001年的全国交通系统创建文明行业工作会议上，原交通部部长黄镇东在大会讲话中强调指出，"华铜海"轮勇闯新路、改革进取的精神，干字当头、艰苦奋斗的精神，遵纪守法、诚实劳动的精神，领导干部以身作则、吃苦在前、享受在后的精神，都具有鲜明的时代精神和行业特点，进入新的世纪后并没有过时。在今后创建文明行业活动中，仍然应该作为我们学习的榜样。

[润扬大桥精神]

润扬大桥是我国第一座由悬索桥和斜拉桥构成的组合型特大桥梁，其建设规模之大、难度之高、技术之复杂，不仅为我国桥梁建设史上所罕见，也堪称当今世界之最。润扬大桥全部由我国自主设计、施工及管理。这座历时4年半，耗资58亿元的大桥，创造了中国桥梁史上的八个第一。它的建成是及数万名润扬人拼搏奉献，艰苦奋斗的结晶，是"默默无闻、精益求精、不断创新"的润扬大桥精神创造的人间奇迹。

建造世界一流大桥，离不开精益求精的认真态度。三伏酷暑，工人们要在50多度的桥面上铺设沥青。为了不让一滴汗珠落在桥面上，他们全身武装，裹得严严实实地工作。团结协作是润扬大桥精神的重要支撑。几万人组成的庞大团队中，强大的团队凝聚力始终把他们拧成一股绳，每一位员工都自觉地将实现自我价值与奉献社会的追求统一起来。

5. 英雄精神

弘扬英雄精神,锻造勇往直前、奋不顾身的勇气,心怀不畏艰险、不畏牺牲的革命英雄主义,在关键时刻冲得上、顶得住、打得赢,将非凡的英雄精神体现在平凡的工作岗位上。具有代表性的有民航英雄机组精神、救捞精神等。

[民航英雄机组精神]

习近平指出:"伟大出自平凡,英雄来自人民。把每一项平凡工作做好就是不平凡。新时代中国特色社会主义伟大事业,需要千千万万个英雄群体、英雄人物。学习英雄事迹,弘扬英雄精神,就是要把非凡英雄精神体现在平凡工作岗位上,体现在对人民生命安全高度负责的责任意识上。飞行工作年复一年、日复一日,看似平凡,但保障每一个航班安全就是不平凡。希望你们继续努力,一个航班一个航班地盯,一个环节一个环节地抓,为实现民航强国目标、为实现中华民族伟大复兴再立新功。"❶

[救捞精神——"把生的希望送给别人、把死的危险留给自己"]

"救捞精神"是救捞部门干部职工关爱生命的人道主义情怀和面对危险勇往直前的大无畏精神的具体体现。几代救捞人发扬"把生的希望送给别人、把死的危险留给自己"的救捞精神,顽强拼搏,舍生忘死,为我国海上交通运输安全和现代化建设作出了重要贡献。

进入21世纪,作为国家应急反应体系的重要组成部分,中国救捞围绕党和政府"以人为本、关爱生命、构建和谐社会"的执政理念,着力建立一支政令畅通、行动迅速、装备精良、人员精干、技术过硬、作风顽强的国家专业海上救助队伍,全面构建了海空立体救助体系。

(三)交通文明载体的发展

1. 重要交通遗迹遗存的发掘保护

交通遗迹遗存是交通文明的重要载体,可以反映出不同时期的交通文明程度和交通发展情况。对具有历史文化意义和精神内涵的交通遗产资源做好开发和研究,不断挖掘如丝绸之路、茶马古道、滇越铁路、京张铁路、京杭大运河等已列入国家保护范围的重要交通遗迹遗存的文化内涵和相关历史故事,对未列入国家保护范围的交通遗迹遗存注重挖掘和保护。建设交通文化展示平台,利用好交通博物馆、展览馆等重要场所,策划好交通遗迹遗存的宣传工作,将历史与现实、内涵与启示进行广泛传播。目前许多地方都在筹建各种类型的交通展示馆,但还未形成全国统一规划。应结合遗迹遗存所在地域特色,在硬件建设和软环境建设中积极融入当地文化元素,形成具有交通运输特色的文化人文景观。通过对重要交通遗迹遗存的发掘和保护,进一步推动交通

---

❶ 《习近平在会见四川航空"中国民航英雄机组"全体成员时强调 学习英雄事迹 弘扬英雄精神 将非凡英雄精神体现在平凡工作岗位上》,《人民日报》2018年10月1日。

文化发展与交通精神的传播。

2. 现代重大交通工程的品牌塑造

现代交通重大工程集先进的交通装备、引领性的交通科技、完善可靠的安全保障、节约集约绿色发展及便捷舒适经济高效于一体,是新时代交通运输发挥品牌塑造作用的具体体现。在交通实践中,已经形成了如港珠澳大桥、北京大兴国际机场等一批超级工程,对于已经迈入世界先进或领先行列的高速铁路、特大桥隧、离岸深水港、巨型河口航道整治以及大型机场工程等建造技术的经验,应对标世界并形成具有可推广、可复制的国际经验,塑造中国交通形象。推进独具特色、个性鲜明的铁路、公路、水运、民航、邮政、城市交通等领域特色工程的文化建设,塑造出依托交通重大工程的特点突出、享誉行业内外、辐射带动力强的交通重大工程文化品牌。

3. 交通行业先进典型培树

交通运输行业先进典型是全行业优秀的代表,是交通精神的具体体现。行业先进典型,具有鲜明的行业特色。在实践中产生了巨晓林、包起帆、许立荣、许振超、孙永才、吴荣南、袁庚等7名改革先锋,涌现出王淑芳、曲建武、陈维、其美多吉、徐前凯、金凤乘务组等一大批行业先进楷模,成为交通运输事业发展的重要推动力量。在工作实践中,以评选"时代楷模""感动交通年度人物""最美人物"劳动模范、先进工作者、文明单位、青年文明号等载体和形式,深入挖掘先进典型,树立行业道德标杆。

4. 交通文艺作品创作宣传

交通运输行业不断推出交通文艺作品。坚持以人民为中心的创作导向,加强现实题材创作,不断推出讴歌党、讴歌祖国、讴歌人民、讴歌英雄的精品力作,主题宣传、形势宣传、成就宣传突出以人民为中心。推出了《大路朝天》《碧海雄心》等一批反映交通运输改革发展成就的文艺作品,推出了《紧急救援》等弘扬新时代交通精神的影视剧、歌曲、小说等,将中国特色美丽交通故事推上国际舞台,向全世界展现真实立体全面的中国交通,宣传中国特色交通文化。

(四)交通参与者文明水平情况

交通参与者文明主要是交通参与者在交通中的行为规范,它包括驾驶文明、出行文明等。文明交通行为的实现,离不开法律的约束和广大交通参与者交通文明素养的提高。

我国交通文明水平不断提高。特别是近年来,以现代交通观念、道路交通法规和交通运输安全常识为主要内容,针对不同群体,开展了一系列宣传教育普及活动,收到了良好社会效果。但是还未形成比较成熟的交通文明体系,各地区交通文明程度差距较大,交通出行中守法、礼让、互助、文明等文明氛围尚未形成,文明出行的道德规范还不健全,超速驾驶、闯红灯、强行超车、超员超载、不主动礼让斑马线、不文明使用车灯、占用应急车道、高速行车中随意抛物、路边乱停车、人为损坏交通公共设施、出行途中乱扔垃圾等不守法、不文明的现象常有发生。

据北京市公安交管部门的一项调查显示,北京大部分市民文明交通素质水平较高,但部分市民守法意识淡薄,交通违法问题突出,主要表现在:

1. "文明交通行动计划"知晓率还比较低

问卷调查显示,5448名被调查者对全市实施"文明交通行动计划"非常了解的只有22.9%,60.6%的被调查者表示不太了解,16.5%的被调查者表示完全不了解。这说明文明交通的宣传工作有待进一步加强。

2. 交通违法违规比例高

5448名被调查者中,61.6%的人员发生过六类危险驾驶交通违法行为,其中6.7%超员超载、10.8%强行超车、21.2%疲劳驾驶、11.6%酒后驾车、18.8%闯红灯、29.5%超速行驶等。有2090人未发生过六大危险驾驶行为,被调查者总体遵章率仅38.4%。另外,只有21.9%的被调查者开车从来不打手机。由于全市驾驶人员基数庞大,各种交通违法的绝对数量,足以给道路交通秩序带来灾难性的严重后果。

3. 少数群众对文明交通的认识存在误区

有0.9%的被访者认为停车麻烦不主动礼让斑马线,有1.2%的被访者认为实施文明交通计划没有太大必要,4.3%的被访者认为系不系安全带无所谓,3.2%的被访者遇堵车时没有警察在场就加塞,5.3%的被访者路边随意停车影响行人通行,8.3%的被访者不会正确使用灯光。这些都需要通过对交通参与者进行全面、深入、细致的交通运输安全宣传教育,进一步提高人民群众的交通文明素养。

除了机动车,行人和非机动车的交通不文明现象也比较多,如不遵守交通信号灯、闯红灯从众效应,形成了所谓的"中国式过马路";如非机动车逆向行驶或占用机动车道,骑车带人、骑车打电话,不爱护公共交通设施,不爱护道路环境等等。此外,交通无障碍设施未受到重视,如城市内的无障碍通道和相关设施被占用和损坏较为严重,使残障人士无法安全通过,位于人行道上的盲道被损坏或被车辆占用,公共交通工具上为"老弱病残孕"乘客提供的座位和设施经常被占用等等。

三、交通文明建设的重点任务

(一)进一步加强思想政治教育

1. 深化理想信念教育

坚持用习近平新时代中国特色社会主义思想武装行业,树牢"四个意识",坚定"四个自信"。把学习宣传贯彻习近平新时代中国特色社会主义思想作为理论武装工作重中之重,持续推进"两学一做"学习教育常态化制度化,以开展全行业党员教育培训工作为契机,引导行业广大党员干部把个人理想、行业追求和行业使命融为一体。

2. 凝聚交通强国建设共识

建设交通强国是以习近平同志为核心的党中央立足国情、着眼全局、面向未来作出的重大战略决策,是建设现代化经济体系的先行领域,是全面建成社会主义现代化强国的重要支撑,是新时代做好交通工作的总抓手。要把握好交通强国的战略定位,明确交通强国建设不仅着眼于基础设施、交通装备、运输服务、人才队伍等关键环节和要素的协调,同时也强调创新、安全、绿色、开放以及治理体系的构建,把握好九大重点任务,围绕交通强国建设,培育行业新型智库,研究形成一批有深度有创见的理论成果,用交通强国思维推进新时代交通运输改革发展实践。

3. 确保意识形态安全

牢牢掌握意识形态工作领导权,建设具有强大凝聚力和引领力的社会主义意识形态。深入贯彻落实党委(党组)意识形态工作责任制,建强管好交通运输意识形态阵地。加强组织领导,确保宣传思想文化战线各级领导班子和干部队伍坚强有力。

(二)升华新时代交通精神

1. 培育践行社会主义核心价值观

强化教育引导、实践养成、制度保障,结合行业特点,凝练价值理念,升华新时代交通精神。培育和践行社会主义核心价值观,并贯穿于行业干部职工教育管理的全过程。将社会主义核心价值观教育与行业文明创建活动紧密结合。积极开展有形的社会主义核心价值观宣传教育,在车、船、路、港、站广泛宣传,使交通运输行业成为践行社会主义核心价值观的先行者、传播社会主义核心价值观的重要窗口、展示社会主义核心价值观的流动风景。

2. 凝练升华新时代交通精神

在全行业大力弘扬"一不怕苦、二不怕死,顽强拼搏、甘当路石,军民一家、民族团结"的"两路"精神。结合新时代新要求,继续凝练和升华新时代交通精神,明确行业价值取向,进一步增强行业凝聚力和战斗力。

3. 开展"爱岗敬业 明礼诚信"主题实践

深化"爱岗敬业 明礼诚信"社会主义核心价值观主题实践,教育引导行业干部职工立足本职、爱岗敬业,将社会主义核心价值观的根本要求融入交通人的生产生活和精神世界,提供高质量服务,提升公众美誉度;引导广大交通参与者明礼诚信,文明出行,形成修身律己、崇德向善、文明礼貌的社会道德风尚。深入推进行业干部职工社会公德、职业道德、家庭美德、个人品德教育,建设好覆盖全面、主题鲜明、特色突出的交通"道德讲堂"。

(三)弘扬交通文化

1. 推进文化品牌建设

持续打造内涵丰富、特点突出、质量过硬、辐射带动力强的交通文化品牌,加强宣传推广,深化行业文化品牌建设示范工程,形成行业文化百花齐放的生动局面。对于具有影响力的交通重大工程,提炼工程的思想理念和人文精神,塑造具有中国特色的交通重大工程品牌。加大对"雷锋车""情满旅途""微笑服务·温馨交通"等行业文化品牌的宣传推广,充分发挥典型示范和辐射带动作用。

2. 加强交通文化载体建设

结合地域文化特色,在基础设施硬件建设和软环境建设中融入文化元素,形成交通运输特色文化人文景观。推动行业历史传承转化和创新,加大交通博物馆、展览馆建设力度,加强对具有历史文化意义和精神内涵的交通遗产资源的保护开发研究,挖掘交通重要遗迹遗存的文化内涵,丰富交通文化展示平台。对于现代化的交通产业,也要进行推广展示,挖掘其蕴含的创新、拼搏、智慧等精神内涵。大力推动交通文博工程建设。

3. 推进交通文艺发展

利用好行业历史积淀深厚、创作题材丰富、群众基础广泛的优势,充分调动行业干部职工和交通运输企业、社会公众参与交通运输文化创作的积极性,创作交通运输题材文艺作品。围绕交通强国建设,反映和宣传交通发展成就,彰显行业精神风貌,形成弘扬新时代交通精神的影视剧、歌曲、小说等具有广泛社会影响的精品力作。

(四)讲好交通故事

1. 不断提升交通宣传的传播力影响力

结合交通运输发展成就、先进典型事迹,讲好中国特色美丽交通故事,充分展示交通当好发展先行官的实践成果,展示最美交通人的时代风采,树立美丽交通形象,充分发挥正面宣传激励人、鼓舞人的作用。创新宣传手段和方式,搭建包括新兴媒介在内的各类宣传平台。建好交通运输新闻宣传素材库、口径库和典型人物等"三个库",完善行业重大主题宣传和舆论引导协同联动机制,创新宣传理念和宣传手段,改进形势宣传、成就宣传、主题宣传、典型宣传,完善交通运输白皮书和发展报告编写框架。推进行业媒体融合发展,提升传播力影响力。推进国际传播能力建设,加强国际交通文化交流与合作,将中国特色美丽交通故事推上国际舞台,向全世界展现真实立体全面的中国交通,宣传中国特色交通文化。

2. 挖掘好先进典型

健全完善典型培树和宣传工作机制,努力发掘和培育具有广泛影响和鲜明时代特征的行业重大典型。扩大学先进、当先进的群众基础,积极开展"时代楷模""感动交通年度人物""最美人物"等系列群众性推选宣传活动。讲好交通行业先进典型故事,让行业先进典型享誉行业内外。不断挖掘和传承行业的精神富矿,让老模范、老先进在新时代焕发新光彩。

(五)开展文明创建活动

1. 开展文明出行

切实做好文明出行宣传教育和示范引领,进一步提升全行业文明服务水平,营造文明出行的良好舆论氛围和社会环境,形成良好的文明出行新风尚。各地区各部门结合自身实际和工作特点,充分发挥各级交通运输部门的主动性、创造性,积极开展丰富多彩、各具特色、富有实效的文明出行活动,形成行业上下联动,与社会公众互动的整体格局。在全行业开展文明售票、文明驾驶、文明乘务服务等活动,提高交通运输行业干部职工的文明素质,切实发挥好窗口单位的示范引导作用。发出文明出行活动倡议,做好文明旅游十大提醒语的社会宣传工作,组织开展"公交出行宣传周""文明出行周"等宣传活动。

2. 推进文明生产

在交通基础设施工程建设领域,加强宣传贯彻注重安全管理、质量管理、作业操作规范、与自然的和谐共生、有效降低对自然环境和人民生活的负面影响的文明生产理念。进一步完善文明生产相关制度。组织开展文明施工、安全生产、文明样板路建设、文明样板航道建设等活动。

3. 升级文明服务

在交通运输服务领域,进一步提升文明服务意识,倡导现代管理与服务新理念,规范服务行为,积极开展标准化服务、精细化服务、个性服务、品牌化服务,为人民群众提供高品质交通运输服务。进一步完善交通运输服务规范和岗位标准。持续开展文明示范窗口、文明车、船、港、路、航线、班线等活动。

4. 完善文明执法和行政

坚持依法行政,积极推进文明规范执法,落实依法行政和文明规范执法的各项制度要求,推动行政执法部门严格自律,规范自由裁量权,实行执法责任追究制,树立公开公平公正和文明规范执法的行业形象。加强文明执法示范窗口单位和交通行政服务窗口建设,开展"阳光公正执法""文明执法示范岗"等活动,不断改善窗口单位的服务条件,努力实现行政、执法、管理和服务的科学化、制度化、规范化。

(六)营造文明交通环境

1. 提升社会公德意识

组织开展交通文明好司机、好行人、好企业等社会评选和媒体展示活动,促进形成全社会文明守法良好风尚。充分利用新闻媒体、移动媒体、微博微信、户外显示屏等传播介质,在车站、港口、码头等旅客集散地和汽车、轮船等交通运输工具上,刊播文明交通公益广告,发放文明出行倡议书,强化大众对守法、礼让、互助、文明交通出行的感官认知,提升大众对文明交通的社会公德意识。

2. 加强公众文明交通教育

文明交通是一项系统工程,既要加强制度约束,严格执法,也要加强文明交通宣传教育,久久为功,二者缺一不可。依托学校、社区、各类文化场站等,通过举办讲座培训、座谈评议和宣传栏、展览等方式,加强对公众的文明交通教育,提升公众文明交通意识,让人们在思想上重视、认识上提高,行为规范上守则。

3. 开展针对性素质教育

组织督促中小学校、学前教育机构,针对不同年龄段的青少年儿童,开展形式多样的交通运输安全、礼让、互助、文明教育,组织模拟体验活动,促进青少年文明出行习惯养成。对于交通特定行为人,如驾驶员、客货运企业从业人员等,开展专题培训,提高素质。通过优秀驾驶人经验宣讲、典型事故案例警示教育等多种方式,重点增强特定人员守法、礼让、互助、绿色、文明的观念,提升社会责任意识。

4.开展志愿活动

组建文明交通公益宣传志愿者队伍,制定文明交通志愿服务规范,对志愿者进行文明礼仪知识、交通法律法规、安全常识等方面的培训,提高其参与交通文明服务的能力和水平。积极开展文明交通志愿服务活动,以城市主干道、主要交通路口、中小学校、景点等区域为重点,组织志愿者参与交通服务引导、向广大交通参与者宣传文明出行常识、劝阻不文明行为。以守法、礼让、互助、文明为主题,以青年人群为重点,开展"文明交通承诺"志愿实践活动,在全社会带头倡文明交通新风尚。

第九章　中国特色交通强国建设

第一节　走中国特色的交通强国建设之路

建设交通强国是满足人民美好生活需要的基本要求,是建设社会主义现代化强国的重要组成部分。一个国家采用何种路径、何种方式建设交通强国,取决于自身发展道路、指导思想、社会制度及社会文化,也和社会发展条件、资源禀赋、环境条件、交通需求特性有关。

一、交通强国建设的根本目的是建设人民满意交通

新时代中国特色社会主义的一个鲜明特征,是全国各族人民团结奋斗、不断创造美好生活、逐步实现全体人民共同富裕,始终坚持以人民为中心,不断实现好、维护好、发展好最广大人民的根本利益,始终坚持由人民群众评判,把人民群众满意作为检验工作的第一标准,一切工作的成败得失要由人民群众来检验,以人民拥护不拥护、赞成不赞成、高兴不高兴、答应不答应作为根本标准。交通运输是与人民生产生活息息相关的行业。人民对美好生活的期盼,也包含着对交通运输发展的期盼。习近平总书记在党的十九大提出中国特色社会主义进入新时代,指出新时代社会矛盾已经转化为人民日益增长的美好生活需要和不平衡不充分的发展之间的矛盾。交通运输作为国民经济中先导性、基础性、战略性和服务性产业,是中国特色社会主义事业的重要组成部分,根本目的就是建设人民满意交通,解决当前社会人民日益增长的美好生活需要和不平衡不充分发展之间的矛盾。交通发展要让人民满意,必须能解决这一矛盾,由过去的满足量的增长转化为质的提升,由过去"走得了"转化为"走得好",由过去的"堵"转化为"畅",由过去的"通"转化为"快",由过去的"有"转化为"准"。既要加强基础设施、技术装备等硬件建设,又要加强制度标准等软件建设;建成满足人民生产生活需要的交通运输体系,也能够支撑国家重大发展战略的运输体系;既要让人民感受到交通发展对生活带来的深刻变化,也要让社会经济在交通发展的引领下取得较好的发展。要将绿色发展和生态保护理论贯穿交通基础设施规划、建设、运营和养护的全过程,将智慧交通与绿色交通深度融合,以绿水青山、永续发展为追求目标,实现交通运输与经济社会和自然环境的协调发展,建成真正的绿色交通,满足人民对良好生态环境的期待。

人民性是建设人民满意交通的基本特征。我们党历来把人民立场作为基本立场。

从马克思列宁主义、毛泽东思想、邓小平理论、"三个代表"重要思想、科学发展观,到习近平新时代中国特色社会主义思想,都站在人民的立场上,一切从人民的根本利益出发,把人民满意不满意、人民答应不答应,作为衡量一切工作的标准。新时代的交通发展必须遵循习近平新时代中国特色社会主义思想中提出的坚持以人民为中心的发展思想。必须践行全心全意为人民服务的根本宗旨,把人民对美好生活的向往作为交通运输发展和奋斗的目标,依靠人民建设人民满意交通。

服务性是建设人民满意交通的基本定位。国家《"十三五"现代综合交通运输体系发展规划》提出,交通运输是国民经济中基础性、先导性、战略性产业,是重要的服务性行业。交通运输应当在铁路、民航、道路运输、水路运输等各个方面提升服务能力和水平,使全国铁路客运动车服务比重进一步提升,使民航航班正常率不断提高,使公路交通保障能力显著增强,使公路货运车型标准化水平大幅提高、货车空驶率大幅下降,使集装箱铁水联运比重明显提升。同时要不断提升公共服务水平,特别是农村地区的通邮、通班车。进一步优化城市交通,让人民更多选择公交出行。通过提升交通运输服务,让人民对交通运输的满意度和对社会发展的满意度不断提升。

引领性是建设人民满意交通的基本要求。马克思把运输业称为"现代工业的先驱"。多年以来,交通运输的发展相对经济社会发展而言,经历了追赶经济发展、适应经济发展、支撑经济发展的阶段。过去几年,交通运输对现代经济社会发展的支撑作用越发明显,通过打造丝绸之路经济带国际运输互联互通开放通道,支撑"一带一路"发展,支撑京津冀协同发展、长江经济带建设、扶贫攻坚等国家战略的实施。在未来,交通运输要不断夯实发展基础,充分发挥支撑引领作用,为全面建成小康社会奠定坚实基础。要在交通基础设施拥有量、客货运输及周转量、交通科技水平、交通治理水平等方面取得更大幅度提升,助力我国跻身世界交通强国行列。到21世纪中叶,要在交通运输基础设施、客货运输及周转量、交通科技、行业治理等方面全球领先,全面迈入交通强国前列,引领世界交通发展。

交通网络连接千万家,交通建设影响千万家,交通发展惠及千万家。首先要让人民共享经济发展的成果。要加大收入分配调节力度,协调区域发展不平衡性,打赢脱贫攻坚战,保证人民平等发展的权利,使改革发展成果更多更公平地惠及全体人民,朝着实现全体人民共同富裕的目标稳步迈进。近年来,交通运输部一直努力建设人民满意交通,今后一段时间要继续坚决贯彻落实党中央、国务院的部署,促进资源配置向贫困人口倾斜,扩大贫困地区交通运输基础设施覆盖面,让交通运输发展成果更多、更好、更全面地惠及全体人民。其次要让人民共享科技发展的成果。近年来,交通建设技术的发展为我国创造了世界一流的交通基础设施,极大满足了人民的交通出行需求。制造技术的发展,让我们有了高铁、大飞机,成为中国交通走向世界的名片,也为我们的出行带来极大的便利。互联网技术让我们的出行变得更容易,交通工具的信息、交通线路的状况、交通衔接的信息一目了然。第三是要让人民共享文化发展的成果。这些年的交通发展,形成了交通人的"两路"精神、精美绝伦的交通设施、良好有序的交通治理状况,以及自然和谐的交通环境,这些都是交通发展的结果,也是交通强国建设的重要基础,更是迈向交通运输现代化的有力支撑。

二、交通运输发展的根本保证是中国共产党的领导和中国特色社会主义制度

新时代我国交通建设之所以取得巨大成就,根本在于以习近平同志为核心的党中央的坚强领导,根本在于习近平新时代中国特色社会主义思想的科学指导,发挥我国社会主义制度集中力量办大事的政治优势。中国共产党具有总揽全局、协调各方的领导优势,总揽全局、协调各方是中国共产党领导作用的集中表现,体现着中国特色社会主义政治制度的优势和特点。在实现中华民族伟大复兴的征程中,面临的社会主要矛盾是人民日益增长的美好生活需要和不平衡不充分的发展之间的矛盾。为解决好这一矛盾,不断满足人民对美好生活的新期待,需要更好地集中力量办大事,有效应对种种风险挑战,克服前进中的种种困难阻力,从日益走近世界舞台中央到真正走上世界舞台中央。交通运输发展是战略性问题,交通强国建设是国家战略,只有加强党的领导,才能把握正确的政治方向,在政治、思想、组织方面实施有效领导,并从统筹全局和整体工作的原则出发,协调好各级党政机构的相互关系,协调好整体工作的各个方面,各司其职,各尽其责,相互配合,形成合力,加快建设交通强国。交通强国建设的根本目的是建设人民满意交通,需要汇集民意,集中民智,体现人民意志,而中国特色社会主义民主政治制度可以有效集中和体现人民意志,具有汇聚民意民智、凝聚民心民力的作用,有利于实现民主与效率的统一,有利于有效应对交通运输发展中的各种风险和挑战、维护社会秩序和社会稳定,为交通强国建设营造良好的发展环境。交通强国建设中的部分工程项目体量大、投资多、战线长,需要整合社会资源,组织和动员社会力量实施。中国特色社会主义制度具有集中力量办大事的优势,国家能够有效组织各种力量完成这些重大项目。正如习近平总书记在北京大兴国际机场投运仪式上指出的,大兴国际机场能够在不到5年的时间里完成预定的建设任务,顺利投入运营,充分展现了中国工程建筑的雄厚实力,充分体现了中国精神和中国力量,充分体现了中国共产党领导和我国社会主义制度能够集中力量办大事的政治优势。未来交通运输的发展,只有更充分地发挥社会主义制度优势,实践"以人民为中心"的发展理念,调动一切资源聚焦到满足人民对美好生活的实际需要上,才能形成持续而强劲的交通运输发展动力,建设人民满意交通。

三、交通运输发展的根本动力是改革创新

改革就意味着创新,只有创新才能保持对环境变化的适应性,赢得永续发展。党的十一届三中全会以来,中国以经济体制改革为引领,加快完善社会主义市场经济体制,协同推进政治、文化、社会、生态、军事、外交体制改革,使之与经济体制改革相适应,形成了中国特色社会主义事业的总体布局。党的十八届三中全会,开启了改革的

新篇章,吹响了全面深化改革的号角,提出了全面深化改革总目标和2020年阶段目标,将全面深化改革写入新时期"四个全面"战略布局。党的十九大将全面深化改革作为新时代坚持和发展中国特色社会主义的基本方略写进报告。交通运输要实现高质量发展,必须把改革创新作为第一动力,全面深化改革,在运输结构调整、收费公路制度改革、行业整合升级、智慧交通发展、绿色交通发展、新业态监管、安全生产、"四好农村路"建设、服务国家战略等方面继续有所作为,进一步增强具有国际竞争力的基础设施建设、运输装备制造等技术能力,不断强化交通运输关键共性技术、前沿引领技术等研究,推动互联网、大数据、人工智能等与交通运输的深度融合,掌握新一轮全球科技竞争的战略主动。不断深化交通管理体制改革,改革行政审批,改进行业管理,逐步形成统一高效的行政管理体制,积极引进世界交通运输发展的新理念、新成果、新技术,发展现代交通运输业。继续推进行业供给侧结构性改革,更多采取改革的办法,更多运用市场化、法治化手段,切实加强交通领域各类检查、收费和罚款监督管理,进一步放权降费、优化监管、规范执法行为,严格落实交通运输行业市场准入负面清单制度,不断加大补短板、降成本、优环境、强服务力度,有效提高交通供给能力和发展质量。

第二节 充分发挥交通运输的战略引领作用

进入新时代,交通运输业一方面要服务于我国建设社会主义强国和人民美好生活的需要,服务于世界贸易的需要,另一方面也要发挥好引领经济社会发展的作用,即发挥"交通+"的作用。交通运输不仅仅是一种服务,更是重要的生产力和社会公共资源,与传统交通不同,现代交通与经济深度融合(即"现代交通+"),将会激发经济社会发展的新动能,形成新业态和发展新模式。现代交通既要为我国经济社会发展提供高质交通服务,更应发挥好先行引领作用。

一、建设交通大通道构筑经济走廊

连接陆桥和西北北部运输通道,逐步构建经中亚、西亚分别至欧洲、北非的西北国际运输走廊,构建广西面向东盟国际大通道,构建衔接东南亚、南亚的西南国际运输走廊,连接绥芬河至满洲里、珲春至二连浩特、黑河至港澳、沿海等运输通道,构建至俄罗斯远东、蒙古、朝鲜半岛的东北国际运输走廊。推进21世纪海上丝绸之路国际通道建设。利用沿海地区开放程度高、经济实力强、辐射带动作用大的优势,提升沿海港口服务能力,加强港口与综合运输大通道衔接。拓展航空国际支撑功能,完善海外战略支点布局,构建连通内陆、辐射全球的21世纪海上丝绸之路国际运输通道。加强"一带一路"通道与港澳台地区的交通衔接,强化内地与港澳台的交通联系,开展全方位的交通合作,提升互联互通水平。通过建设海陆运输大通道,构建国家经济地理新格局,引领经济发展。

二、促进区域一体化

加快经济运行,优化资源配置,依托高速交通缩短时空距离,放大同城效应和促进区域一体化,提高经济社会运行的效率和效益,重塑生产与生活模式。强化区域发展总体战略交通支撑,西北地区强化内外联通通道建设,东北地区提升综合交通网质量,中部地区提升综合交通枢纽功能,东部地区着力优化运输结构,率先建成现代综合交通运输体系。构建京津冀协同发展的一体化网络,建设以首都为核心的世界级城市群交通体系,加快推进天津北方国际航运核心区建设,构建现代化的津冀港口群。

三、生成交通发展新形态

发挥港站的枢纽作用,催生高铁经济、港口经济、空港经济、自由贸易区和自由贸易港等发展新形态,建立高铁枢纽经济区,引领人文城市、智慧城市建设,打造空港枢纽经济区,发展临空产业,发展综合物流,建设江海港枢纽经济区,发展航运物流及长江经济带上重要的新兴产业。

第三节 交通强国建设战略突破

一、充分利用转型升级"窗口期"

实现一体化和高质量发展。如前所述,从2020年到2030年的10年时间,将是交通基础设施保持合理规模的建设期,也是实现交通基础设施一体化和高质量发展的关键"窗口期"。

(一)建成一体化综合交通基础设施网

要充分利用好"窗口期",在优化规划的基础上,加强短板和弱项,建成一体化综合交通基础设施网。对于由不同交通方式构成的复合交通走廊,要统一规划。形成综合能力。

(二)建设一体化的综合交通枢纽

要充分利用好"窗口期",建设一体化的综合交通枢纽,打通"最后一公里",实现公路、铁路水路、航空和城市交通相互融合,重要港区铁路进码头,大型物流园区直通铁路,做到高铁与机场,地铁与火车站、汽车站的无缝衔接,优化站、港枢纽建设布局,减少城市交通压力。

(三)推动各种运输方式信息的一体化

要充分利用好"窗口期",大力推广信息网络新技术,综合利用铁路、公路、水路、民航、邮政等多种运输方式的信息资源,以及公安、旅游、气象等相关行业信息资源,围绕提升行业治理能力和提供优质服务的目标,组织开展多种运输方式或跨业务领域综合交通运输信息资源共享与业务协同应用,推动各种运输方式信息的一体化发展。

二、提升国际化运输服务能力

(一)完善国际运输服务网络

完善跨境运输走廊,增加便利货物和人员运输协定过境站点和运输线路。有效整合中欧班列资源,统一品牌,构建"点对点"整列直达、枢纽节点零散中转的高效运输组织体系。加强港航国际联动,鼓励企业建设海外物流中心,推进国际陆海联运、国际甩挂运输等发展。拓展国际航空运输市场,建立海外运营基地和企业,提升境外落地服务水平。完善国际邮件处理中心布局,支持建设一批国际快件转运中心和海外仓,推进快递业跨境发展。

(二)提高国际运输便利化水平

进一步完善双边及多边运输国际合作机制,加快形成"一站式"口岸通关模式。推动国际运输管理与服务信息系统建设,促进陆路口岸信息资源交互共享。依托区域性国际网络平台,加强与"一带一路"沿线国家和地区在技术标准、数据交换、信息安全等方面的交流合作。积极参与国际和区域运输规则制修订,全面提升话语权与影响力。鼓励交通运输走出去。推动企业全方位开展对外合作,通过投资、租赁、技术合作等方式参与海外交通基础设施的规划、设计、建设和运营。积极开展轨道交通一揽子合作,提升高铁、城市轨道交通等重大装备综合竞争力,加快自主品牌汽车走向国际,推动各类型国产航空装备出口,开拓港口机械、液化天然气船等船舶和海洋工程装备国际市场。

三、发展先进适用的技术装备

(一)推进先进技术装备自主化

提升高铁、大功率电力机车、重载货车、中低速磁悬浮轨道交通等装备技术水平,着力研制和应用中国标准动车组谱系产品,研发市域(郊)铁路列车,创新发展下一代高速列车,加快城市轨道交通装备关键技术产业化。积极发展公路专用运输车辆、大型厢式货车和城市配送车辆,鼓励发展大中型高档客车,大力发展安全、实用、经济型乡村客车。发展多式联运成套技术装备,提高集装箱、特种运输等货运装备使用比重。继续发展大型专业化运输船舶。实施适航攻关工程,积极发展国产大飞机和通用航空器。

(二)推动交通系统变革升级

目前我国交通大数据、物联网、人工智能、5G 网络、北斗卫星导航技术发展迅速。我国智能交通发展与发达国家相比,除了关键芯片制造技术外差距不大,总体处于并跑状态。由于我国市场需求巨大、应用环境好、数据量大,智能交通有条件在 2030 年前后进入世界前列。

构建世界领先的城市智能交通系统。通过构建城市交通大数据共享平台和城市"交通大脑",全面提高交通状况实时分析、交通动态变化预测、交通违法行为自动识别、交通事故隐患自动预警、交通拥堵成因分析、智能应急救援水平,助力破解城市交通拥堵,实现交通节能减排,加强自动驾驶技术研发与应用,着力通过车路协同,实现动态互联、控制与诱导结合,优化运行组织和控制,提高安全水平。在推进车路协同研究的进程中,既要建设智能交通基础设施系统,也要加强汽车自动驾驶功能的开发。同时应充分发挥政府主导作用。当前着力推进以建设智能交通基础设施为主的技术路线,使汽车自动驾驶低成本起步、更快落地,并为自动驾驶进入高级阶段创造条件,走出一条中国特色的自动驾驶系统发展之路。

(三)提升装备和载运工具智能化自动化水平

拓展铁路计算机联网、编组站系统自动化应用,推进全自动集装箱码头系统建设,有序发展无人机自动物流配送。示范推广车路协同技术,推广应用智能车载设备,推进全自动驾驶车辆研发,研究使用汽车电子标识。建设智能路侧设施,提供网络接入、行驶引导和安全告警等服务。

(四)促进技术装备标准化发展

加快推进铁路多式联运专用装备和机具技术标准体系建设。积极推动载货汽车标准化,加强车辆公告、生产、检测、注册登记、营运使用等环节的标准衔接。加快推进内河运输船舶标准化,大力发展江海直达船舶。推广应用集装化和单元化装载技术。建立共享服务平台标准化网络接口和单证自动转换标准格式。

四、推动交通产业智能化变革

(一)实施"互联网+"行动计划,打造泛在的交通运输物联网

将信息化智能化发展贯穿于交通建设、运行、服务、监管等全链条各环节,推动云计算、大数据、物联网、移动互联网、智能控制等技术与交通运输深度融合,实现基础设施和载运工具数字化、网络化,运营运行智能化。利用信息平台集聚要素,驱动生产组织和管理方式转变,全面提升运输效率和服务品质。

推动运行监测设备与交通基础设施同步建设。强化全面覆盖交通网络基础设施风险状况、运行状态、移动装置走行情况、运行组织调度信息的数据采集系统,形成动态感知、全面覆盖、泛在互联的交通运输运行监控体系。

增强国家交通运输物流公共信息平台服务功能。强化交通运输信息采集、挖掘和应用,促进交通各领域数据资源综合开发利用和跨部门共享共用。推动交通旅游服务等大数据应用示范。鼓励开展交通大数据产业化应用,推进交通运输电子政务云平台建设。

(二)培育壮大智能交通产业,构建新一代交通信息基础网络

加快车联网、船联网等建设。在民航、高铁等载运工具及重要交通线路、客运枢纽站点提供高速无线接入互联网公共服务。建设铁路新一代移动通信系统,布局基于新一代互联网和专用短程通信的道路无线通信网。研究规划分配智能交通专用频谱。建立交通运输大数据共享云平台,建立大数据共享标准及安全管理机制,建立大数据政企开放共享模式和机制,数据由下至上逐级汇聚,实现跨层级、跨地域、跨系统、跨部门、跨业务的数据共享、协同管理和一体化服务,实现交通运输安全管理、拥堵管理、共享管理等智能化的组织管理。建立基于大数据支撑的交通控制、管理、决策、服务一体化的部门联动、协同管控的智能交通管理系统,利用大数据、互联网+、人工智能等技术,创新交通管理服务新模式,推动基于大数据精准执法、互联网便民服务等智能交通部分领域领跑世界智能交通。利用互联网、大数据、电子支付等先进技术,通过行车、停车、枢纽换乘、末端出行以及应答式定制服务等各个环节的智能化,实现门到门的一站式高效便捷服务。以创新驱动发展为导向,针对发展短板,着眼市场需求,大力推动智能交通等新兴前沿领域创新和产业化。鼓励交通运输科技创新和新技术应用,加快建立技术、市场和资本共同推动的智能交通产业发展模式。

(三)推行信息服务"畅行中国"

推进交通空间移动互联网化,建设形成旅客出行与公务商务、购物消费、休闲娱乐相互渗透的"交通移动空间"。支持互联网企业与交通运输企业、行业协会等整合完善各类交通信息平台,提供综合出行信息服务。完善危险路段与事故区域的实时状态感知和信息告警推送服务。推进交通"一卡通"跨区(市)域、跨运输方式互通。发展"一站式""一单制"运输组织。推动运营管理系统信息化改造,推进智能协同调度。研究铁路客票系统开放接入条件,与其他运输方式形成面向全国的"一站式"票务系统,加快移动支付在交通运输领域应用。推动使用货运电子运单,建立包含基本信息的电子标签,形成唯一赋码与电子身份,推动全流程互认和可追溯,加快发展多式联运"一单制"。

(四)保障交通网络信息安全

进一步完善政策法规技术标准体系,强化安全监测与威胁发现,建设交通运输安全智能分析研判体系,建立全行业网络安全态势感知体系。完善风险生命周期管理,建立动态协同的安全风险处置机制,推进核心技术自主可控,加强新技术新应用安全风险应对能力,建设智能安全大通道,提升交通安全设施智能化,提高通行效率,提升交通主动安全水平。构建行业网络安全信任体系,基本实现重要信息系统和关键基础设施的安全可控,提升抗毁性和容灾恢复能力。加强大数据环境下防攻击、防泄露、防窃取的网络安全监测预警和应急处置能力建设。加强交通运输数据保护,防止侵犯个人隐私和滥用用户信息等行为。

参 考 文 献

[1] 《我国交通运输对标国际研究》课题组.我国交通运输对标国际研究[M].北京:人民交通出版社股份有限公司,2016.

[2] 傅志寰,孙永福,翁孟勇,等.交通强国战略研究[M].北京:人民交通出版社股份有限公司,2019.

[3] 习近平对"四好农村路"建设作出重要指示强调 把农村公路建好管好护好运营好 为广大农民致富奔小康加快推进农业农村现代化提供更好保障[N].人民日报,2017-12-26(01).

[4] 习近平看望慰问坚守岗位的一线劳动者[N].人民日报,2013-02-10(01).

[5] 中共中央文献研究室.习近平关于科技创新论述摘编[M].北京:中央文献出版社,2016.

[6] 在中国科学院第十九次院士大会、中国工程院第十四次院士大会上的讲话[N].人民日报,2018-05-29(02).

[7] 习近平在浙江考察时强调 统筹推进疫情防控和经济社会发展工作 奋力实现今年经济社会发展目标任务[N].人民日报,2020-04-02(01).

[8] 习近平在上海考察时强调 坚定改革开放再出发信心和决心 加快提升城市能级和核心竞争力[N].人民日报,2018-11-08(01).

[9] 习近平出席投运仪式并宣布北京大兴国际机场正式投入运营[N].人民日报,2019-09-26(01).

[10] 在深入推动长江经济带发展座谈会上的讲话[J].求是,2019(17).

[11] 习近平在亚太经合组织第二十二次领导人非正式会议上的开幕辞[N].人民日报,2014-11-12(02).

[12] 齐心开创共建"一带一路"美好未来——在第二届"一带一路"国际合作高峰论坛开幕式上的主旨演讲[N].人民日报,2019-04-27(03).

[13] 习近平和巴拿马总统巴雷拉共同参观巴拿马运河新船闸[N].人民日报,2018-12-05(01).

[14] 习近平就切实做好安全生产工作作出重要指示 要求各级党委和政府牢固树立安全发展理念 坚决遏制重特大安全生产事故发生[N].人民日报,2015-08-16(01).

[15] 习近平在会见四川航空"中国民航英雄机组"全体成员时强调 学习英雄事迹 弘扬英雄精神 将非凡英雄精神体现在平凡工作岗位上[N].人民日报,

2018-10-01(01).

[16] 习近平就川藏青藏公路建成通车60周年作出重要批示[N].人民日报,2014-08-07(01).

[17] 习近平出席开通仪式并宣布港珠澳大桥正式开通[N].人民日报,2018-10-24(01).

[18] 奋力建设交通强国[N].人民日报,2019-09-28(14).

[19] 杨传堂.在新的历史起点上加快建设海运强国 为实现中华民族伟大复兴中国梦当好先行——在大连海事大学的讲座[R].2016.

[20] 树立发展信心,坚定改革决心[N].人民日报,2014-12-09(02).

[21] 习近平.做焦裕禄式的县委书记[M].北京:中央文献出版社,2015.

[22] 新华社特约记者.修一条公路就打开一扇致富大门——习近平总书记关心农村公路发展纪实[N].人民日报海外版,2014-4-29(01).

[23] 陈进红.大家辛苦了 给大家拜年了[N].今日早报,2013-2-10(A0005).

[24] 顾仲阳.坚决遏制重特大事故频发势头[N].人民日报海外版,2016-1-7(04).

[25] 连萌.京津冀协同发展交通一体化先行[N].中国交通报,2014-03-14(2).

[26] 推进供给侧结构性改革 提升交通运输服务品质——三论贯彻落实2017年全国交通运输工作会议精神[N].中国水运报,2017-01-04/2017-03-15.

[27] 交通运输部推进交通强国建设领导小组.交通强国建设专项研究成果汇编[M].北京:人民交通出版社股份有限公司,2020.